Wer losläßt, hat die Hände frei

Katrin Wiederkehr

Wer losläßt, hat die Hände frei

Ein Buch für Frauen,
die noch viel vorhaben

Scherz

Vierte Auflage 1998

Inhalt

6 Das dunkle Mittelalter

7 Renaissance

Vorwort

Mein Alter kam überraschend. Die Geburtstage flitzten vorbei, immer schneller wie die Fenster eines anfahrenden Zuges, und jedesmal, wenn ich hinschaute, hatte sich die Zahl meiner Jahre erhöht. Kinderlosigkeit und präsente Eltern ließen mich über ein zeitloses Plateau wandern, dem natürliche Markierungen fehlten. Ich stand scheinbar immer am gleichen Ort, aber die Gezeiten spülten den Sand unter meinen Füßen fort.

Irgendwann Mitte Vierzig entfremdete sich mein Selbstbild. Das Vorläufige entpuppte sich als das Eigentliche, da das Delegieren an die Zukunft oder das Wegstecken im Sinne des «Jetzt gerade nicht» immer unrealistischer wurden. Mein Leben, eben noch so bunt und reich, verblaßte, und ich empfand mich mehr und mehr als Zuschauerin. Den Schleppnetzen meiner zahllosen Analyse-, Therapie- und Selbsterfahrungsstunden war Beunruhigendes entgangen, das nun auftauchte. Ein schwarzes Gericht in meinem Inneren verurteilte mich zu lebenslänglicher Unerfahrenheit wegen Kinderlosigkeit, zu lebenslänglichen Pseudobeziehungen wegen Überanpassung und zu lebenslänglicher Leblosigkeit wegen mangelnder Risikobereitschaft. Ratlos tastete ich mich durch das Dickicht zunehmender Desorientierung, äußerlich gehalten durch zugewandte Menschen, gutstrukturierte Lebensabläufe und meine Arbeit, welche mir Inseln von Sinn, Befriedigung und kreativem Schaffen gewährten.

In meinem einundfünfzigsten Lebensjahr schlugen mir zwei verschiedene Verlage im Zeitraum von sechs Wochen die Zusammenarbeit für ein Buch vor. Diese Anfragen kamen wie Rettungsringe durch die Luft geflogen, aber sie lagen hoch oben auf der Wasseroberfläche, kaum sichtbar aus den

Tiefen meiner Richtungslosigkeit. Ohnehin mit der Frage nach der Bedeutung des mittleren Alters beschäftigt, erfaßte ich indessen die Gelegenheit, mein unproduktives Grübeln in ein produktives zu verwandeln, indem ich es in ein Buchprojekt einspannte.

Erleichtert nahm ich eine altersbedingte Verringerung des Legitimationsdruckes gegen außen zur Kenntnis, die mich zu einem auch subjektiven Umgang mit den anstehenden Fragen über das Älterwerden der Frauen meiner Generation befreite. Das Eigene, Selbsterfahrene und Selbstgedachte erwies sich als der Magnet, der die dazupassende Literatur anzog.

Ganz bin ich allerdings ein eingefleischtes Werbeverhalten noch nicht losgeworden, sondern möchte mit diesem Buch gefallen und es allen recht machen. Dieser weibliche Sozialisierungsschaden bringt mich natürlich in Spannung mit dem Benennen unbeliebter Wahrheiten, wie zum Beispiel der anhaltenden und tiefsitzenden Frauendiskriminierung in unserer Gesellschaft. Die Frauenentwertung springt ins Auge – und ebenso die geschlechtsübergreifenden psychischen und sozialen Gegebenheiten, denen wir Frauen und Männer gemeinsam ausgesetzt sind. Weil die neuen geschlechtsneutralen Ausdrücke teilweise schwerfällig oder mißverständlich sind, werde ich in der Folge abwechselnd weibliche und männliche Formen verwenden.

Lange Erfahrung als psychologische Reisebegleiterin ins Land des Innern mit seinen Wundern und seinen Schrecken haben mir die Grenzen objektiven Wissens beigebracht. Bewußte und unbewußte Einflüsse, kontrollierbare und jenseits jeder Kontrolle wirkende Kräfte, Erklärbares und Verblüffendes lassen mich denken und staunen. Psychologische Theorien finden bei mir ihren Platz neben der Freude am nicht Einzuordnenden, das sich schräg durch die karierten Raster mäandert. Aus den Ritzen zwischen den Systemen quillt Wahrheit. Ich fühle mich nicht mehr aufgerufen, Übereinstimmungen herzustellen, wo keine sind, oder Unübersetzbares zu übersetzen. Das gedankliche und metaphorische

Gestalten von Problemfeldern fasziniert mich unendlich – wie auch die Freude, mich mit Mitsucherinnen zu verbinden, sie zu unterstützen und von ihnen zu lernen. Das Herumschieben der Mosaiksteine, das Spielen mit Mustern und das Aufspüren der dahinterliegenden Schönheit schlägt mich in seinen Bann. Diese Suche ergreift mich und macht mich zu ihrem Instrument, sowohl als Therapeutin wie auch als Autorin. Glück ist die Sekunde des Auftauchens der Form aus dem Nebel.

Einleitung

Wir werden nicht gefragt, ob wir loslassen wollen. Zum Glück. Das junge Gesicht, die enge Verbundenheit mit dem Kind, die unerschöpfliche Arbeitsenergie und viele inspirierende, aber illusorische Zukunftsträume – sie werden uns genommen. Und siehe da: Hinter dem bisherigen Horizont erschließen sich unerwartete Räume. Für viele Frauen öffnet das mittlere Alter nochmals die Tür zu grundsätzlich neuen Entscheidungen. Eine tiefgreifende Veränderung des Frauenbildes, ausgelöst und getragen von unserer Generation der Fünfzigerinnen, unterstützt die weibliche Selbstbestimmung. Einigen von uns gehen im mittleren Alter neue Augen auf. Der Blick, nicht mehr so gebunden an den Eindruck, den wir auf andere machen und weniger absorbiert durch deren Bedürfnisse, befreit sich zusehends zu neuer Unvoreingenommenheit. Die Augen suchen nicht mehr, sondern nehmen auf. Der Blick packt weniger zu, dringt weniger ein, sondern weiß um den Sinn der Grenzen, die er behutsam abtastet. Das Auge ruht auf den Dingen und respektiert ihr Geheimnis, das sich genau deshalb leichter erschließt.

Als junge Erwachsene waren wir überzeugt, den Stein der Weisen gefunden zu haben. In unerfahrenem Enthusiasmus setzten wir Ideen zu Lebensentwürfen um. Sie erfüllten und formten uns für eine Weile. Dann relativierten sie sich zu unserer Bestürzung genau durch die Umsetzung in die Realität, was unsere jugendliche Arroganz und Ignoranz erschütterte. Wir hielten uns an Regeln, die sich als Eingangstor zu ganz anderen Regeln erwiesen. Der sichere Boden stürzte ein, und wir landeten nach dem freien Fall auf einem Haufen neuer Orientierungsmöglichkeiten. Regeln sind notwendig, hilfreich – und greifen immer zu kurz. Das Leben deckte uns mit widersprüchlichen Wahrheiten ein, und ein paradoxes Sowohl-als-auch verdrängt zusehends das jugendliche Entweder-oder. Die Zeit überholte die meisten Einordnungsversuche. Erstaunlicherweise gewann unsere Orientierung trotzdem an Sicherheit. Die Lebenserfahrung setzte eigene Fixpunkte, und wir navigieren uns mit ihrer Hilfe ganz passabel durch das Meer der Ungewißheit. Nicht mehr auf die richtige Lösung angewiesen, tanzen wir unmittelbar mit dem, was uns begegnet. Wir sind sicher genug geworden, um nicht mehr so sicher sein zu müssen wie in unserer Jugend, und leben gelassener mit der Vorläufigkeit der Antworten.

Eine junge Frau hat unseren Körper verlassen und eine ältere schaut aus dem Spiegel zurück. Seltsam. Was hat die nur im Spiegel verloren? Altern ist gräßlich. «Alterswarzen» diagnostiziert der Hautarzt, der zu allem Unglück auch noch attraktiv ist, mit einem Blick auf den gesprenkelten Körper. Kleine und größere Gebrechen hören langsam auf, Abweichungen eines beschwerdefreien Zustandes zu sein. Sie nisten sich definitiv ein und verlangen Toleranz und eine Anpassung des Erwartungsniveaus. Das vergängliche Fleisch drapiert sich anders um die Knochen. Die Schwerkraft zieht Gesichtszüge und Körper nach unten. Die Frau muß sich wehren, daß ihre Identität nicht mitgerissen wird. Die enge Verbindung von Identität und Körper macht den körperlichen Alterungsprozeß für Frauen zu einer besonderen Herausforderung. Die ältere Frau erfährt in unserer Gesellschaft eine doppelte Entwertung: diejenige als Frau und diejenige als alter Mensch. Zudem wird der körperliche Alterungsprozeß gleichsam an die Frau delegiert und vorwiegend von ihr wahrgenommen und ausgehandelt. Das Diktat der gängigen Schönheitsnormen befiehlt Jugendlichkeit. Wenn die Trumpfkarte der jugendlichen Attraktivität nicht mehr ins Spiel gebracht werden kann, ist es Zeit, sich über die Spielregeln Gedanken zu machen – ein anstrengendes und wehmütiges Unterfangen, das aber letztlich den Blick auf den eigenen alternden Körper von ängstlicher Ablehnung in Richtung sorglicher Dankbarkeit verändern kann.

Ein veränderter Generationenkontrakt machte unsere Generation zur Talwasserscheide zwischen dem Respekt vor den Älteren und dem Jugendkult. Während sich unsere großen Kinder langsam verselbständigen, rücken die alten Eltern durch ihre Hilfsbedürftigkeit wieder näher. Unsere Eltern, diese allmächtigen, fordernden und schutzgebenden Gottheiten der Kindheit, verlassen uns allmählich. Längst ihrem äußeren Einfluß entwachsen, glaubte unser Unbewußtes, uns nach ihren Bildern formen zu müssen, und der innere Kampf, sich zu einer eigenen, selbstbestimmten Form durchzuringen, braucht manchmal ein halbes Leben. Nur unsere Eltern wissen wirklich, daß wir Kinder waren und es manchmal heute noch sind. Kinder, die am liebsten vor den Zwängen des Lebens davonrennen möchten und sich selbst erstaunt zuschauen, wenn sie im Brustton der Überzeugung Weisheiten von sich geben. Unsere Eltern lachen, wenn uns auch mit fünfzig noch die Bürde der Würde des Erwachsenseins leicht von den Schultern rutscht und das vertraute, verspielte Kind zum Vorschein kommt. Allmählich aber kehren die Rollen sich um, und eine neue Verantwortung den alten Eltern gegenüber überlagert das alte Kindsein. Diese Verantwortung wird in ihren praktischen Konsequenzen vor allem von den Töchtern übernommen. Es ist höchste Zeit, Unabgeschlossenes abzuschließen, aber auch, einfach mit den Eltern zusammen zu sein und ihre Präsenz zu genießen, solange das noch möglich ist. Mit dem Tod der Eltern verlieren wir nicht nur sie, sondern auch eine wichtige Schutzschicht zwischen uns und unserem eigenen Tod.

Wir sind nun selbst zur Startbahn einer neuen Generation geworden, zum Boden, von dem sie sich abstößt, und zum Kontrasthintergrund, auf dem sich ihre Meinung abhebt. Eben noch krabbelten unsere Kinder ihren Spielzeugen nach und schauten zu uns auf. Wir führten sie am Band unserer Blicke. Unterdessen fließen zwischen uns die Blicke spärlicher, und ihre Augen, die sich längst andere Quellen erschlossen haben, schützen sich vor der alten Abhängigkeit. Nun sind es unsere Augen, welche die ihren suchen.

Mutterschaft galt früher als die natürliche Krönung der weiblichen Bestimmung. Unsere Generation rückte das Kind definitiv aus dem Bereich der Selbstverständlichkeit in den der bewußten Wahl. Als Mütter wurden wir von den Realitäten eingeholt, die wir so gründlich zu verändern geglaubt hatten. Kinder führen in der Regel zu einem traditionellen Lebensstil. Während das erste Kind von einem Paar manchmal noch gemeinsam betreut wurde, brachte spätestens das zweite Kind den definitiven Kipp in die alten Rollenmuster.

Die tiefenpsychologische Hypothese der absoluten Bestimmung der menschlichen Entwicklung durch das frühkindliche Milieu ließ damals die Verantwortlichkeit der Mutter für ihr Kind ins Übermenschliche anwachsen. Jede Einschränkung des Kindes war traumaverdächtig, und die antiautoritäre Welle bescherte uns mühsame Kinder, erschöpfte Mütter und ausgehöhlte Ehen. Es kann den gegenwärtigen Fünfzigerinnen nicht deutlich genug gesagt werden, daß die mütterliche Prägung des Kindes zwar wichtig, aber keineswegs bestimmend ist. Die Qualität der Präsenz des Vaters in der Familie, die Geschwisterkonstellation, das soziale Umfeld, das Schulschicksal und vor allem die Veranlagung des Kindes spielen eine große Rolle, was dem mütterlichen Einfluß seine natürlichen Grenzen setzt. Im nachhinein ist es leicht, Erziehungsfehler und falsche Entscheidungen zu erkennen. Was geschehen ist, ist geschehen. Es gilt, sich mit dem Vergangenen zu versöhnen, auch wenn die Folgen vielleicht noch nicht ausgestanden sind. Wir taten, was wir konnten, und handelten damals nach bestem Wissen und Gewissen. Mütter sind nicht allmächtig und daher auch nicht allverantwortlich.

Die rasanten Veränderungen der Geschlechterrollen ließen die Geschlechterbeziehungen in unserer Generation streckenweise zu einem Marsch durch den Dschungel ohne Kompaß werden. Neue und alte Vorstellungen vermischten sich und verwirrten uns. Wir erwarteten von den Männern gleichzeitig beschützende Ritterlichkeit, gleichwertige Partnerschaft und williges Zupacken im Familienalltag nach unseren Vorstellungen. Die im mittleren Alter abklingende Ergänzungsbedürftigkeit durch das andere Geschlecht gibt endlich der Freundschaft eine Chance.

In den mittleren Jahren beginnt sich die Gesamtform des Lebens abzuzeichnen. Die Kanten der Realität können immer weniger durch die Flucht in eine phantasierte Zukunft gerundet werden. Es ist so und nicht anders. Die dunklen Seiten der mittleren Jahre, der Sturz ins nicht Gelungene, nicht Erreichte, unfair Erlittene und Selbstverschuldete erschüttern Selbst- und Weltbild. Selbsthaß und Wut brechen wie Schlaghämmer die Sedimente des Verdrängten auf. Es braucht Mut, Zeit und Energie, die Geröllhalde auszumessen und sie als Steinbruch für das Haus der Zukunft zu verwenden. Das Leben ist unfair, im Guten wie im Schlechten. Der Übeltäter suhlt sich im Glück, während die Opferbereite auch zum Opfer wird. Genau dort, wo wir uns strebend bemühten, sind wir nicht erlöst worden – und dort, wo wir nie eine Gießkanne hingetragen haben, erblühte überraschend eine Blume.

Eine Tendenz vom Außenbestimmten zum Selbstbestimmten führte unsere Generation durch radikale Veränderungen des Frauenbildes. Eine neue Welle der Frauenbewegung in den sechziger und siebziger Jahren weckte die Generation der gegenwärtig Mittelalterlichen aus dem Dämmerschlaf konventioneller Weiblichkeit. Das Aufdecken einer sowohl individuell wie gesellschaftlich untergründig wirksamen Entwertung der Frau bahnte einem neuen weiblichen Selbstverständnis den Weg. Das nahm unserem Blick auf Arbeits- und Rollenverteilung der Geschlechter den patriarchalen Filter und entließ uns aus dem gesellschaftlichen Konsens über Selbstverständlichkeiten des Geschlechterarrangements. Plötzlich stand alles zur Diskussion, von den Möglichkeiten und Rechten der Frauen in der Öffentlichkeit über die Beziehung der Geschlechter untereinander bis zur Arbeitsteilung in der Familie. Unsicherheit, Unruhe und Zerrissenheit fanden nun, außer persönlichem Ungenügen, noch eine andere Erklärung. Welche Entlastung, all das Vermutete und vage Gespürte klar formuliert zu bekommen! Die Klaustrophobie, die sich bei der Aussicht auf ein konventionelles Frauendasein einstellte, ließ sich nun als Reaktion auf ein zu einengendes Frauenbild verstehen. Neue Einsichten über Frauendiskriminierung verwandelte unser Unbehagen beim Mitlachen über Blondinenwitze in eine bewußte Verweigerung der Identifikation mit dem Angreifer. Die Angst, außerhalb des engsten Familienkreises zur eigenen Meinung zu stehen, entpuppte sich als Folge einer jahrtausendealten Tabuisierung der Einflußnahme von Frauen im öffentlichen Raum.

Die Einsicht in die Hintergründe der patriarchalen Frauenentwertung und ihrer schädlichen Auswirkungen auf jede Frau und auf jeden Mann verletzt das Bedürfnis nach Gerechtigkeit. Selbstverständliche Rollenzuweisungen und Arbeitsteilungen zwischen den Geschlechtern enthalten Unrecht, das nicht von einem klar lokalisierbaren Täter ausgeht, sondern als Folge eines jahrtausendealten Bildes der Geschlechterrollen oft die guten Absichten eines einzelnen Paares oder eines einzelnen Arbeitgebers unterhöhlt. Das Unrecht bleibt, weil es größtenteils nicht bewußt und willentlich ausgeführt wird, unerkannt und ungeahndct. Männer zu Schuldigen zu erklären ist falsch, weil Schuld bewußtes Handeln voraussetzt. Der unbewußte Anteil an frauendiskriminierenden Haltungen bei Frauen wie bei Männern ist so groß, daß niemand schuldig gesprochen werden kann. Schuldig machen sich Männer erst, wenn sie sich aus Angst vor Identitätsverlust und zur Erhaltung ihrer Privilegien vor neuen Einsichten verschließen. Die Frage nach den Schuldigen bringt uns nicht weiter, wohl aber die Frage nach Veränderungsmöglichkeiten. Der erste Schritt liegt im Aufzeigen der Diskriminierungsmechanismen und in der Feststellung ihrer weitreichenden Folgen. Aufgrund dieser Einsichten müssen Verhaltensweisen verändert werden, ein mühsames Unterfangen, das noch Generationen beschäftigen wird, weil diese Veränderungen die alte Geschlechtsidentität von Mann und Frau vorerst bedrohen. Deshalb müssen wir sorgfältig miteinander umgehen. Wir verletzen uns im Kampf um eine faire Partnerschaft. Heilung tut not. Das delikate Ertasten eines neuen Gleichgewichts hat in einer Atmosphäre des Vertrauens die besten Chancen. Die Rechnung wird nie aufgehen. Toleranz und Liebe helfen, irgendwann das Unbereinigte zu übersteigen und versöhnlich zueinanderzufinden.

Neue Einsichten verlangen ein neues Ausbalancieren der Geschlechterarrangements. Unrecht fordert Wiedergutmachung und Versöhnung. Wir müssen den Bogen spannen von der Aufdeckung der Frauendiskriminierung zur Versöhnlichkeit in voller Kenntnis des Unrechts, das geschehen ist und immer noch geschieht. Viele Frauen tragen heute die Spannung zwischen dem Wissen um das Unrecht und dem Wissen um die Notwendigkeit einer versöhnlichen Haltung in sich. Einmal mehr sind es die Frauen, welche die große Kulturleistung in Richtung Gleichwertigkeit und Kooperation der Geschlechter durch das Aushalten eines inneren Widerspruches vorantreiben. Kampfbereit und versöhnlich fordern sie Gerechtigkeit und verstehen gleichzeitig Verstrickungen, Ängste und blinde Flecken bei sich und ihren Männern, die unsere guten Vorsätze immer wieder über den Haufen werfen. Kein Wunder, daß Frauen angesichts dieser Ambivalenz oft den kürzeren ziehen. Und doch ist sie die einzig verantwortbare Form der Entwicklung. Männlich-dominantes Durchsetzen auf Kosten des organisch Gewachsenen hat die Menschheit an den Rand des ökologischen Kollapses gebracht. Nicht Domination, sondern Kooperation ist die angestrebte Form des Zusammenlebens, und der Weg dazu kann nicht in einer Imitation des zu überwindenden Verhaltens gefunden werden.

Gerechtigkeit tut not – und Versöhnlichkeit auch. Der Kampf um Gerechtigkeit wird in jungen Jahren, vor der Erfahrung der Unberechenbarkeiten des Lebens, mit fordernder Ungeduld geführt. Später setzen wir Gerechtigkeit nicht mehr voraus, suchen sie aber um so mehr. Nichts steht uns zu. Und doch verströmt der Flieder jeden Mai seinen Duft, kommt das Enkelkind auf die Welt und wärmen uns ein freundlicher Blick und ein guter Wein. Die gesammelten

Enttäuschungen und Mißerfolge beschweren den Lebens-
rucksack, und der Schritt ist nicht mehr ganz so elastisch wie
in jüngeren Jahren. Glücklicherweise gelingt manchmal eine
veränderte Sichtweise, die das Gewicht der schweren Brok-
ken der Vergangenheit vermindert und den Blick für die
Aussicht nach dem langen Aufstieg befreit. Das Licht der
Versöhnlichkeit bricht durch die Wolken und führt vom Be-
wältigen und Durchsetzen zum Hinschauen, Verstehen und
Akzeptieren. Versöhnlichkeit mit sich selbst und mit den
anderen nimmt der Schuld und der Verletzung das Gewicht.
Versöhnung mit dem alternden Körper, Versöhnung mit dem
anderen und Versöhnung mit dem eigenen Lebensweg heilen
die unfairen Kränkungen und machen offen für die Ge-
schenke, die das Leben bereithält – trotzdem, und immer
noch.

Während die Jugend verschwenderisch in den Tag hinein-
lebt, lernen wir im mittleren Alter, daß unsere Tage gezählt
sind. Wir begreifen, was Endlichkeit heißt. Vor dem dunklen
Hintergrund der Sterblichkeit erstrahlt unsere Zeit in ihrer
ganzen Kostbarkeit. Jede Sekunde geht unwiederbringlich
vorbei. Unsere Zeit will nun mit Sorgfalt gelebt sein. Noch
läßt sich eine falsche Richtung korrigieren, eine versäumte
Ausbildung nachholen, eine vernachlässigte Begabung för-
dern und die Einstellung zu einem Menschen verändern.
Wenn der Schock der Begegnung mit der eigenen Sterblich-
keit abgeklungen ist, wird uns klar, daß wir noch viel Zeit
haben, um unserer Lebenserfahrung Gestalt zu geben. Viel-
leicht finden sich die schönsten Perlen unserer Lebenskette in
der Zukunft, denn wie Gottfried Keller sagt:

> Es glänzt ein Tropfen Morgentau
> im Strahl des Sonnenlichts.
> Ein Tag kann eine Perle sein –
> und ein Jahrhundert nichts.

1 Verstehen und Loslassen

Glücklicherweise haben fünfzigjährige Frauen einen abwechslungsreichen Parcours von Versuch und Irrtum, Glaube und Enttäuschung, Überzeugungen und deren Relativierung hinter sich. Wahrheiten lösten sich auf und zogen neues Wissen nach sich. Älterwerden macht nicht weise – aber die Toleranz der Unwissenheit gegenüber – sei es eigene oder fremde – steigt durch die lange Erfahrung mit den Irrungen und Wirrungen der Suche nach Antworten.

1.1 Die Auflösung jugendlicher Gewißheit

Der Lebensfluß trägt uns durch immer neue Landschaften. Die Aufgabe der Sinngebung stellt sich in jeder Lebensphase anders, und unsere Suche nach Orientierungshilfen, nach Wissen als Basis zum Verständnis unseres Lebens ebenfalls. Auch die Beziehung zum Wissen selbst verändert sich im Laufe eines Lebens.

Jugend braucht Antworten. Zu Beginn des Erwachsenenlebens wird man ohne den Schwimmgurt der Lebenserfahrung ins kalte Wasser widersprüchlichster Anforderungen geworfen. Die intensiven Erwartungen an das Leben und die unüberblickbare Zahl von Wahlmöglichkeiten verlangen im Gegenzug den Glauben an den richtigen Bezugsrahmen, an die richtige Einordnungsmöglichkeit. Sonst wäre das Ganze nicht auszuhalten. Mit jugendlicher Vitalität werden Kreuzzüge unter dem Banner der reinen Lehre veranstaltet und die Ungläubigen mit Verachtung gestraft. Die Suche nach der Erleuchtung zu Füßen der Eingeweihten oder auf ihrer Couch bringt die Jungen vielleicht ein Stückchen weiter, ebenso das

Eingehen weitreichender Verpflichtungen in unerfahrener Kühnheit. Und so zappeln sie denn, überwältigt von all dem unvorhergesehenen Kleingedruckten im Kontrakt. Nun werden Einordnungssysteme konstruiert und verteidigt und Erklärungsmodelle adoptiert. Noch von wenig Erfahrung relativiert, nehmen Antworten die Gestalt absoluter Wahrheiten an, und der Glaube an sie ist ungebrochen.

Auf der langen Lebensstrecke bis zum mittleren Alter lösen sich Gewißheiten auf, und vormals hilfreiche Erklärungen greifen nicht mehr. Früher freudig entdecktes Wissen hat seinen Glanz verloren und schimmelt leise vor sich hin. Während wir in unserer Jugend überzeugt waren, daß die Eltern, der Partner oder irgendeine falsche Genkombination unser Unglück verursacht hätten, sind wir später dessen nicht mehr so sicher. Welche Art von Umgang mit Problemen angesagt war, wußten wir damals besser als heute. Im mittleren Alter gewinnt das Akzeptieren möglicher Schwierigkeiten an Boden. Keine Lösung ist auch eine Lösung – und manchmal nicht die übelste. Nur schon die Erinnerung an all die Be- und Verarbeitungsversuche, an die Aktionen, Diskussionen und Erziehungsversuche ermüdet. Die lange Erfahrung mit den hilfreichen und den einengenden Seiten von Antworten hat der Suche nach ihnen ihre Hektik genommen. Um das pralle Licht jugendlicher Gewißheit spinnt sich der Schleier erfahrungsgewonnener Vieldeutigkeit. Die scharfen Konturen des Entweder-oder lösen sich auf zu einem weichen Sowohl-als-auch. Die jugendliche Gewißheit weicht nachdenklichem Staunen und dem Verzicht auf vorschnelle Erklärungen. Der Aufenthalt im Vorläufigen fällt uns leichter.

1.2 Toleranz für offene Fragen

Lebensrelevantes Wissen landet meistens nicht als Meteorit im Garten, sondern entwickelt sich von innen und transportiert sich irgendwann über die Erkenntnisschwelle. Eine Wahrheit beginnt oft als Funke in einer abgelegenen Ecke des

Bewußtseins und wird langsam heller, bis sie schließlich ein neues Licht auf das Ideenmobiliar werfen kann.

Die mit dem Alter zunehmende Toleranz dem Nichtwissen gegenüber hängt auch mit einer in dieser Lebensphase oftmals auftretenden Relativierung von Rang und Status zusammen. Wo Wissen in erster Linie dem Macht- und Statuserwerb dient, wird es exklusiv gehandhabt, das heißt so dargestellt, daß es möglichst wenigen zugänglich ist. Autoritätsgläubigkeit verleitet zum Respekt vor unnötigen Barrieren. Besonders Frauen fällt es schwer, ihren eigenen Augen zu trauen und zu sehen, daß der Kaiser tatsächlich nackt ist. Wenn sie die hinter komplizierten Beschreibungen versteckte einfache Wahrheit entdecken, glauben sie, etwas nicht begriffen zu haben. Ihr eigenes, oft in seinen originellsten Anteilen fern von Hörsälen und Büchern erworbenes Wissen als solches zu erkennen und zu gewichten braucht eine Selbstautorisierung, die von der klassischen weiblichen Sozialisierung als Anmaßung verdammt wird. Wissen als Schwert im Kampf um Ansehen und Einfluß muß möglichst unangreifbar, gesichert sein; Wissen als durchlässiges, lebendiges inneres Gegenüber schillert von Sekunde zu Sekunde in neuen Farben auf und ist immer im Fluß. Toleranz dem Nichtwissen gegenüber ist die wichtigste Voraussetzung dafür, das zu lernen, was wissenswert ist. Die Suche nach sicherem Wissen führt zu Verabsolutierungen und Einseitigkeiten, die die Poren verstopfen und so die Durchlässigkeit für eigentliches Wissen erschweren. «Das Klassifizieren und Diagnostizieren von Menschen kann zwar die Illusion von Wissenschaftlichkeit und Kontrolle nähren, aber Anlaß zum Wandel ist sie selten.» *(WR S. 54)**

Folgende Geschichte ermutigt zum Vertrauen in das eigene Wissen. Ein Vater erzählte seiner kleinen Tochter von der Hummel: Gelehrte Männer studierten die Hummel sorgfäl-

* In den Klammern erfolgt der jeweilige Verweis auf das Literaturverzeichnis, in dem die zitierten Werke in Kürzel- und ausführlicher Form aufgeführt sind.

tig. Weil die Hummel einen großen Körper und ganz kleine Flügel hat, kamen sie zu dem Schluß, daß die Hummel unmöglich fliegen könne. Sie veröffentlichten die genauen Messungen von Körpervolumen, Flügelfläche und das Resultat ihrer schwierigen Berechnungen in einem ganz dicken Buch, das unwiderlegbar bewies, daß die Hummel nicht fliegen kann. Glücklicherweise können Hummeln nicht lesen. Aber selbst wenn sie lesen könnten, flögen sie wie eh und je *(HCa S. 35)*. Halten wir uns an die Hummel. Wer sich zu sehr von der Fremdautorisierung seines Wissens abhängig macht, stutzt sich die Flügel. Die lange Erfahrung um die Relativität und Wirkungsbegrenztheit von konventionellem Wissen schwächt die Motivation, überall auf dem laufenden zu bleiben. Die neuesten Schläuche des alten Weines zu begutachten verliert seinen Reiz. Ein steigendes Desinteresse an bestimmten Formen des aktuellen Diskurses läßt einen an den Rand der Geschehnisse driften, und man überläßt das Feld denen, die die Wahrheit dort noch suchen.

Ein Plädoyer für Wissen als vielfältiges, offenes Balancesystem sind die Gedanken von Schumacher, der zwischen konvergierenden und divergierenden Problemen unterscheidet. Konvergierende Probleme befassen sich mit Fragestellungen, die vorwiegend im Bereich der Naturwissenschaften und der Technik auftreten. Es sind Probleme, die letztlich eine einzige Lösung haben, wenn sie gründlich genug studiert werden, wie beispielsweise eine mathematische Gleichung. Ganz anders verhalten sich die Lösungen bei divergierenden Problemen, die eher im Bereich der Geisteswissenschaften angesiedelt sind. Je logischer hier gedacht wird, desto weiter auseinander liegen die Lösungen desselben Problems. Und je eindeutiger die Lösungen zu sein scheinen, desto unrichtiger sind sie. Denken Sie beispielsweise an die eindeutigen und falschen Maximen über Kindererziehung. Einerseits: Die freien Impulse des Kindes dürfen nicht eingeschränkt werden, damit sich das Kind voll entfalten kann. Andererseits: Das Kind muß von Anfang an einer strikten Disziplin unterworfen werden, sonst verwildert es. Beide Maximen sind falsch. Die

Kunst der Erziehung liegt genau in einer für jede Situation neu zu erfindenden optimalen Mischung zwischen Führen und Freilassen. Ebenso eindeutig wie unbrauchbar sind folgende gegensätzlichen Auffassungen aus dem Bereich der Psychotherapie. Einerseits: Wenn die Entstehungsgeschichte eines Symptoms verstanden ist, verschwindet es. Andererseits: Wer seine Wut hinausbrüllt und das Kissen genügend malträtiert, wird von den Schmerzen der Vergangenheit befreit. Beide Meinungen sind falsch: Psychotherapie ereignet sich im Zusammenwirken von Denken und Erfahren. In der Psychologie befinden wir uns immer im Spannungsfeld zwischen den Polen – mehr noch: in einem unübersehbaren Raum interagierender Netze. In den Geisteswissenschaften, insbesondere in der Psychologie gibt es weder saubere Kausalketten noch genaue Vorhersagen. Das heißt auch, daß allzu klare und eindeutige Ansichten und Ratschläge – gerade auch aus dem Bereich der Psychologie – mit Vorsicht zu genießen sind. Psychologische Theorien schenken Verständnis und verhindern Einsichten, wenn sie auf nicht Psycho-Logisches angewendet werden.

Das Wissen um die Vorläufigkeit von Lösungen, die Relativität von Aussagen und die unprogrammierbare Eigendynamik menschlicher Entwicklungen findet sich auch in der psychologischen Literatur. Während in der Generation unserer Eltern Psychotherapie, Schulpsychologie und psychologische Selbsthilfebücher eine rare Ausnahme waren, sind sie für uns eine Selbstverständlichkeit geworden. Sie verdanken ihre Popularität dem Mythos der Machbarkeit, der Steuerbarkeit des menschlichen Schicksals. Hier zeichnet sich eine Wende ab. Das Erklär- und Machbare ist angesichts der katastrophalen Folgen rationalen Fortschrittdenkens suspekt geworden. Der Glaube an Reichweite und Bedeutung der Ratio schwindet. Der Vergleich der menschlichen Psyche mit einer Maschine greift nicht mehr. An seine Stelle ist der Respekt vor ihrer Unergründlichkeit getreten. Die menschliche Psyche bleibt ein Geheimnis, dem man sich mit psychologischen Konzepten nur bedingt nähern kann. Psychotherapie, Psychoanalyse,

Selbsterfahrungsgruppen und Familientherapie führen weder automatisch zum perfekten Menschsein noch zur Behebung bereits entstandener Schäden. Die Beeinflussung psychischer Entwicklungen muß in behutsamen Ausbalancierungen versucht werden, mit dem Wissen, daß Veränderungen nur konstelliert, nie aber linearer Kausalität herbeigeführt werden können.

Gegen das Leben ist kein Kraut gewachsen. Wer es in den Griff bekommen will, dem schlüpft es durch die Finger. Steigendes Sicherheitsbedürfnis wird zum Würgegriff, der Spontaneität erstickt und leblose Routine zurückläßt. Junge Menschen packen das Leben an. Oft gelingt ihnen ein Stück Form und Richtung. Oft auch nicht. Im mittleren Alter sehen wir auf eine Unzahl von Erfolgen und Fehlgriffen zurück. Dinge, die wir mit großer Energie und Enthusiasmus unternahmen, zerbröckelten unter unseren Händen, und kaum Beachtetes wuchs kräftig, was zu Einsichten wie der folgenden führt: «Alles funktioniert. Nichts funktioniert für sehr lange. Wenn mir bewußt wird, wo ich hereingestolpert bin, wird es notwendig, mich bewußt für das zu entscheiden, was ich bereits tue. Ich folge diesem Weg, bis er nirgends mehr hinführt und irre dann verzweifelt herum, bis ich mich zufällig auf einem Weg wiederfinde», schreibt Kopp *(KS S. 174)*. Wir stießen immer wieder an die Grenzen unserer Möglichkeiten. Heiß Erwünschtes entzog sich jeder Beeinflussung. Kopp fährt fort: «In jedem wichtigen Aspekt meines Lebens fand ich mich in Situationen, die ich nicht gewählt hatte und entdeckte Einstellungen, die mir nicht bewußt waren. Ich war gezwungen, mit Entscheidungen zu leben, von denen ich erst später merkte, daß ich sie eigentlich konstelliert hatte.» *(KS S. 175)* Erst die Einsicht in die Allgemeingültigkeit dieser Aussage führt zur Freundschaft mit der eigenen Hilflosigkeit, die allein die Verzweiflung darüber eindämmen kann. Die alltägliche Lebensbewältigung zeigte uns beide Gesichter: Erfolg und Mißlingen. Wir schauen länger hin, bevor wir handeln. Das strebende Bemühen geht häufiger in ein durchlässiges Empfangen über. Jenseits von Resignation und Betriebsamkeit suchen wir im mittleren Alter den guten inneren Ort, der uns erlaubt zu warten, bis die Zeit reif ist, und zu handeln, wenn das Signal kommt.

Mit dem Älterwerden lichten sich die Reihen der Autoritäten. Niemand nimmt uns mehr an der Hand und führt uns dem richtigen Leben zu. Die großen Weisen, die den ordentlichen Lauf der Dinge garantierten und die richtigen Antworten wußten, sind verschwunden, wenn wir uns nach einer Rückendeckung umschauen. Oftmals erstaunt stellen wir fest, daß die Jüngeren an unseren Lippen hängen. Sie brauchen Wegweiser und machen uns deshalb zu Autoritäten. Diese Gabe muß angenommen und in einer gemeinsamen Bemühung als Ermächtigung verwandelt wieder zurückgegeben werden. Alle kochen mit Wasser, und der Versuch, über andere zur Weisheit zu gelangen, wird irgendwann abgebrochen. Gleichzeitig wächst der Respekt vor echtem Wissen und die Freude an seinen mannigfachen Erscheinungen. Da die Hoffnung auf legitimierende Instanzen mit zunehmender Lebenserfahrung verblaßt, gewinnen wir die Freiheit, aus allen Angeboten nur dasjenige auszuwählen, das sich mit dem bereits Vorhandenen in einer sinnvollen Weise verbindet.

Bei Frauen im mittleren Alter steht oft weniger die Aufgabe des Wissenserwerbs als vielmehr die der Selbstautorisierung an. Die Lebenserfahrung hat uns mit Wissen angefüllt. Im mittleren Alter kann es nicht in erster Linie darum gehen, noch mehr Wissen zu erwerben, sondern darum, das erworbene Wissen so in den Besitz zu nehmen, daß es Ausgangspunkt zu einem nächsten Schritt werden kann. Lebensrelevantes Wissen setzt Kristallisationspunkte in eine vorhandene Nährlösung, damit sich daraus der Edelstein der Erkenntnis formen kann. Für diesen Prozeß fehlen uns häufig Zeit und Muße. Wir wissen alle zuviel und haben keine Zeit, irgend etwas zu begreifen.

Verwirrung liegt oft näher bei der Wahrheit als Gewißheit. Offenlassen, warten und zulassen erhellen immer wieder kleinere und manchmal auch größere Flächen des ganzen Feldes. Wenn Wissen nicht mehr sein muß, bekommt es endlich die

Zeit und die Ruhe, die es braucht, um sich zu zeigen. Tausend Menschen erleben tausend verschiedene Wahrheiten, jede wenn es sein muß rational erklärbar, jede gleichzeitig das vernünftige Raster umspielend, sprengend oder auflösend. Die Elfen tanzen mit den Libellen über dem glitzernden Waldteich – unbekümmert davon, ob es sie gibt. Die richtige Antwort ist nicht mehr so wichtig, weil jede falsche Antwort auch Richtiges enthält, und die richtige Antwort auf einer anderen Ebene die falsche ist, und weil meine richtige Antwort nicht unbedingt deine ist. Das ist kein Grund, die Suche nach Antworten aufzugeben. Theorien schärfen den Blick auf das Leben, Bilder und Metaphern leuchten es aus und verleihen ihm Relief. Die Suche geht weiter, aber das Motiv hat sich geändert. Wir haben überlebt und gelernt, dem Leben zu trauen, auch ohne es im Griff zu haben. Erklärungen sind nicht mehr Rettungsboote im Sturm, sondern Bereicherungen und Vertiefungen. Der jugendliche Kampf, das Leben auf unsere Theorien darüber zu reduzieren, liegt hinter uns. Wir ordnen uns dem Wunder und dem Grausen der Geschehnisse unter und begegnen ihnen mit allem, was uns an Theorien für die jeweilige Situation sinnvoll erscheint. Paradoxerweise wächst die Sicherheit unserer Orientierung. Wir erleben oft, daß Wissen sich einstellt, wenn es gebraucht wird, und unser Vertrauen in eine Haltung des aufmerksamen Geschehenlassens nimmt zu. Lebens- und Selbsterfahrung bilden ein Netz von Referenzpunkten, von dem neue Fragenstellungen abfedern und interessante Sprünge machen können. Das Älterwerden befreit von Dogmen. Wir werden zu Vagabundinnen, die fern von Doktrinen, Schulen und Lehren staunend, erkennend und kombinierend dem begegnen, was der unerschöpfliche Fluß von Leben, Natur und Kunst eben anschwemmt.

1.3 Geschichten, die uns helfen

Die Verbindung von bewußt und unbewußt ist eine Zweibahnstraße. Die Richtung vom Unbewußten zum Bewußten, die durch Abwehrmechanismen geregelt wird, ist geläufig. Die Beeinflußbarkeit des Unbewußten durch das bewußte Hereinnehmen von Gedanken und Eindrücken darf aber ebenfalls angenommen werden. Wir sind nicht einfach Spielbälle unseres Unbewußten, das uns in unberechenbaren Wellen überflutet, sondern aktive Partner, die ihrerseits die Qualität unbewußter Inhalte mitbestimmen. Der Garten des Unbewußten muß nicht nur gejätet, sondern ebenso bepflanzt werden. So können im Unbewußten Verankerungspunkte gesetzt werden, die wiederum helfen, die bewußte Wahrnehmung und Verarbeitung von Eindrücken zu steuern. Derartige Seelennahrung, derartiges Wissen begegnet auf Schritt und Tritt in der Natur, in Menschen und in der Kunst (vgl. Abschnitt 7.4.4).

Bilder, Geschichten oder Musik senden wie ein Echolot ihre Schallwellen in das Unbewußte, und die Resonanz erlaubt Lokalisierung und Einordnung eigener Erfahrung. Sie wirken aber auch direkt auf das Unbewußte ein und formen das dort Vorhandene. Dank einem Märchen klären sich die diffusen Erfahrungen eines Kindes, und ein Mythos schenkt dem Erwachsenen Gemeinschaft und Hoffnung. Umgekehrt erschließt sich das in Natur, Menschen oder Kunstwerken eingelagerte Wissen erst durch eine Durchlässigkeit nach innen. Nur wenn äußere Eindrücke mit dem psychisch Vorhandenen zusammenfließen und Neues formen, erfolgen Bewußtseinsveränderungen. Wissen, das sich mit uns selbst auf diese Weise verbunden hat, informiert, das heißt, es bildet mit dem Vorhandenen eine neue Form. Über Kunstwerke entsteht eine innere Heimat des Wiedererkennens und gleichzeitig eine Vernetzung mit dem allgemeinmenschlichen Erfahrungsschatz. Mythen, Märchen, Geschichten und Gedichte erzählen von inneren Gesetzmäßigkeiten und von dem Aufeinanderwirken psychischer Kräfte. Die Bühne, auf der die

Helden auftreten, hat in einer einzigen Psyche Platz, und das Drama ereignet sich im Inneren, wo sehr unterschiedliche Stimmen gehört und in Einklang gebracht sein wollen. Gute Gedichte sind Verdichtungen wie Träume. Sie setzen Assoziationsketten in alle Himmelsrichtungen frei und enthüllen je nach Beleuchtung eine andere Wahrheit. Sie ergeben mit jedem individuellen Bewußtsein einen anderen Zusammenklang. Bestimmte Linien, bestimmte Sätze von Gedichten beispielsweise senken sich in die Seele und wirken dort als Basis für Erfahrungen. Sie ermöglichen ein Erkennen von Gefühltem und eine Orientierung im namenlos Wirksamen. Als lebendiges inneres Gegenüber ordnen diese Wahrheitskerne den inneren Raum.

Eine spezielle Art von Geschichten bilden psychologische Erklärungsmodelle in ihrer ganzen Vielfalt und Widersprüchlichkeit. Richtig eingesetzt helfen sie manchmal weiter. Sie stehen als Instrumentarium im Dienste des Lebensprozesses und sind diesem untergeordnet. Als Diener nützlich, engen sie als Herrscher ein. Sheldon Kopp schreibt: «Wissenschaft, Religion, Politik und Philosophie sind einfach Metaphern für den ziellosen Lebensstrom. Alle diese Perspektiven sind Placebos, die uns die Annahme erlauben, daß wir das Lebenschaos eindämmen, lenken oder zumindest lokalisieren können.» *(KS S. 174)* Soweit wie Kopp möchte ich nicht gehen. Und doch sind alle unsere elaboraten Einordnungssysteme letztlich Geschichten, die uns Orientierungsvorschläge anbieten. Wer sich nicht nur mit wissenschaftlichen Theorien, sondern auch mit Bildern und Geschichten an die innere Realität herantastet, gibt sich weniger der Illusion hin, nun wirklich etwas ein für allemal zu wissen und abhaken zu können, und die Bereitschaft, mit dem Wissen im Fluß zu bleiben, erhält sich.

Älterwerden befreit zur Durchlässigkeit für selbstrelevantes Wissen. Wissen muß nicht mehr als solches etikettiert sein, damit wir es erkennen. Weniger autoritätsabhängig geworden, glauben wir nicht mehr alles, was ex cathedra doziert wird, und können Wissen auch dann genießen, wenn es uns vom vorübersausenden Rollbrett aus zugerufen wird.

1.4 Lebenskunst ist die Erfindung der richtigen Lebensgeschichte

Älterwerden stellt uns immer von neuem vor die Aufgabe, der gegenwärtigen Situation angemessene Einordnungsrahmen zu finden. Wer schon einmal mit einem Feldstecher ein flüchtiges Tier verfolgt hat, kennt das Problem: Das sich Bewegende im Blickfeld zu behalten braucht Aufmerksamkeit und Flexibilität. Menschen wachsen aus ihren eigenen Einordnungsrahmen heraus und müssen neue finden, die ihre Gegenwart angemessen fassen.

Wir brauchen Sinn und Ordnung, und das Bedürfnis, das eigene Leben zu verstehen, verursacht immer neue Annahmen, also neue Geschichten. Der Unterstrom von sich verändernden Bedeutungszuordnungen formt den Lebensfluß. Das jugendliche «Wenn ich es allen recht mache, haben mich alle gern» mutiert zum bitteren «Mich erwischt niemand mehr», das «Ohne Mann bin ich niemand» zum triumphalen «Meine Selbständigkeit gebe ich nie mehr auf» und das wiederum zu «Meine Kinder sind das Beste, was mir das Leben geschenkt hat». Häufig sind letztlich lebensbestimmende Grundannahmen nicht bewußt. Sie sind jedoch im Hintergrund wirksam und lenken als absolute, vom Bewußtsein nicht hinterfragbare Wahrheiten unser Leben.

Mit einer ganzen Kette von sich verändernden Geschichten navigieren wir uns durch das Leben. Die Auswirkung von Ereignissen hängt davon ab, wie wir sie einordnen, und diese Einordnung wiederum ist von den Grundannahmen geprägt. Neue Einsichten ermöglichen neue Einordnungen, und so ist die eigene Geschichte immer wieder eine andere. Diese Geschichten verbinden sich mit der Realität zu einem Wirkungskreislauf: Sie entstehen aus der Realität und sie schaffen diese. Die Grundannahmen über das eigene Leben verschieben sich unmerklich mit jeder neuen Erfahrung. Neue Erfahrungen färben Erinnerungen anders ein oder löschen sie aus. Einer unglücklich verheirateten Frau raubt die triste Gegenwart die Erinnerung an den sonnigen Beginn ihrer Ehe. Die

Geburt eines Kindes ordnet die Erinnerung an die eigene Kindheit neu, und die Geschichte mit der eigenen Mutter zeigt unerkannte Dimensionen. Der Mythos des Älterwerdens als Abbau, Verlust und Unglück färbt die gleichen objektiven Ereignisse völlig anders ein als der Mythos des Neuanfangs nach der Menopause. Was von der einen Seite aus gesehen resigniert der wachsenden Last der Mißerfolge aufgebürdet wird, erscheint von der anderen Seite betrachtet als Beweis für den ungebrochenen Überlebenswillen.

Die psychische Disposition von Frauen in den mittleren Jahren zeigt große individuelle Unterschiede, die mit Veranlagung und persönlicher Lebensgeschichte zusammenhängen. Jede Frau braucht eine andere Geschichte über das Älterwerden, jede Frau wird durch eine andere Geschichte erreicht oder irritiert, jede Frau hält eine andere Geschichte für wahr. Für viele Frauen ist in dieser Phase alles in Ordnung. Sie freuen sich an Geschichten der Ernte, der Reife und der Vertrauenswürdigkeit des Lebens. Andere fühlen sich eigentlich betrogen und brauchen Geschichten der Rebellion, die ihnen helfen, falsche Anpassung aufzugeben und aus dem Opferstatus herauszukommen. Eine weitere Gruppe von Frauen schleppt ein wachsendes Gefühl von Sinnlosigkeit durch ihren Alltag. Sie schämen sich für ihren Zustand und suchen ihn zu verstecken. Diese Frauen brauchen Unterstützung dabei, sich zu erlauben, so traurig und hoffnungslos zu sein, wie sie sind. Wieder andere halten mit Disziplin eine jahrzehntelang eingeübte Gewohnheit der Verdrängung aufrecht – eine oft notwendige und durchaus zu respektierende Methode, Situationen zu meistern. Diese Frauen wollen hauptsächlich über die neuen Freiheiten des mittleren Alters hören. Das Aufzeigen der Schattenseiten gefährdet die Verdrängung und wirkt deshalb irritierend. Glücklicherweise sind die Geschichten, die im Leben und in der Literatur über das Älterwerden gefunden werden können, ebenso reichhaltig wie diese Bedürfnisse.

Auf der eigenen Geschichte basiert der Zukunftsentwurf. Im mittleren Alter sitzen wir im Gefängnis der Konsequenzen unserer Handlungen, und die Befreiung daraus setzt eine neue Geschichte voraus. Lebenskunst ist die Erfindung des jeweils passenden Einordnungsrahmens – oder anders gesagt – der passenden Geschichte, des passenden Mythos. Jeden Tag schreibt sich unsere Lebensgeschichte neu. Wir geben sowohl der Vergangenheit wie der Zukunft von der Gegenwart aus ihre Bedeutung. Ich bin, was ich erinnere und was ich plane.

1.5 Bewegungen auf der Altersachse

Wie alt ist eine Frau mit fünfzig? Eine Klassenzusammenkunft vereinigt alte Damen mit faltiger Haut und gemessenen Bewegungen mit vitalen, behenden jungen Frauen. Beim gleichen Jahrgang beträgt die optische Altersspannweite etwa zwanzig Jahre. Abgesehen von Pflege und Einstellung steuert auch die genetische Veranlagung den Alterungsprozeß. Medizinische Untersuchungen zeigen bei gleichem chronologischen Alter höchst unterschiedliche Alterungsstadien einzelner Organe.

Die psychische Entwicklung wurde früher eng mit dem chronologischen Alter verknüpft: Den expansiven Veränderungen des Kindes- und Jugendalters folgte die Konstanz des Erwachsenenalters, das dann im hohen Alter in eine Phase des Abbaus einmündete. Ebenfalls herrschte damals die Ansicht vor, Entwicklungsprozesse verliefen bei allen Menschen weitgehend gleich und seien universell, unveränderlich und irreversibel. Unterdessen hat sich eine Neuorientierung durchgesetzt. Entwicklung wird gegenwärtig als ein individueller Prozeß und als Resultat der Interaktion des Individuums mit seiner Umwelt verstanden, was bedeutet, daß Gleichaltrige durchaus nicht im gleichen Lebensstadium sein müssen.

Die Frau, die mit Anfang Vierzig eine Familie gründet, steht in einer völlig anderen Lebensphase als die Vierzigjährige, deren letztes Kind eben ausgeflogen ist, und beide lokalisieren sich anders in der Zeitachse als die vierzigjährige kinderlose Berufsfrau. Dadurch relativieren sich viele Aussagen über Bedeutung und Geschehnisse einzelner Altersgruppen. Grundlegende Lebensthemen drängen je nach individuellem Lebensweg zu unterschiedlichen Zeiten nach Lösungen. Vielleicht zwingt eine Scheidung eine Dreißigjährige, Lebensbilanz zu ziehen, während eine von den Umständen verwöhnte Großmutter immer noch in der heilen Welt lebt. Eine achtzehnjährige Leukämiekranke begegnet ihrer Sterblichkeit zu einem sehr frühen Zeitpunkt. Trotz individueller Unterschiede verdichten sich aber bestimmte Themen in der Lebensmitte.

Mir scheint es sinnvoll zu sein, Entwicklung nicht linear, sondern zyklisch zu denken. Ich entwickle mich nicht von da nach da und bin dann angekommen, sondern ich kreise um meine Grundthemen, in ihrer meinem jeweiligen Lebensalter gemäßen Version. Das Stirb und Werde geschieht nicht einmal in einem Leben, sondern jedesmal, wenn es fällig ist. Eine bestimmte Beziehungsgrundfigur mit meinen nahen Menschen mag zwar die Inhalte verändern, aber sie taucht immer wieder auf.

Der Lebenszyklus, das heißt die Abfolge von Entwicklungsphasen, zeigt so viele Varianten, wie es Menschen gibt. Er hat sich innerhalb kurzer Zeit verschoben: Die Pubertät setzt früher ein, aber das Erwachsenwerden braucht mehr Zeit, und die Menschen werden immer älter. In einer einzigen Generation haben Mittelschichtfrauen die Geburt des ersten Kindes um zehn Jahre hinausgeschoben *(SGc)*.

Gesellschaftlicher Wandel muß mit immer neuen Einordnungsmodellen eingefangen und absorbiert werden. Das konzeptionelle Schmetterlingsnetz verfolgt den herumgaukelnden Zeitgeist. Bis ein Konzept Fuß gefaßt hat, ist die Entwicklung auf der individuellen Ebene oft weiter fortgeschritten, und man sieht sich mit gesellschaftlichen Zuordnungen konfrontiert, die den eigenen Erfahrungen keinen adäquaten Rahmen bieten. Jede Gesellschaft entwickelt lebensalterbezogene Vorstellungs- und Normenbilder. Diese Vorstellungen wandeln sich. Die heute Fünfzigjährigen erlebten in ihrer Jugend die damals fünfzigjährigen Frauen als einen Teil der amorphen Masse alter Frauen, die sich gesetzt, schwer und in konservativer Kleidung langsam vom Leben zurückzogen. Dieses Bild wirkt durch alle Überlagerungen hindurch und verwirrt die gegenwärtig Fünfzigjährigen, die sich darin nicht wiederfinden können.

1.6 Weibliche Lebenszyklen im Spiegel der Mythologie

Wendepunkte im Frauenleben wie Menstruationsbeginn, Begegnung mit dem Mann, Geburt und Menopause teilen es vom Körper her in Phasen ein. Frauen wechseln mehrmals in ihrem Leben gleichsam den Aggregatzustand.

Entlang der Altersachse strahlt eine Sukzession von Archetypen auf. Die Mythologie hat Richtung und Form ihrer Kraft gefaßt. Die griechischen Göttinnen und ihre Geschichten beschreiben die Qualität und Dynamik einer bestimmten weiblichen Lebensphase. Individuelle Schicksale umspielen die Linie des Normalverlaufs.

Artemis gehört in jungfräulicher Ganzheit sich selbst. Die wilde Göttin der Einsamkeit in der Natur, die ungebundene, unbezogene Jägerin, die den sie belauschenden Mann in einen Eber verwandelt, begleitet das junge Mädchen bei seinem letzten Aufbäumen vor den Bindungen der nächsten Phase. Noch verfolgt es seine Interessen ohne Seitenblicke nach männlichem Applaus. Wagemutig flitzt es auf dem Snowboard die steilsten Hänge hinunter, knackt zäh und schlau die Geheimnisse des Computers und schafft sich als leidenschaftliche Leseratte eine eigene Welt. Unordentlich und kratzbürstig widersetzen sich die nicht mehr ganz Kinder den Zivilisierungsversuchen ihrer Mütter. Der Hund erfährt mehr Geduld und Zuverlässigkeit als sonst jemand, und nur dank der Katze bleibt die Erinnerung an das jüngst noch vorhandene zärtliche Schmusemädchen wach. Die Kleider müssen noch bequem und nicht schön sein, und der Kopfsprung vom Fünf-Meter-Brett ist wichtiger als die Frisur, bevor die Forderungen der Frauenrolle über ihr zusammenschlagen.

Die schöne Aphrodite, Göttin der Liebe, führt das Mädchen über die Schwelle zur Frau – wenn es das Glück hat, mit einem liebevollen Mann Körper und Seele neu zu erschließen. Aphrodite bezaubert mit ihrer lichten Heiterkeit das Lager der jungen Liebenden und umkränzt es mit Blütenzweigen. Die Frau erweitert sich in der hohen Zeit durch den Mann. Sie wird zur Hälfte eines neuen Ganzen – und verliert dabei das in sich Geschlossene der Jungfräulichkeit. Die spirituelle Dimension der Aphrodite wandelt die Vereinigung von Frau und Mann in einer Feier der ganzen Schöpfung. Das Geheimnis der Menschwerdung erfüllt die Frau. Aphrodite läßt die werdende Mutter nicht im Stich. Sie lindert die Geburtswehen und steht der Gebärenden bei, bevor sie die Entbundene in den Bereich der Demeter entläßt.

Die große Muttergöttin Demeter, Boden alles Wachsenden, Schöpferin von Pflanzen, Mensch und Tier, schützt und nährt das Werdende. Ihre Dreigestaltigkeit als Jungfrau Kore, als Mutter Demeter und als Todesgöttin Persephone faßt die weiblichen Lebensphasen in einem großen Bogen zusammen. Die Frau verliert als Mutter ein großes Stück Selbstbestimmung und erweitert sich um das Wunder der Menschwerdung. Sie lernt, sich mit einem fremden Lebensrhythmus zu harmonisieren und wird zum Nährboden für das Kind. Demeter weiß, daß die Frucht vom Baum fallen wird und daß Kinder ihre Mütter verlassen. Wachstum heißt immer auch Trennung, und so begleitet Demeter die Mutter durch die Zyklen von Geben und Bekommen, von Festhalten und Loslassen und von Gebraucht- und Verlassenwerden.

In einer nächsten Lebensphase klingt die Bezogenheit der Frau auf andere langsam ab. Durch die Menopause von der Einbindung in ihre biologischen Funktionen befreit, erweitert sich das Spektrum für die Frau. Nun können die unterschiedlichsten Archetypen wirksam werden. Artemis, Athene, Hestia, aber auch Aphrodite oder Demeter können die Frau jenseits der Menopause in Empfang nehmen und sie inspirieren. Vielleicht übernimmt Artemis nochmals die Führung. Sie hat das Mädchen bis ans Tor zur Weiblichkeit begleitet und holt nun die Frau auf der anderen Seite zu einer nächsten Phase der Ungebundenheit ab. Vielleicht kommt Athene endlich und läßt sie, vielleicht das erste Mal, die Freude des Erkennens erleben. Vielleicht wird sie von Hestia zum stillen spirituellen Zentrum ihrer Gemeinschaft geweiht. Vielleicht taucht Aphrodite wieder auf und läßt die Erotik neu erblühen. Vielleicht bringen Enkelkinder Demeter zurück oder auch die alten Eltern oder ein alternder Partner, die mütterliche Pflege brauchen. Die Schwelle zum großen Unbekannten kommt in Sichtweite. Der Tod und seine dunklen Hüterinnen erscheinen, je nach Kulturkreis, in einer anderen Gestalt (vgl. Abschnitt 3.2.2).

2 Die verwirrte Generation

2.1 Was damals war, wirkt heute nach

Die Gruppe der Fünfzigjährigen hat ein gutes Stück Zeitgeschichte gemeinsam durchlaufen. Wir waren denselben historischen Ereignissen, denselben Trends ausgesetzt. Wir erlebten dieselbe Epoche. Das Spielfeld ist für jede Generation anders. Der Zeitpunkt der Geburt auf der historischen Achse und die darauf folgenden Ereignisse prägen Wahlen und Einstellungen. Die Zeitströmungen lagerten sich in Schichten in unserem Bewußtsein ab. Diese Schichten sind der Resonanzboden für gegenwärtige Ereignisse. Deshalb werden wir aktuelle Zeiterscheinungen anders einordnen als unsere Kinder und anders als unsere Eltern. Bei allen Bemühungen der Generationen, einander zu verstehen, bleibt ein unübersetzbarer Rest, der auf unterschiedlichen epochalen Prägungen beruht. Auch wenn wir uns auf dem laufenden halten, wird unsere Einordnung der Ereignisse immer mehr veralten, weil sich die Distanz zum Bezugsrahmen der verantwortlichen Generation unweigerlich vergrößert.

Neue Gedanken, neue Grundideen beginnen als Einzelstimmen von Pionieren, fallen auf fruchtbaren Boden und breiten sich aus, werden populär, bewähren sich und schlagen Wurzeln oder verlieren mit der Zeit ihre Attraktivität. So hat die Populärpsychologie unsere Generation mit mannigfachen Meinungen beglückt. Einige zogen gleich Hagelzügen durch die Landschaft und hinterließen eine Schneise von Störungen. Ich denke da an die Idee der absoluten Verantwortung der Mutter für die psychische Entwicklung des Kindes oder an die Ansicht, ein ohne jede Begrenzung aufwachsendes Kind entwickle sich von selbst zum perfekten Menschen, oder an das Dogma der Unvereinbarkeit von Berufstätigkeit und Mutterschaft. Auch die unter Mißachtung jeglicher menschlicher Geborgenheitsbedürfnisse propagierte offene Ehe gehört in dieses Kapitel. «Wer zweimal mit der gleichen pennt, gehört schon zum Establishment» war das Motto.

Um die erstarrten Mauern alter Meinungen zu durchbrechen, böllert das Neue in seiner extremsten Form auf sie ein. Ansichten über Kindererziehung, Sexualität, Partnerschaft und Geschlechterrollen, Selbstverwirklichung und Machbarkeit psychischer Veränderungen, Aufgabe und Bedeutung von Mutterschaft und Emanzipation überrollten uns und beeinflußten unser Verhalten. Einiges hat sich bewährt, vieles wurde in modifizierter Form beibehalten und Diverses wieder fallengelassen.

Wer durch die Brille der neunziger Jahre eigene Verhaltensweisen der fünfziger und sechziger Jahre betrachtet, tut sich Unrecht. Die Zeiten haben sich wirklich geändert. Zwischen damals und jetzt liegt ein gutes Stück allgemeiner Bewußtseinsveränderung. Die Einsichten, die heute andere Verhaltensweisen erlauben, basieren auf mühsamen kollektiven und individuellen Entwicklungsprozessen. Damals sahen sich Frauen vor die Wahl zwischen Familie und Beruf gestellt. Wer die Kinderbetreuung delegierte, glaubte seinem Kind zu schaden. Kinderlose Frauen galten als unerfüllt und unweiblich und ausschließlich berufliches Engagement als unnatürlich. Wer sich heute vorwirft, den Mut zu der damals unkonventionellen Kombination von Berufstätigkeit und Mutterschaft nicht aufgebracht zu haben, sollte sich die vorherrschende Meinung der fünfziger und sechziger Jahre vergegenwärtigen. Die Situation der gegenwärtig jungen Mütter scheint mir indessen auch nicht einfach. Zwar wird ihnen ein Recht auf Berufstätigkeit zugestanden, aber die Strukturen haben sich nicht geändert, so daß sich die Kluft zwischen dem Erhofften und dem Realisierbaren vergrößerte. «Ich habe mein Studium aufgegeben, als wir kurz vor dem Abschluß heirateten. Es schien mir einfach nicht mehr wichtig, da wir ohnehin eines Tages Kinder haben wollten. Heute habe ich ohne einen Abschluß nicht mehr die geringste Chance, eine vernünftige Arbeit zu bekommen. Jetzt, wo die Kinder gegangen sind, verbringe ich allzuviel Zeit damit, meinen damaligen Leichtsinn zu bereuen», sagt eine Fünfzigjährige. Die jungen Hochleisterinnen, die sich heute in ihrem Berufsfeld mit unverkrampfter Zielstrebigkeit vorwärtsbewegen, zweifeln nicht mehr an der Weiblichkeit und machen ihre Identität von keiner Verbindung mit einem Mann abhängig.

Die Vergegenwärtigung der eigenen Geschichte ist die Voraussetzung für ein fundiertes Selbstverständnis. Das Verpaßte, das nicht Erreichte hat auch mit den damaligen Umständen zu tun. Um Frieden mit sich und der eigenen Situation zu schließen, braucht es die Erinnerung.

2.2 Die verwirrte Generation

Unsere Mütter wußten noch, was sich für eine Frau schickt. Sie beanspruchten Ritterlichkeit als Tribut für ihre Weiblichkeit. Den richtigen Mann zu heiraten, ihn zu umsorgen und mit ihm eine Familie großzuziehen bedeutete damals lebenslängliche Versorgung und die Erfüllung der weiblichen Bestimmung. Auch unsere Töchter, die in ahnungsloser Selbstverständlichkeit die Früchte unserer Zweifel und Kämpfe voraussetzen, stehen mit ihrem Wissen um die Notwendigkeit, für sich selbst sorgen zu können, und mit ihrer Überzeugung, ein Recht auf Lebenswahlen zu haben, klarer in der Welt. Wir sind verwirrter als beide. Jede Frau unserer Generation, der Generation, die als Brücke extrem unterschiedliche Frauenbilder verbindet, spürt die Spannung widersprüchlicher Lebensentwürfe für Frauen in sich.

Wir lebten im Überfluß. Die expandierende Wirtschaft bot Arbeits- und Aufstiegsmöglichkeiten in Hülle und Fülle. Die zahlenstarke Nachkriegsgeneration ergoß sich in die Hörsäle und auf einen ausgetrockneten Arbeitsmarkt. Sie forderte die Autoritäten heraus. Wir waren die 68er Generation, die in den weiten Spielräumen der Hochkonjunktur idealistische

Forderungen vertrat. Die Leichtigkeit des materiellen Erfolgs erlaubte uns den Luxus des Konsumverzichts. «Schließlich hieß die programmatische Moralfibel von Erich Fromm, die in den Siebzigern eine Art Pflichtlektüre der Rechtschaffenen war, ‹Haben oder Sein› – und ihre Botschaften gegen Raffgier, Machthunger, aggressives Wachstum einerseits, und für Teilen, Liebe, Natur andererseits waren so wahr, schön und gut, daß man schon beim Anblick des schwarzgrünen Buches ein schlechtes Gewissen bekam» *(JR S. 18)*. Mit Besitz- und Leistungsverweigerungen grenzten wir uns von unseren tüchtigen, angepaßten Eltern ab.

Auch mit unserer Leistungseinstellung sind wir zwischen Stuhl und Bank geraten: Unsere Eltern, geprägt von der Depression und dem Zweiten Weltkrieg wollten überleben, gut leben und es zu etwas bringen. Unsere Kinder müssen sich anstrengen, wollen sie sich im rauher gewordenen Wirtschaftsklima behaupten. «So ‹konturiert› und ‹bestimmt› in unseren vitalen Planungen, wie es den heutzutage verbreiteten Maximen der uns nachgeborenen Neuen Tüchtigen entspricht, so aufstiegsfroh und durchsetzungswillig, so überzeugt vom Leitbild ‹Professionalität› und von machbarer ‹happiness maximation› sind wir vielfach nicht geraten» *(JR S. 17)*. Zwischen autoritärer Prüderie und reizüberfluteter Gleichgültigkeit, zwischen der Einführung der Pille und dem Auftreten von Aids eröffnete sich ein Spielfeld sexueller Freizügigkeit, das unsere Generation weidlich abgraste. Wir alle wurden im epochalen Schüttelbecher der Wertveränderungen herumgewirbelt und versuchten in der Überschwemmung durch Neues nicht unterzugehen. Wir sind vom Wertwandel erschlagen. Wir bewegten uns von der Pflichterfüllung zur Selbstverwirklichung, von der Tugend zum Orgasmus, von Zucht und Ordnung zu den Ansprüchen auf Mitbestimmung am Arbeitsplatz und wieder zurück. Selbstverwirklichung als Selbstzweck erwies sich als hohl. Wenn Freiheit von etwas nicht in Freiheit für etwas übergeht, stimmt das Lied von Janis Joplin: «Freedom's just another word for nothing left to loose...» Auch wir lernten die Treue zu Aufgaben und Menschen als integrierenden Bestandteil der Selbstverwirklichung kennen (vgl. dazu Abschnitt 7.4.4). Die optimistische Konjunkturstimmung schlug in rezessionsbedingte Ängste um, dem Sozialstaat folgte der Sozialabbau und den verwöhnten Ansprüchen an das Leben der Überlebenskampf.

2.3 Weibliche Rollenkonflikte

Nach dem Zweiten Weltkrieg lockte die Sehnsucht nach Familiennestwärme die selbständiger gewordenen Frauen an den häuslichen Herd zurück. In die darauffolgende Glorifizierung der Frau als Hohepriesterin der Privatsphäre platzte in den sechziger Jahren das Buch «Das weibliche Mysterium» von Betty Friedan, das die Schattenseiten des Hausfrauendaseins darstellte und die finanzielle und berufliche Autonomie der Frau propagierte. Die explosive Verbreitung dieses Buches und der Kometenschweif von feministischen Publikationen, die ihm folgten, verrieten, daß die Zeit für ein neues Bild der Frau überreif war. Die Diskussion um die Geschlechterrollen entflammte neu, heftig und fundamental. Das Frauenideal rückte in kurzer Zeit von dem der dienenden Hausfrau ab und näherte sich einem autonomeren Lebensentwurf. Die eben aufkommende Pille ermöglichte der Frau eine nie gekannte Kontrolle über ihre Fruchtbarkeit und damit über ihr Schicksal, sie erlaubte einen neuen Zugang zur Sexualität. Unsere Generation, die in der prägsamen Zeit ihrer Jugend mehrheitlich in traditionellen Haushalten mit Vollhausfrau und finanziell zuständigem, aber abwesendem Vater aufgewachsen war, fand unterschiedlichste Arrangements, um die Überlagerung ihrer mitgebrachten konservativen Vorstellungen über die Frauenrolle durch radikal andere zu leben. Die Füße wuchsen aus den alten Schuhen hinaus, und die neuen drückten. Wir standen neben den Schuhen, und bis sich an unseren Fußsohlen die Hornhaut gebildet hatte, stolperten wir unsicher herum.

Wir waren damals als junge Frau gerade dabei, wichtige Weichen für unser Leben zu stellen. Junge Erwachsene stehen immer im Spannungsfeld zwischen dem Wunsch, sich nach herkömmlichen Kriterien als erwachsen zu beweisen, und der Auflehnung gegen Hergebrachtes. Letztere erhielt durch die radikale Kritik an den bisher gelebten Arrangements zwischen den Geschlechtern gewaltig Nahrung. Die neuen Einsichten trafen uns in je verschiedenen Stadien unseres Einzel-, Paar- und Familienweges und führten je nachdem zu einer neuen Gewichtung der Berufsseite, zu Experimenten mit Kommunen, zu Frauenzusammenschlüssen, zu endlosen Diskussionen mit unseren Partnern, zu Neuarrangements in bestehenden Ehen oder zu den in unserer Generation in Rekordzahlen auftretenden Scheidungen. Das Zusammentreffen von sexuellem Aufbruch einerseits und Rückkehr ins warme Familien- und Beziehungsnest andererseits, zusammen mit der Illusion der psychologischen Machbarkeit des Eheglücks, bescherte uns eine Scheidungswelle nie gekannten Ausmaßes.

Für jedes Blumenkind, das in einer Hausgeburt in einer Kommune ein Kind zur Welt brachte, gab es eine junge Frau, die gegen die damals selbstverständliche gesellschaftliche Erwartung der Mutterschaft rebellierte und die eben erhältliche Pille dazu benutzte, die Kinderentscheidung hinauszuschieben. Einige Frauen, die sich in ihrer Jugend im Zuge des feministischen Aufbruchs der sechziger Jahre von der traditionellen Frauenrolle emanzipierten, bewegten sich in ihren späten Dreißigern oder gar frühen Vierzigern in einem weiteren Entwicklungsschritt wieder auf das Kind zu.

Wer eine traditionelle Familien- und Vollhausfrau-Existenz lebte, sah sich mit der durch den veränderten weiblichen Erwartungsradius hervorgerufenen Abwertung dieser Rolle konfrontiert. Möglichkeiten wurden zu neuen Forderungsnormen. Berufstätigkeit wandelte sich in unserer Generation von einer Option zu einem für viele unabdingbaren Attribut einer erfolgreichen weiblichen Identität. Sogenannte Nur-Hausfrauen gerieten in die Defensive. Die neue Forderung nach Selbstverwirklichung zielte damals immer über die Familie hinaus. Aus der Perspektive der im häuslichen Kleinkram gefangenen und von den Forderungen der Mutterschaft überfahrenen Hausfrauen präsentierte sich die Berufswelt als das Eldorado der Selbstverwirklichung. Indessen reproduziert die Erwerbswelt die Familienwelt, da Frauen auch dort für all die prestigetiefen und unsichtbaren Klein- und Infrastrukturarbeiten eingesetzt werden. Der Versuch, Arbeits- und Familienwelt zu vereinen, zog eine permanente Überbelastung nach sich. Die Kinder- und Familienfeindlichkeit, mit der die neue Frauenbewegung anfänglich über ihr Ziel hinausschoß, verunsicherte Frauen, die Kinder auf der inneren Agenda hatten.

Mit fünfzig sind wir aus dem Streß des Rollenkonfliktes entlassen. Wir müssen uns nur noch mit den damals im dicken Nebel der Verwirrung ertasteten Lebenswahlen und ihren Folgen versöhnen . . .

2.4 Epochale Veränderungen des weiblichen Selbstverständnisses

Von der Vielzahl historischer Ereignisse und Zeitströmungen möchte ich die neue Frauenbewegung weiter ausführen. Unsere Generation erlebte eine Veränderung des alten Geschlechterarrangements, die oft einer Kündigung nahekam. In den sechziger Jahren wurde eine Lawine von Bewußtseinsveränderungen losgetreten, die jede Frau dieser Generation erfaßte und noch immer im Gang ist.

Der feministische Aufbruch der sechziger Jahre ist indessen mitnichten der erste in unserem Jahrhundert. Wellen von Einsichten über die Benachteiligung der Frauen kamen und gingen. Ihre Schwingungen beginnen langsam, das jahrtausendealte Urgestein der Geschlechterdefinition in Bewegung zu bringen. Die Veränderungen der Geschlechterrollendefinitionen innerhalb einer einzigen Generation sind gleichzeitig gewaltig und negligeabel. Die bewußte Entscheidung, sich als

Frau von negativen Zuschreibungen zu befreien und selbstbestimmt zu leben, ist manchmal nur die schöne weiße Spitze des Eisbergs. Unter der Wasserlinie schleppt das Unbewußte nach wie vor häufig die durch Eltern und Großeltern vermittelten schlechten Frauenbilder mit sich. Diese negativen Überreste wirken sowohl aus dem eigenen Innern als auch aus dem Unbewußten der anderen. Subtile Entmutigungen und Abwertungen von außen sind deshalb so wirksam, weil sie im eigenen Unbewußten eine Resonanz finden. Diese unbewußten negativen Bilder schwächen das Gefühl für den legitimen Anspruch auf Gerechtigkeit in der Geschlechterbeziehung. Das Unbewußte ist als Speicher früherer Erfahrungen oft ein Bremsklotz für aktuelle Entwicklungen.

Die weibliche Minderwertigkeit ist aufgrund einer jahrtausendealten Tradition so selbstverständlich, daß sie als früh internalisierter Bestandteil des Selbst gar nicht ins Blickfeld kommt. Beweise einer systemimmanenten Benachteiligung der Frauen werden wohl vom Bewußtsein aufgenommen, bleiben aber in den Maschen der unbewußten Verteidigung eines Weltbildes hängen, das den Komfort des Lebensarrangements absichert. Auch und besonders Frauen wollen sich das Bild einer heilen, fairen Welt bewahren. Jede Frau bekommt die Wirksamkeit der Frauenentwertung in ihrem eigenen Berufsumfeld und ihrer eigenen Beziehung zu spüren. Es ist wesentlich weniger entmutigend, diese Mißachtung eigenem Verschulden, einer schlechten Partnerwahl, ungeschicktem Verhalten oder dem ungünstigen Zeitpunkt einer Handlung zuzuschreiben, als sich mit der in vielen Fällen zugrundeliegenden diskriminierenden Regelhaftigkeit zu konfrontieren.

2.4.1 «Ich bin keine Feministin»

Der Feminismus entlarvte Selbstverständlichkeiten als Vorurteile über das Wesen der Geschlechter – Vorurteile, die aber handfeste Verpflichtungen und Arbeitsteilungen nach sich gezogen hatten. Der Kampf zwischen den Geschlechtern um Geschlechtsrollendefinitionen wurde und wird nicht immer mit Samthandschuhen geführt. Mit einer bestimmten Definition der Geschlechtsrolle sind sowohl das Identitätsgefühl als auch Privilegien verbunden. Deshalb haben sich Denkweisen eingebürgert, die dafür sorgen, daß sich nichts verändert. Identitätsdefinitionen und Privilegien werden mit abwertenden Vorurteilen gegen Umdeutungen verteidigt, weil es darum geht, das eigene Selbstverständnis aufrechtzuerhalten. Die Bagatellisierung feministischer Anliegen dient der Erhaltung der Machtstrukturen. Näher an einer direkten Verleugnung liegen Aussagen wie: «Aber die ganze Diskussion ist doch nicht mehr aktuell! Chancengleichheit und Gleichstellung sind längst erreicht!» Ideen, die den Status quo bedrohen, werden so bekämpft. Das läßt sich im Umgang mit Begriffen wie «Feminismus» oder «Emanzipation» als sprachliche Träger des neuen Ideenguts deutlich ablesen. Diese Begriffe wurden sofort so negativ eingefärbt, daß sie innerhalb kürzester Zeit kaum noch verwendbar waren. Keine Frau möchte zu einer Gruppe gehören, die als schrill, unvernünftig, aggressiv und, das war in unserer Generation der Gnadenstoß, unweiblich charakterisiert wird. Frauen, die die neuen Frauenbilder in sich aufgenommen und gelebt haben, fehlen die Worte für die neue Synthese, die sie fanden. Wer sich auf die ursprüngliche Bedeutung von «Emanzipation» und «Feminismus» besinnt, entdeckt indessen brauchbare Begriffe. Denn mit Emanzipation ist eigentlich die Befreiung beider Geschlechter aus einengenden Geschlechtsrollendefinitionen gemeint. Ihr Ziel ist die Erweiterung von Wahlmöglichkeiten.

2.4.2 Dem Mann den Geist, der Frau den Körper

Wie sehr wir alle von negativen Vorurteilen gegen Frauen betroffen sind, sollen folgende Ausführungen illustrieren: Vorurteile wirken als lebensformende Mythen, bis sie als solche enttarnt werden. Der Feminismus entlarvte eine Vielzahl von scheinbar selbstverständlichen Annahmen über Frauen als bloße Vorurteile. Gleichzeitig zeigte es sich, wie tief diese Vorurteile in der Kultur und in der einzelnen Psyche verwurzelt sind. Da alle Frauen im Hier und Jetzt von diesen Vorurteilen betroffen und behindert sind und diese Vorurteile unsere Perspektiven im mittleren Alter beeinträchtigen, möchte ich an dieser Stelle kurz auf sie eingehen.

Die patriarchale Basis der abendländischen Kultur formte die Grundannahmen über das Wesen von Mann und Frau. Die Schöpfungsgeschichte des Alten Testamentes dokumentiert den Bruch zwischen dem Menschen und seinem Körper. Der Körper ist des Menschen nicht würdig und muß verleugnet werden. Adam und Eva schämen sich nach dem Sündenfall ihrer Körper und verhüllen dessen Blöße. Weit entfernt davon, durchgeistigter Ausdruck einer schöpferischen Absicht zu sein, drückt der Körper nun als irdischer Ballast den Menschen zu Boden. Der Geist ist im Körper eingekerkert und sehnt sich nach Freiheit. Geist und Körper sind Gegner. Der Körper zieht den Geist in seine Niederungen herab, und der Geist läßt den Körper nicht zu seinem Recht kommen. Die lange Jahrhunderte herrschende Körperfeindlichkeit treibt häßliche Blüten. Die Verachtung des Körpers führt zu Verzerrungen der Körperwahrnehmung. Körperliche Bedürfnisse werden als Zeichen der niedrigen Natur des Menschen verdrängt. Die Wiederkehr des Verdrängten ist ein Axiom der Tiefenpsychologie. Das Verdrängte belagert das Bewußtsein, das sich durch die Abwehrmechanismen funktionsfähig hält. Im Zusammenhang mit der Körperfeindlichkeit wird der Abwehrmechanismus der Projektion wirksam. Der eigene Körper kann als einigermaßen bedürfnislos erlebt werden, wenn das Begehren als vom anderen ausgehend eingeordnet wird. Der körperfeindliche Mann projiziert seine verdrängte Triebhaftigkeit auf die Frau, die er nun als sexuell provokativ erlebt. So überträgt sich der Gegensatz von Geist und Körper auf Mann und Frau. In der Folge wurde und wird angenommen, daß sich im Mann das geistige und in der Frau das körperliche Prinzip realisiert. Diese Zuordnung ist mit einer Wertung verknüpft. Das Geistige und sein Träger sind wertvoll, das Körperliche und seine Trägerin verachtungswürdig *(CK)*.

Die an die Frau delegierte Körperlichkeit rückt diese ins Zentrum des weiblichen Selbstwertgefühls. Im mittleren Alter zieht sich der weibliche Körper langsam als Lust- und Vorzeigeobjekt aus dem Verkehr. Eine Neudefinition der weiblichen Identität steht an. Der weniger von außen beanspruchte Körper führt die Frau nicht mehr von sich weg, sondern wird als Basis eines selbstbestimmteren Lebensabschnittes von ihr gepflegt.

2.4.3 Denkende Frauen sind unweiblich

Das Bild der geistigen Vorherrschaft des Mannes wurde mit diskriminierenden Annahmen über die intellektuellen Möglichkeiten der Frauen gesichert. Eine der Wurzeln der Diskriminierung ist der Versuch, die Wahrnehmung von unerwünschten Eigenschaften in der eigenen Psyche abzuwehren. In unserer Kultur zählen zum Beispiel Passivität, Rezeptivität und Emotionalität zu solchen Eigenschaften. Als Projektionsfläche bieten sich aufgrund einer seit vielen Generationen wirksamen Sozialisierung die Frauen an. Auch heute noch wird häufig die Einsicht in Begrenzung und Ohnmacht der rationalen Erfassungsweise abgewehrt und auf die Frauen projiziert, denen die Rolle des irrationalen und intellektuell minderbegabten Teils der Bevölkerung zugeordnet wird. Während der Mann sich auf den Höhen des klaren Verstandes ansiedelte, verwies er das Weib in die Niederungen der Gefühls- und Instinktsümpfe. Ein Sichwehren gegen diese Zuschreibung wurde mit dem Tabu der Unweiblichkeit belegt.

Die Vorstellungen des aktiv-rationalen Mannes und der passiv-emotionalen Frau ergänzen einander. Deshalb stört ein Verhalten von Frauen, das sie für diese Projektionen ungeeignet macht, das Gleichgewicht dieses Arrangements, in dem beide Geschlechter gefangen sind. Die Befreiung daraus, nämlich die Realisierung der aktiv-rationalen Persönlichkeitsanteile der Frau und der rezeptiv-emotionalen des Mannes, erfordert tiefgreifende Umstellungen des individuellen Selbstverständnisses, denen die Auflösung eines traditionell verwurzelten Selbstverständnisses vorangehen muß. Da dieses dabei in Bewegung gerät, wird eine solche Auflösung vielfach als gefährlich erlebt. Frauen, die durch ihr Verhalten diskriminierende Projektionen erschweren, indem sie sich aktiv, selbstbewußt und logisch verhalten, können bedrohlich wirken, was oftmals mit verstärkter Diskriminierung beantwortet wird. Deshalb lösen gerade stark intellektuell begabte Frauen das Abwehrverhalten der Diskriminierung aus.

In unserer Jugendzeit wurde die These von der Unweiblichkeit weiblicher intellektueller Strebungen noch unverblümt vertreten. Der saloppe Ausspruch, Frauen seien entweder arbeitslose Geschlechtstiere oder geschlechtslose Arbeitstiere kursierte damals an der Universität, und viele Studentinnen betrieben einen großen Aufwand an Aufmachung und Flirtverhalten, um zu verhindern, in die gefürchtete Kategorie der Blaustrümpfe eingereiht zu werden. Der androzentrische Grundgehalt der freudianischen Psychoanalyse hat Generationen von Frauen in ihrer Selbstentfaltung behindert. Eine prominente Freudianerin, Helene Deutsch, schrieb noch 1959 folgendes: «Normale Weiblichkeit wird jedoch nur insoweit erreicht, als die Frau schließlich auf alle eigenen Ziele verzichtet, auf jede eigene ‹Originalität›, und sich mit den Zielen des Ehemanns oder Sohns identifiziert und durch sie Erfüllung findet. Dieser Prozeß kann auf nicht-sexuelle Weise sublimiert werden, zum Beispiel, wenn eine Frau für die wissenschaftliche Arbeit ihres männlichen Vorgesetzten die elementaren Vorarbeiten leistet.» *(DH)* Ich zitiere dies deshalb so ausführlich, weil die Folgen derartiger Zuschreibungen bis in die Gegenwart nachweisbar sind und die Frauen insbesondere meiner Generation daran hindern, ihr Wissen in Besitz zu nehmen.

2.4.4 Frauen leisten das Doppelte

Viele Frauen haben ihre Unterlegenheit so gründlich verinnerlicht, daß weder Fremd- noch Selbstdiskriminierung im Bewußtsein nachvollzogen werden können. Da Diskriminierung von den davon betroffenen Frauen häufig nicht wahrgenommen wird, ist sie schwer nachzuweisen. Die Vorstellung von Frauendiskriminierung ist für Frauen, die sich im Berufsumfeld bewähren wollen, nicht leicht integrierbar. Begabte und motivierte Frauen halten deshalb möglichst lange am Bild der Chancengleichheit fest. Diskriminierende Vorfälle werden vorwiegend als Ausnahme oder als eigenes Verschulden eingeordnet. Wird Diskriminierung wahrgenommen, schwächt sie die Leistungsmotivation. Die Verdrängung derselben führt dazu, daß Frauen berufliche Schwierigkeiten ausschließlich dem eigenen Ungenügen zuschreiben, was sich wiederum sehr negativ auf das Selbstbewußtsein und die Arbeitsenergie auswirken kann. Es verwundert deshalb nicht, daß Frauen gerade in den oberen Etagen der Hierarchie rar sind. Die über Generationen gelebte Frauenabwertung hat sich im Unbewußten abgelagert. Es ist wesentlich, den unmerklichen Energieverschleiß nicht zu unterschätzen, den die Überwindung dieses gefährlichen Erbes tagtäglich braucht. Zwar sagt und denkt heute niemand mehr: «Frauen können und sollen nicht denken» oder «Frauen sind dumm»; auch die Gleichsetzung von weiblich mit intellektuell unbegabt wird auf der bewußten Ebene kaum noch vertreten – trotzdem belasten diese Vorurteile sowohl das weibliche als auch das männliche Unbewußte.

Die Frau ist in bezug auf ihre Denkfähigkeit einem ununterbrochenen Kompetenzentzug ausgesetzt. Kompetenz wird durch Kompetenzzuschreibung von außen verstärkt, durch Kompetenzentzug von außen geschwächt. Untersuchungen des Sprechverhaltens in gemischtgeschlechtlichen Gruppen zeigen eine regelhafte Benachteiligung der Frauen. So wird zum Beispiel die Frau weniger gehört als der Mann, und was sie sagt, wird als weniger wichtig und weniger intelligent eingestuft. Frauenbehindernde Gesetzmäßigkeiten beherrschen die gemischtgeschlechtliche Diskussion, ohne daß sich die Teilnehmenden dessen bewußt wären *(TS S. 71)*. Sie realisieren sich im nonverbalen Verhalten, welches Gesprächssituationen beeinflußt. Ein leichtes Abwenden des Körpers, ein ironisches Lächeln, ein theatralisch unterdrückter Seufzer sind soziale Sanktionen, die gegen Frauen, die sich nicht charmant und verbindlich benehmen, erfolgreich eingesetzt werden. Frauen werden regelmäßig häufiger unterbrochen als Männer, und zwar von Frauen wie von Männern. Von beiden Geschlechtern werden Diskussionsbeiträge von Frauen weniger gehört, weniger unterstützt und weniger weitergeführt als die von Männern. Viele Frauen haben schon die Erfahrung machen müssen, daß ihr Vorschlag in einer Runde überhört wurde, um kurz darauf von einem Mann formuliert mit Applaus aufgenommen zu werden. So wird weibliche Kompetenz zum Verschwinden gebracht, und zwar zuerst im Bewußtsein der betroffenen Frauen selbst. Nicht gehört werden verunsichert. Es wird Frauen schwergemacht, sich auf ihre Fähigkeiten wirklich einzulassen.

Um die gleiche Anerkennung, Resonanz und Wirkung zu erzielen, müssen Frauen mehr leisten. Der Verschleiß an Energie und Selbstvertrauen durch diese ununterbrochen notwendige Kompensation einer negativen Zuschreibung wird aber nicht als das erkannt, was er ist, nämlich als systemimmanentes Handicap für Frauen. Frauen schwimmen gegen den Strom, müssen aber dieselbe Strecke zurücklegen wie ihre von Legitimitäts- und Kompetenzzuschreibungen getragenen männlichen Kollegen, die mit dem Strom schwimmen. Das Durchschauen dieser Verhältnisse mag zwar Selbstvorwürfe mildern, kann aber zu einer inneren Verkrampfung führen. Mit diesem Wissen zu leben, ohne mit der Zeit in Aggressivität oder Resignation abzugleiten, ist ein anspruchsvoller Balanceakt, der zusätzliche Energien bindet. Ein weiteres Energieleck ist der in vielen Frauen angelegte, oft unbewußte Konflikt zwischen dem Bedürfnis nach Zugehörigkeit und demjenigen nach Validierung der eigenen Wahrnehmung. Bei vielen Frauen ist das Bedürfnis nach Akzeptanz so groß, daß sie eine Frauenentwertung in ihrem eigenen Umfeld verleugnen. Das ist nicht schwierig, da es sich in der Regel um schwer feststellbare und genau deshalb um so wirksamere Vorgänge handelt.

Die feministische Bewußtseinsentwicklung löst die Frau aus dem tradierten Sumpf der Frauenentwertung heraus. Sie hört auf, zum Selbst zu gehören und kann als objektiver Tatbestand ins Visier genommen werden. Was früher als persönliches Versagen schamhaft verborgen wurde, zeigt sich als Folge einer überindividuellen Tradition. Das mildert die Selbstvorwürfe. Schlechte Selbstrepräsentation, zaghafte Umsetzung von eigenen Projekten und mangelndes Selbstvertrauen sind im Patriarchat für Frauen vorprogrammiert. Die Entlastung durch diese Einsicht wird aber mit dem Gewahrwerden einer ubiquitär wirksamen Frauenabwertung bezahlt. Ihr Wirkungsspektrum von subtilen Implikationen weiblicher Minderwertigkeit über finanzielle Benachteiligung bis zu roher Gewalt ist kein schöner Anblick. Das Durchschauen der Entwertungsmechanismen ist der erste Schritt zu ihrer Auflösung. Frauen unserer Generation haben bewußt gegengesteuert und damit die Ablagerung jahrtausendealter Frauenentwertung im Unbewußten unserer Töchter deutlich vermindert.

Neues Gedankengut wird in der Regel von der Jugend aufgenommen und in die Gesellschaft getragen. Die feministische Bewegung bildet hier eine Ausnahme. Ihr Epizentrum liegt bei Frauen mittleren Alters. Junge Frauen suchen ihre Identität als Frauen, als Partnerinnen, als Mütter und als Berufsfrauen. Oft übernehmen sie unreflektiert das, was in ihren Herkunftsfamilien gelebt wurde, und versuchen es zu reproduzieren. Es gilt, zuerst einmal die Strukturen kennenzulernen und die Erwartungen zu erfüllen. Erst wenn die vorhandenen Regeln wirklich gelebt werden, zeigt sich die Kehrseite des Arrangements. Was als partnerschaftliche Beziehung begonnen hat, gerät aus dem Gleichgewicht und verschiebt sich langsam zugunsten des Partners, der durch bessere Verdienst- und Wiederverheiratungschancen an «Macht» gewinnt. Für gemeinsam geplante und gewünschte Kinder muß allmählich die Mutter die alleinige Verantwortung übernehmen. Scheidungen haben für diese Frauen einen Einbruch des Lebensstandards zur Folge, und die vertrauensvoll eingegangene, kinderbedingte Unterbrechung der Berufsausübung rächt sich bitter. Ein zu niedriges weibliches Anspruchsniveau, die Blindheit weiblicher Kompetenz gegenüber und der Anspruch männlicher Überlegenheit erschweren einen weiblichen Berufserfolg. Die Folgen der bewußt unerwünschten, aber an der Basis eben doch wirkenden patriarchalen Wahrnehmungsverzerrungen werden Frauen oft erst in den mittleren Jahren voll bewußt.

Genug ist nicht genug: gepriesen sei das Patriarchat, denn es erspart uns gar nichts, und wir werden immer stärker.

2.5 *Erfolgreiche Berufsfrauen sind keine richtigen Frauen*

Erfreulicherweise mutet dieser Titel altmodisch an. Dem Mann die Öffentlichkeit und der Frau die Privatsphäre: Diese Aufteilung prägte die Einstellung zur Berufstätigkeit unserer Generation noch stark.

Männer definierten sich über ihre Arbeit und nicht über ihre Familie. Die Familie lag im Zentrum des weiblichen Lebens und oft an der Peripherie des männlichen. In einer Untersuchung wurden Frauen und Männer gefragt, wer sie seien. Die meisten Frauen antworteten mit einer Beschreibung ihrer körperlichen Attribute, bezeichneten sich als Ehefrau und Mutter und charakterisierten Beziehungseigenschaften wie Wärme und Einfühlungsfähigkeit. Die Frauen, von denen die Hälfte berufstätig war und zum Teil anspruchsvolle Positionen innehatte, bezogen sich in keinem einzigen Fall in ihrer Antwort auf ihre Berufstätigkeit. Im Gegensatz dazu definierten sich alle befragten Männer über ihre Arbeit. Aufschlußreich ist in diesem Zusammenhang die Erklärung einer

Juristin, die sagte: «Sie fragten, wer ich sei, nicht was ich tue. Ich arbeite als Juristin, aber ich bin eine Frau.» *(RL S. 59)*

2.5.1 «Von Finanzen verstehe ich gar nichts»

Fatalerweise war in meiner Generation Tüchtigkeit mit dem Schreckensgespenst der Unweiblichkeit gekoppelt. Unbewußte Retterphantasien lassen Frauen oft weit unter ihren intellektuellen Möglichkeiten herumhühnern, wo es um sehr vitale Fragen geht. Weibliche Hilflosigkeit lockt doch ganz sicher den Ritter im Mann hervor, und vertrauensvolle Debilität in Finanzfragen garantiert die Versorgung. Die erfolgreiche Frau bindet einen zuverlässigen Ernährer an sich und sichert so ihrer Nachkommenschaft und sich selbst die Existenzgrundlage. Ihr Ritter wird sich für sie mit dem schmutzigen Geld herumschlagen und sie vor der bösen Welt bewahren. Geld ist Männersache. Diese Annahmen begleiteten meine Generation von Frauen, von denen einige nicht wissen, wieviel ihr Mann verdient, über kein eigenes Geld verfügen, seit vielen Jahren keine Steuererklärung mehr sahen und keine Ahnung haben, wie ihre Situation im Todesfall ihres Ernährers aussehen würde. Bei berufstätigen Frauen bleibt der Verdienst zu oft Nebensache. Hauptsache, sie und ihre Arbeit werden geschätzt. Sie wollen nicht wissen, ob ihre Entlohnung fair ist: als Seele des Betriebs möchten sie die gute Stimmung nicht durch Forderungen verderben. Unter dem Leitbild der lebenslänglichen Versorgung durch den Ehemann vernachlässigte die gegenwärtige Generation der fünfzigjährigen Frauen ihre Berufsausbildung. Die finanzielle Abhängigkeit von einem Ehemann ist in dieser Altersgruppe häufig. «Er ist ein guter Versorger», sagen Frauen blauäugig bei Scheidungen und kümmern sich erst um das Geld, wenn es plötzlich knapp wird. Die Armutsgrenze rückt schnell näher, wenn bei Scheidungen im mittleren Alter die Alimente mager ausfallen, Kindern ein möglichst guter Start finanziert werden soll, die Ausbildung veraltet und der Arbeitsmarkt ausgetrocknet ist. An die Altersversorgung darf frau schon gar nicht mehr denken. Bevor eine (wieder) alleinstehende Frau ihre Intelligenz wirklich auf den schnöden Mammon anwenden kann, muß sie sich eingestehen, daß der sie versorgende Märchenprinz womöglich definitiv ein Märchen bleiben wird und sie es ist, die die Weichen für ihre materielle Versorgung stellt.

2.5.2 Die Berufswelt ist kein Selbstverwirklichungsparadies

Die Emanzipationswelle der sechziger und siebziger Jahre pries außerhäusliche Arbeit als das Allheilmittel für Frauen an. Arbeit im Kontrast zum Hausfrauendasein versprach ein spannendes Erwachsenenleben, Selbstverwirklichung und größere Chancen für eine gleichberechtigte Ehe. Für Mittelschichtfrauen hatte Arbeit damals etwas Glamouröses an sich. Eine neue Definition weiblicher Identität verlangte nach einem Engagement außer Haus. Die Hochkonjunktur schuf ein arbeitnehmerinnenfreundliches Klima. Das Dreiphasenmodell sieht für Frauen zuerst eine Berufsphase vor, die von der Familienphase unterbrochen wird, um dann wiederum in eine Berufsphase zu münden. Viele Frauen der Nachkriegsgeneration stiegen während der Hochkonjunktur in die Familienphase ein. In den mittleren Jahren angekommen, finden diese Frauen eine völlig andere wirtschaftliche Situation vor. Der Arbeitsmarkt hat sich drastisch verändert, sowohl von der konjunkturellen wie auch von der arbeitstechnologischen Situation her. Die Informatik revolutionierte die Arbeitsplätze. Gleichzeitig verminderte sich die Zahl der offenen Arbeitsplätze. Der Wiedereinstieg gestaltete sich deshalb schwierig, und viele Frauen überwanden die neuen Hindernisse nur unter dem Druck einer materiellen Notwendigkeit. Von der Selbstverwirklichung durch Arbeit ist im gegenwärtigen Wirtschaftsklima kaum mehr die Rede. Die Rezession machte die Arbeitswelt unhospitabel, und nicht mehr junge

Frauen mit veralteten Ausbildungen, beschränkter Berufserfahrung und Illusionen über eine erfüllende Tätigkeit haben wenig Chancen. Das veränderte ihren Erwartungshorizont. Viele erleben die Auswirkung des eisigen Windes in der Arbeitswelt auf ihre Männer und sind froh, selbst nicht mehr in die Berufsarena steigen zu müssen.

Frauen, die immer berufstätig waren, zeigen in ihren Fünfzigern ähnliche Abnützungserscheinungen wie die Männer. Die Romanze mit der Arbeit hat einer nüchternen Einschätzung der Möglichkeiten Platz gemacht. Selbst- und Fremddiskriminierung der Frauen finden sich auch in der Arbeitswelt, wo Frauen wie zu Hause die weniger angesehene Infrastrukturarbeit leisten, während die Männer in den Führungsseminaren über Verbesserungsstrategien nachdenken.

Unerwartete Entlassungen, in diesem Ausmaß noch vor wenigen Jahren undenkbar, geben dem Verdienstpotential einer Frau plötzlich ein anderes Gewicht. «Ohne meinen Verdienst hätten wir das Haus nicht mehr halten können. Mein Mann (ein vormals gutverdienender Ingenieur in der Informatikbranche) wurde nach seiner Entlassung buchstäblich krank. Er ist schließlich wieder untergekommen – mit einem um ein Drittel kleineren Lohn – und muß darüber noch froh sein», sagt eine Lehrerin, die glücklicherweise wieder in ihrem Beruf Fuß gefaßt hat.

Die Medien berichten immer wieder über die erfolgreichen Frauen mittleren Alters, die nach der Kinderphase durchstarten und Karriere machen. Die Präsentation derartiger Rollenmodelle ist ein zweischneidiges Schwert. Es wird nicht gesagt, wie klein die Zahl dieser Frauen ist und wie minimal die Wahrscheinlichkeit, daß eine Frau in den existierenden Strukturen eine derartige Position erreicht. Das Herausstreichen dieser Frauen verschleiert die realen Verhältnisse. Angesichts der Hochglanzerfolgsfrauen fühlen sich die Frauen, die in den unsichtbaren Netzen innerer und äußerer Behinderungen zappeln, als Versagerinnen.

2.5.3 Beruf und Privatleben

Im ehelichen Gleichgewicht spielen Verdienst, Berufserfolg und Berufsbelastung eine große Rolle. Eine Frau, die in der Berufswelt Fuß faßt und selbst Geld verdient, verändert die Machtverhältnisse. Zweitausbildung und Wiedereinstieg können Frauen und Ehen vitalisieren, stellen aber auch ein Beziehungsrisiko dar. Die Einstellung des Partners ist häufig ein zentraler Faktor für einen erfolgreichen Neubeginn. Ambivalenz ist zu erwarten. Eine neu engagierte und interessierte Partnerin belebt die Gemeinschaft – aber das Auftauchen einer zweiten Agenda im Haushalt, die lästige Ferienkoordination und berufliche oder ausbildungsbedingte Abwesenheiten dämpfen die Begeisterung. Ihr wachsendes Verständnis für seinen Berufsstreß hebt die durch schwindende Dienstleistungen im Haushalt bedingten Unbequemlichkeiten nicht immer auf.

Berufstätige Ehefrauen bekommen oft verbale Unterstützung, aber weniger reale. Nicht nur der Haushalt bleibt nach wie vor an ihr hängen, sondern auch das Erwartungsniveau an Aufmerksamkeit und Präsenz erhält sich, wenn der unbewußte Widerstand gegen die Veränderungen es nicht sogar noch wachsen läßt. Natürlich beklagt sich der Mann nicht mehr direkt darüber, daß er die Kleider selbst aus der Reinigung holen muß. Dazu ist er zu aufgeklärt. Aber es entstehen plötzlich seltsame neue Reibereien über Dinge, die früher kein Problem waren.

Eine Frau, die beruflich erfolgreicher ist als ihr Mann, stellt die männliche Überlegenheit in Frage. Nur gut in sich ruhende Männer sind dieser Situation gewachsen. «Frauen fürchten, daß Selbstbehauptung nicht nur ihre Weiblichkeit beeinträchtigt, was sie möglicherweise noch riskieren könnten, sondern ebenso die Männlichkeit ihres Mannes. Um seine Kastration durch ihren Erfolg zu vermeiden, verehrt sie das Totem seiner Überlegenheit, damit sein fragiles Ego nicht tangiert wird...» (*HC a S. 185*) «Ich muß die Berufsfrau an der Garderobe abgeben, wenn ich heimkomme. Diese durchsetzungsfähige Frau könnte schlicht mit meinem Mann nicht leben. Ich bin zwei Personen: eine zu Hause und eine im Beruf. Mein Mann hat selbstbewußte Frauen nicht gern», sagt die erfolgreiche Besitzerin eines grafischen Kleinbetriebs. Stark sein und Schwäche mimen gehört manchmal bei leistungsfähigen Berufsfrauen zur versteckten Agenda, und sie machen dieses mühsame Spiel mit, aus Angst, den Mann zu verlieren.

Auf die Lastenverteilung im gemeinsamen Haushalt gehe ich in Abschnitt 5.3.2 näher ein.

2.5.4 Frauen kommen nicht vorwärts

Die unbewußten Mechanismen der Kompetenzzuschreibungen favorisieren Männer und beschränken Frauen (vgl. Abschnitt 2.4.4). Weil weibliche Fähigkeiten leichter übersehen werden, sind Frauen auch dort gezwungen, um Anerkennung zu kämpfen, wo diese Männern automatisch gewährt wird. Die Juristin sieht sich konstant veranlaßt, am Telefon zu erklären, daß sie die zuständige Person und nicht ihre Sekretärin ist. Die Ärztin im Spital spricht man als Krankenschwester an, und der Doktortitel der Frau wird auch dort nicht erwähnt, wo er bei Männern aufgeführt ist. Männliche Leistungen werden bemerkt, weibliche ignoriert. Die männliche Sozialisierung unterstützt eine gute Selbstpräsentation im Leistungsbereich. Eine Frau wird schnell als ehrgeizig und hart taxiert, wenn sie ihr Licht nicht unter den Scheffel stellt. Die sehr handfesten Auswirkungen geschlechtsdifferenter Kompetenzzuschreibungen bescheren Frauen häufig ein erheblich niedrigeres Einkommen als Männern für vergleichbare Tätigkeiten und darüber hinaus auch deutlich schlechtere Beförderungschancen.

Sich legitimieren heißt wörtlich: beweisen, daß das Gesetz eingehalten wird. Frauen neigen dazu, zuviel zu bieten. Gesetze sind dehnbar und Beförderungsverfahren nicht in Stein gehauen. Die Überkompensation weiblicher Selbstentwertung macht aus Frauen unerschöpfliche Zudienerinnen. Überkompetent und unterbezahlt sind sie die rechte Hand und die rechte Hirnhälfte des Chefs, durchschauen eigentlich das ganze Spiel, aber sind nicht imstande, daraus Konsequenzen zu ziehen. Die tüchtige Assistentin, die als unentbehrliche Exekutive die Termine im Kopf, die Informationen an der Hand und die Sachkompetenz jederzeit einsatzbereit hat, zementiert eben damit ihre Stellung als Untergebene. Manchmal ist es genau ihre Kompetenz, gepaart mit ihrem Wunsch, ihren Arbeitgeber wirklich zufriedenzustellen, die sie unersetzlich macht – und so eine Beförderung verhindert. Sie selbst, dankbar für Anerkennung und Zugehörigkeit, kommt nicht auf die Idee, das vertraute Nest zu verlassen, auch wenn sie dort längst alles gelernt hat, was es zu lernen gibt und progressiv jünger werdende Kollegen sie überholen. Um Stellen bewerben Frauen sich nur, wenn sie die Anforderungen bis zum letzten Punkt erfüllen, anstatt die notwendigen Fähigkeiten für eine gewünschte Stelle selbst zu definieren und ihre Kompetenzen optimal darzustellen. Sie verbringen viele Jahre mit dem Verfassen von elaboraten Diplomarbeiten und Dissertationen, die niemand liest. Der innere Legitimationsdruck fordert ihnen Höchstleistungen ab, deren Früchte sie aber häufig vor lauter Selbstkritik kaum wahrnehmen, was der Plünderung Vorschub leistet. Die Falle der Legitimierung hält viele begabte und motivierte Frauen in einer Endlosschlaufe von Anstrengung, Beweis, Entwerten der eigenen Leistung und neuer Anstrengung. Sie erschöpfen sich, ohne vorwärtszukommen.

Am Arbeitsplatz sind Frauen in der Regel Männern unterstellt. Frauen werden häufiger von Männern ausgebildet und geprüft als umgekehrt. Frauen sind für ihr Ein- und Weiterkommen meistens von Männern abhängig. Sie müssen Männer von ihrer Arbeitsleistung überzeugen. Da die Wahrnehmungsfähigkeit von Männern manchmal durch Geschlechtsrollenstereotypen beschränkt ist, bewerten sie zwar weibliche Attribute, tun sich aber schwer, weibliche Kompetenz zu registrieren. Wenn die Aufmerksamkeit vor allem ihrer Präsenz als Frau und nicht als Arbeitskollegin gilt – sei es nun im kritischen oder anerkennenden Sinn –, fehlt der Wahrnehmungsraum für ihre berufliche Leistungsfähigkeit. Eine erotisch erwärmte oder aber verächtlich ablehnende Atmosphäre hat die Wirkung eines Kompetenzentzugs auf der sachlichen Ebene. Frauen sind am Arbeitsplatz gleichzeitig Arbeitspartnerinnen und weibliche Wesen. Dies ist für viele Männer, die in der patriarchalen Tradition des «Entweder-Oder» aufgewachsen sind, verwirrend.

Kompetenzzuschreibung an den Mann, unterbrochene Arbeitsbiographien der Frauen und weibliche Selbstentwertung bringen es mit sich, daß Vorgesetzte oft inkompetenter sind als ihre Mitarbeiterinnen. Effiziente Frauen sind manchmal schwächeren Männern unterstellt. In solchen Konstellationen geschieht es nicht selten, daß der weibliche Beitrag übersehen, entwertet oder gestohlen wird. Der schwache Vorgesetzte ist auf die Leistung seiner Mitarbeiterin angewiesen, muß aber gleichzeitig dafür sorgen, daß der Kredit dafür auf sein Konto gebucht wird. Die Angst, von ihr überrundet zu werden, führt zu häßlichen Entmachtungsstrategien, die von unsicheren Betriebskollegen mitgetragen werden. Unfähigen Männern unterstellte Frauen müssen ihre Kompetenz vorsichtig ausspielen, wollen sie nicht unter die Räder kommen.

Im mittleren Alter öffnet sich die Schere der Einkommensdifferenz zwischen den Geschlechtern. Während die Einkommen der Männer ansteigen, stagnieren diejenigen der Frauen. Das Klima ist für alle rauher geworden. Ein neuer Verteilungskampf um Arbeitsplätze hat eingesetzt, und das doppelte Handicap von Geschlecht und Alter verdüstert die Situation für Fünfzigerinnen auf dem Arbeitsmarkt. Wer wenig Aussichten auf eine neue Stelle hat, ist ausbeutbar.

Da weibliche Kompetenz gern übersehen wird, kann sich eine Frau nicht genug Federn an den Hut stecken. Formale Qualifikationen ebnen Einstieg und Fortkommen in der Berufswelt. Das ist aber nicht die ganze Wahrheit. Selbstvertrauen, die Phantasie bei der Vorstellung über ein gewünschtes Tätigkeitsfeld und ein Gefühl des Anspruchs auf eine gute

Arbeit sind ebenfalls wichtig. Viele Frauen halten das, was sie mitbringen, für selbstverständlich, sehen nur ihre Ausbildungs- und Erfahrungsdefizite und geben sich deshalb mit Tätigkeiten zufrieden, die weit unter ihren Möglichkeiten liegen. Weiterbildung ist zu empfehlen, wenn sie entweder ein Interesse befriedigt oder wirklich eine reale Verbesserung der Berufschancen in eine gewünschte Richtung bedeutet. Weiterbildung als Kompensation von Minderwertigkeitsgefühlen, als Herausschieben des Kontaktes mit der realen Berufswelt oder als Aufrechterhaltung einer Illusion rauben einer Frau Ressourcen an Energie, Zeit, Geld und Hoffnung, die besser für einen direkten Einstieg verwendet worden wären.

Für berufstätige Frauen mittleren Alters verändern sich die Prioritäten. Die Alterssicherung wird wichtiger. Das Selbstbestätigungspotential der Arbeit ist ausgereizt, und die Mechanismen der Machtzuteilungen am Arbeitsplatz sind bekannt. Von daher fällt die Optimierung der Situation leichter. Oft schafft eine Redimensionierung des beruflichen Engagements Raum für Neues. «Meine quantitative Arbeitskapazität hat sich verringert – nicht, weil ich schwächer geworden bin, sondern weil sich mein Kontakt zu mir verbessert hat und ich die alten Gewaltmärsche einfach unsinnig finde –, was sich auf die Qualität durchaus positiv auswirkt», sagt eine Frau; und eine andere: «Die größte Veränderung seit der Menopause bezieht sich auf meine Beziehung zur Arbeit. Ich habe nie erwartet, so sehr anders zu werden und habe mich seit meiner Adoleszenz nie mehr so gewandelt. Ich habe aufgehört, diese energischen und leicht zwanghaften Vorgaben zu machen für meine Arbeit. Ich muß nicht mehr im Zentrum der Geschehnisse stehen, und der perfektionistische Zwang zum Erfolg hat nachgelassen. Ich bin nicht mehr von meiner Arbeit abhängig.» Das Rudern in der Galeere hat seinen Reiz verloren.

2.6 Unsere Männer können nichts dafür

Jedesmal, wenn ich auf die unbestreitbar frauenfeindlichen Gegebenheiten unserer Gesellschaft stoße, gerate ich in Spannung mit meinem Gefühl für die Männer, die ich kenne und liebe: Fürsorgliche Väter, die schneller als die Mütter springen, wenn der Kleine auf den unberechenbaren Nachbarhund zusteuert; Männer, die sich beruflich exponieren, weil sie in ihrer Einflußsphäre die Chancengleichheit der Geschlechter verwirklichen wollen, und Männer, die sich in Liebe und ehrlicher Bemühung zusammen mit ihren Partnerinnen durch den Dschungel der neuen Verhaltensanforderungen kämpfen. Alle sind sie auch ambivalent, machen gedankenlose Bemerkungen und rutschen zeitweise in längst abgelegte Verhaltensweisen, die mir Mühe machen, mit anderen Worten: sie sind Menschen wie du und ich. Mein Verständnis erstreckt sich auch auf Männer, die auf «männliche» Weise gesiegt haben. Ich bewundere ihre Bereitschaft, Risiken einzugehen und Verantwortung zu übernehmen. Wie kann ich sie verurteilen, wenn ich ihre Sozialisierung so gut begreife? Wenn ich erkenne, wie ich selbst letztlich genau die Erwartungen von Schutz und Stärke an sie herantrage, die sie in ihrer Rolle festnageln, und ich ihnen immer wieder erleichtert Entscheidungen überlasse?

Einfach den Männern die Schuld für die Benachteiligung der Frauen zuzuschieben ist falsch (vgl. dazu Einleitung). Entwertende Einstellungen der Frau gegenüber sind ein gesamtgesellschaftliches Phänomen. Sie treten sowohl bei Männern wie bei Frauen auf. Die Grenze zwischen Subjekt und Objekt der Frauendiskriminierung verläuft keineswegs zwischen Mann und Frau. Sie spaltet die Frau in sich selbst, denn weibliche Selbstdiskriminierung vervielfacht den Schaden, welche Fremddiskriminierung in der weiblichen Psyche anrichtet. Die Sozialisierung zur Frau macht diese zur Komplizin ihrer eigenen Abwertung. Männer tragen ebenfalls höchst unterschiedliche Frauenbilder in sich, die genauso vielschichtig und in sich gespalten sind wie die Selbstbilder der Frauen.

Männer und Frauen hängen in ihrer Selbstdefinition voneinander ab. Sie sind gleichsam durch kommunizierende Röhren miteinander verbunden, und die Veränderung des Bewußtseinspegels des einen teilt sich dem anderen mit. Natürlich können einzelne sich isolieren, um dem Schmerz der Veränderungen auszuweichen, aber im ganzen gesehen haben die Geschlechter keine Wahl: Die Entwicklung des einen zieht unweigerlich die Entwicklung des anderen nach sich. Während Frauen unserer Generation der feministische Aufbruch der sechziger Jahre eine Erweiterung ihres Bewußtseins und ihres Wirkungsradius ermöglichte, waren Männer von seinen Auswirkungen oft überrumpelt bis überfordert. Kein Wunder: plötzlich änderten sich die Regeln und selbstverständliche Verhaltensweisen stießen auf Ablehnung. Starkes männliches Auftreten rutschte in die Kategorie Machogehabe, und in der Familie wurden von Männern Einfühlungsbereitschaft und Dienstleistungen nie gekannten Ausmaßes erwartet. Es reichte auf einmal nicht mehr, ein guter Versorger zu sein. Die Frau unterstützte die männliche Berufstätigkeit nicht mehr unbedingt, sondern war womöglich unzufrieden als Infrastrukturlieferantin und neidisch auf seine weniger familienbehinderte Karriere. Die vormals selbstverständliche männliche Autorität schmolz unter dem kritischen Blick unabhängig werdender Frauen und höhlte die bisherige Form der männlichen Identität aus. In den letzten zwanzig Jahren haben sich die Möglichkeiten für Frauen kontinuierlich erweitert, während viele Strukturen, auf die Männer sich verlassen, ins Wanken gerieten.

Frauen haben durch Gleichstellung mehr zu gewinnen als Männer und sind deshalb häufig das Agens der Veränderung. Irgendwann platzt die Seifenblase der heilen Welt, und Frauen sehen sich mit ihren eigenen anerzogenen Wahrnehmungsverzerrungen konfrontiert. So kommt die weibliche Selbstbehinderung ins Blickfeld und mit ihr die darunterliegenden frauenfeindlichen Gesellschaftsnormen. Das wiederum schärft den Blick für Situationen, in denen solche Normen wirksam sind. Oft ist es der eigene Partner, der mit verblüffter Irritation eine neue Sensibilität seiner Frau zur Kenntnis nehmen muß. Ihm hatte der Status quo besser gefallen als ihr, und es braucht ein gewisses Maß an Fairneß und Lernwilligkeit, um eine neue gemeinsame Ebene der Partnerschaft zu finden. Manchmal sind es erst die heranwachsenden Töchter, die einem Mann die Augen öffnen. Oder er irrt durch seine Sukzession von Geishas, welche er jedesmal verlassen muß, wenn sein Bonsaibäumchen ausschlägt und droht, sich zu einem normalen Baum zu entwickeln. Indessen lernten doch viele Männer unserer Generation, ihre Rüstungen abzulegen, um fürsorgliche Väter und engagierte Berufskollegen zu werden. Sie teilen mit ihren Frauen die Entscheidungen und Verpflichtungen einer Familie und sind auch am Arbeitsplatz zu fairer Kooperation mit Frauen fähig.

Mein Impuls, die Männer – oder wenigstens meine Männer – zu entschuldigen, ist mir nicht ganz geheuer. Ist diese Einfühlungsbereitschaft in die männliche Situation eine Endmoräne der alten Position der Anpassung und der emotionalen Zuständigkeit, oder ist es die Versöhnlichkeit gegenüber den durch all die Veränderungen ebenso gebeutelten Weggenossen? Bin ich altersaufgeweicht oder altersweise? Vielleicht habe ich ganz einfach die Altersphase der großen Differenz zwischen den Geschlechtern und die Phase der hohen gegenseitigen Erwartungen und Abhängigkeiten verlassen, und vielleicht rücken geschlechterübergreifende Wahrheiten über den menschlichen Lebensweg mehr ins Zentrum meiner Überlegungen. Auch die Männer unserer Generation waren dem gleichen rasanten Wandel des Geschlechtsrollenbildes ausgesetzt wie wir. Gemeinsam mit unseren männlichen Weggefährten wurden wir von demselben Zeitgeist geprägt, und diese Erfahrung läßt die Geschlechterdifferenz in den Hintergrund treten. Wir haben alle nur so wenig Zeit, und wir suchen alle nach Sinn und ein bißchen Zugehörigkeit.

3 Alter, dein Name ist Weib

3.1 Angst vor dem Alter

Im mittleren Alter verändert sich die Perspektive: Die Alten wechseln von der exotischen Gruppe der ganz anderen zu einer Bedrohung unserer Identität, weil der Zeitpunkt, der uns zu ebensolchen anderen Exoten verwandelt, unaufhaltsam näherrückt. Alter findet nicht mehr irgendwo draußen statt, sondern es steckt plötzlich in der eigenen Haut. Das Alter wandelt sich von einer Abstraktion zur eigenen Zukunft. Die Unschuld dem Alter gegenüber weicht der Angst. Alt werden macht angst. Angst vor dem Verlust der körperlichen Attraktivität und vor Einsamkeit, Angst vor nachlassender Denkfähigkeit und einem Bedeutungsverlust, Angst vor körperlichen Gebrechen und Abhängigkeit und letztlich Angst vor dem Tode. Das Alter wird uns berauben und sich davonmachen mit der erotischen Ausstrahlung, mit dem Einfluß auf andere, mit der Kreativität, vielleicht mit der Menschenwürde und zuletzt mit dem Leben. Es wird uns erniedrigen zu Bettlern, die dankbar von den Brotkrumen vom reichgedeckten Tisch der Jüngeren zehren müssen. Unaufhaltsam nähert sich der Zug dem schwarzen Tunnel. Wer nicht losläßt, dem wird entrissen.

Die Einordnung altersbedingter Veränderungen ist kulturabhängig. Die Stellung alter Menschen in der Gesellschaft wandelte sich bei uns von einer verehrenswürdigen Seltenheit zu einer sozialen Belastung. Unter dem kontinuierlichen Wachstum der oberen Altersklassen ächzen die Balken des Wohlfahrtstaates, und die Lasten der Erwerbstätigen wie auch betreuender Familienmitglieder nehmen zu. Die dominierende Idealnorm des schlanken, kräftigen jungen Körpers, der unermüdlich dynamischen Spannkraft und des schnellen geschliffenen Intellekts schürt die Angst vor dem Altwerden. Alt sein heißt gegenwärtig, einer abgewerteten und diskriminierten Gruppe anzugehören.

Das Adjektiv «alt» wird in unserer Sprache häufig als Entwertung oder als Verstärkung abschätziger Ausdrücke gebraucht. «Alter Knacker» oder «alte Hexe» sind keine schmeichelhaften Bezeichnungen. Mit «er sieht alt aus» umschreibt eine neuere Sprachschöpfung einen Erfolgslosen.

Die Verdrängung der eigenen Zukunft als alter Mensch führt zur Ablehnung der Betagten. Gebrechliche alte Menschen und solche, deren psychische Präsenz langsam erlischt oder erratische Formen annimmt, stoßen gefürchtete Möglichkeiten des eigenen Schicksals ins Bewußtsein. Damit wollen wir nichts zu tun haben. Davon wollen wir nichts wissen. Je näher es kommt, desto weniger. Menschen, deren Lebenszeit sich offensichtlich dem Ende zuneigt, erinnern an die eigene Sterblichkeit. Ihre Todesnähe aktiviert unsere Todesfurcht. Frauen vermeiden die innere Konfrontation mit ihrem Alter, indem sie sich jünger fühlen, als sie sind. Die Diskrepanz zwischen dem chronologischen Alter und dem subjektiven Alter vergrößert sich zunehmend. Während jüngere Frauen sich etwa um drei Jahre jünger fühlen, als sie sind, beträgt die Diskrepanz bei den über 45jährigen bereits zehn Jahre *(SGc S. 61)*.

Die jüngste Version der Verdrängung der Altersangst bescherte uns den Mythos der Erneuerung in den mittleren Jahren. In einer Neuauflage der folgsamen Tochter verschwinden wir pflegeleicht wie eh und je aus dem allgemeinen Wahrnehmungsfeld, neuerdings versehen mit der frohen Botschaft des Neuanfangs im mittleren Alter, einem Neuanfang, der wenigen gelingt, aber als normative Idee viele zu Versagerinnen macht. Wer es nicht schafft, ist einmal mehr selbst schuld.

Die langlebigen Frauen machen den größten Teil der alten Menschen aus. In den westlichen Industrienationen überschreitet die Lebenserwartung der Frauen die der Männer um sieben bis neun Jahre. Trotzdem gelten Frauen in den mittleren Jahren im Vergleich mit gleichaltrigen Männern als älter. Der Mann, objektiv dem Tode um einiges näher als die Frau, kommt in die «besten Jahre», die Frau ins «Klimakterium». Männer sterben früher. Trotzdem wird das Alter des Mannes gerade in den mittleren Jahren unvergleichlich seltener zur Sprache gebracht als jenes der Frau. Ein Grund dafür mag sein, daß beim Mann der Alterungsprozeß gradueller verläuft. Wenn auch beim Mann der Hormonspiegel sinkt, bleibt er doch zeugungsfähig. Ein klar lokalisierbarer Markstein wie die Menopause fehlt.

Indessen scheint mir diese Erklärung nicht ausreichend zu sein für die auffällige Diskrepanz zwischen der Flut von Publikationen, die sich mit der Menopause der Frau befassen, und dem spärlichen Rinnsal an Informationen in den Medien, die dem Altern des Mannes gewidmet sind. Es drängt sich die Vermutung auf, daß auch hier der gut eingeschliffene Mechanismus der Projektion unerwünschter körperlicher Realitäten auf die Frau greift. Die Körperfeindlichkeit des abendländischen Patriarchats delegierte die Niederungen der Körpergebundenheit an die Frau (vgl. dazu Abschnitt 2.4.2). Der Mann definierte die Frau als ein durch seine biologischen Funktionen bestimmtes und begrenztes Wesen. Dementsprechend wird der heute als beschämend empfundene Alterungsprozeß vorwiegend bei der Frau wahrgenommen. Die Verfallserscheinungen des vergänglichen Fleisches werden vor allem an den Frauen festgestellt und diskutiert. Alter, dein Name ist Weib: Die Sichtweise der Frau als Gefäß des Defizitären, der Schwäche und Kraftlosigkeit, des Abgelehnten und Verdrängten hat Tradition.

3.2 Die alte Frau und die Macht

Macht und Einfluß steigen mit dem Älterwerden, kumulieren in den mittleren und sinken in den späteren Jahren. Diese Kurve galt auch für Frauen, bevor das Patriarchat sie für

Frauen vorzeitig abstürzen ließ. Sowohl in der tiefenpsychologischen wie in der historischen Dimension reichen die Wurzeln der Entmachtung alter Frauen tief.

Kulturen mit einer ausgeglichenen Machtverteilung zwischen den Geschlechtern gingen mit hoher Wahrscheinlichkeit den patriarchalen Kulturen voran. In ihrem bahnbrechenden Buch «Der Kelch und das Schwert» belegt Riane Eisler die Spuren einer vor dem griechisch-römischen Patriarchat erloschenen hochentwickelten Gesellschaftsordnung, deren letzte konkrete Manifestation auf Kreta und, immaterieller, in den sehnsüchtigen Beschreibungen von Atlantis und dem Goldenen Zeitalter gefunden werden können. Für Eisler ist nicht der Gegensatz von Patriarchat und Matriarchat der relevante, sondern derjenige von Dominanz und Kooperation. Der patriarchalen Dominanzkultur ging nicht eine matriarchale Dominanzkultur voraus, sondern ein Zeitalter der Kooperation der Geschlechter. Diese Kultur verlor durch Naturkatastrophen und kriegerische Überfälle ihr Gleichgewicht. Der Zeitpunkt des Einbruchs patriarchaler Völker mit hierarchischen Gesellschaftsstrukturen in diese nach kooperativen Prinzipien lebenden Kulturen wird auf das 4. Jahrtausend vor Christus angesetzt. Dominanz wurde von da an den Männern und Kooperation den Frauen zugeschrieben. «Nicht das Geschlecht der Männer ist das Grundproblem, sondern ein soziales System, das die Macht des Schwertes zum Ideal erhebt – ein System, in dem sowohl Männern und auch Frauen beigebracht wird, echte Männlichkeit mit Gewalt und Herrschaft gleichzusetzen und Männer, die diesem Ideal nicht entsprechen, als ‹zu weich› und ‹weibisch› anzusehen.» (*ER S. 22*) Dominanz ersetzte Kooperation. Männer begannen, die Frauen zu dominieren. Die männliche Vorherrschaft führte zur Entmachtung insbesondere auch der älteren Frauen.

3.2.1 Die Entmachtung der Mutter

Jeder Mensch war als Kleinkind auf Gedeih und Verderben seiner damals als allmächtig erlebten Mutter ausgeliefert. Diese gewaltige Riesin entschied über Leben und Tod. Ihre Präsenz und Zuwendung sicherten Überleben und Wohlbefinden. Sie war es, die das Kind nährte und notwendigerweise auch frustrierte. Diese Grunderfahrung mit der mütterlichen Allmacht liegt in den Tiefen jeder menschlichen Seele.

Die unbewußte Übertragung der allmächtigen Mutter auf alle Frauen läßt diese gefährlich erscheinen und führt zu einer irrationalen Angst vor ihnen. Wo diese Übertragung wirksam ist, muß die Frau bekämpft und in Schach gehalten werden. Weibliche Inszenierungen kindlicher Harmlosigkeit besänftigen derartige Ängste. Ein gereiftes, vom Leben gezeichnetes Gesicht eignet sich schlecht für diese Rolle. Die Lebenserfahrung verleiht ihm eine Ausstrahlung von Autorität, die die alten Ängste vor der allmächtigen Mutter weckt. Die Urerfahrung mit der mächtigen Mutter wird abgewehrt durch die Entwertung der älteren Frau. Diese wird ausgeblendet und ignoriert, wenn nicht gar als lästige Zumutung behandelt. Eine mächtige Frau stellt die im Patriarchat als natürlich empfundene Ordnung in Frage. Sie muß in ihre Schranken gewiesen werden.

3.2.2 Die Verharmlosung der Göttin

Eine analoge Linie der Entmachtung des Weiblichen im allgemeinen und der alten Frau im besonderen, läßt sich in der Religionsgeschichte nachweisen. Nach dem Einbruch patriarchaler Stämme in den Mittelmeerraum verlangten die veränderten Machtverhältnisse eine neue Ordnung im Pantheon, was zur Entmachtung der großen Muttergottheiten führte. Zeugin einer vorpatriarchalen Geschlechterordnung und ihres Untergangs ist die dreiteilige Muttergöttin und ihr Schicksal.

Vorpatriarchale Muttergöttinnen stellten in einer Dreieinheit Werden, Sein und Vergehen dar. Die drei Phasen des weiblichen Mondgestirns, zunehmender Mond, Vollmond und abnehmender Mond symbolisieren drei Lebensstadien der Frau als Mädchen, Mutter und alte Frau. In der großen Muttergöttin vereinigte sich das Kontinuum von Geburt und Tod, von der Schöpfung zur Zerstörung, vom Schutz zum Angriff. Diese mächtige Göttin gebar und nahm am Ende des Lebens die Gestorbenen wieder in Empfang. Als Herrin über Leben und Tod umfaßte sie das ganze Spektrum von lebensschaffenden bis lebensvernichtenden Eigenschaften. Weibliches stellte sich in dieser Göttin sowohl nährend als auch mächtig dar. Das darauffolgende Patriarchat reduzierte die Muttergöttin auf ihren nährenden Aspekt. Es verdrängte den gefährlichsten Aspekt der großen Muttergottheit. Die zerstörerische, furchtbare todbringende Seite in ihrer Verkörperung als alte Frau durfte nicht sein.

Das griechische Pantheon enthält Spuren dieses Entmachtungsprozesses. Der griechischen Muttergöttin Demeter fehlt die dritte Dimension als alte, gefährliche Todesgöttin. Demeter erscheint vordergründig zweiteilig als Mutter und Tochter Kore. Der Demetermythos schickt Kore (das Mädchen) in die Unterwelt. Kore trägt manchmal auch den Namen Persephone (die Zerstörerin). Persephone wiederum ist ein anderer Name für Hekate. Hekate triformis, die dreiköpfige Hekate, regierte als Herrscherin der Toten über die Unterwelt. Kores Aufenthalt in der Unterwelt läßt also die alte mächtige Dreieinigkeit der ursprünglichen Muttergottheit anklingen. Gleichzeitig wird Persephone in der Gleichsetzung mit Kore verharmlost *(WB a)*.

Neuere Forschungen weisen im Schöpfungsmythos Umdefinitionen nach, die die ursprüngliche Bedeutung von Eva schmälern. Eva leitet sich von dem hebräischen Chawwa ab. Die alte Göttin Chawwa war nicht nur Mutter allen Lebens, sondern enthielt ebenso die Bedeutungen von «Unterweiserin» und «Sinnstifterin». Chawwa verfügte über die Früchte des Baumes der Erkenntnis. In einer Umdeutung reduzierte sie der patriarchale Schöpfungsmythos von der Wissensspenderin zur Verführerin, deren gefährlicher Wissensdurst die Menschheit ins Unglück stürzte *(MC)*.

In der christlichen Muttergottes erscheint das Weibliche als das empfangende Gefäß des als männlich definierten göttlichen Prinzips. Sie ist ein reines Produkt männlicher Trieb- und Machtverdrängung. Kein irdischer Zeugungsakt befleckt sie, und ihre Reinheit verbietet jegliche erotischen Gedanken. Ihre weibliche Potenz wird auf eine rein spirituell verstandene Mütterlichkeit reduziert. Sie ist das macht- und willenlose Instrument des Vatergottes: Maria, die reine Magd. Die aus frühkindlichen Erinnerungen genährte Ursehnsucht nach Geborgenheit und Schutz bei der Mutter, die sich immer wieder in der Suche nach der großen Muttergöttin niederschlägt, ist dem Patriarchat ein Dorn im Auge. Die Bedeutung der Muttergottes muß deshalb immer wieder eingeschränkt werden. Weitaus die meisten Marienbilder zeigen eine junge, oft mädchenhafte Frau mit weichen Zügen und einem vergeistigten bis schwärmerischen Ausdruck, der keine Spur eines eigenen Willens verrät. Es sind Mondgesichter ohne eigenes Licht, nur belebt vom Abglanz der göttlichen Absicht, deren Dienerinnen sie sind. Die durch das Leben geformte und akzentuierte Persönlichkeit einer Frau mittleren Alters eignet sich schlecht als Gefäß für den männlichen Willen. Niemals wird Maria als reife Frau dargestellt, auch nicht als Mater dolorosa eines dreißigjährigen Sohnes. Maria ist kein Vorbild für reife, autonome Weiblichkeit.

In Indien, außerhalb des abendländischen Patriarchats, wird heute noch eine mächtige Göttin verehrt, die als alte Frau erscheint. Furchterregend, mit einer Kette von Totenschädeln um den Hals, thront die gefährliche zerstörerische Kali, die, obschon auch Werdende und Mutter, den Aspekt als alte Todbringerin besonders stark ausgeprägt hat. Sie ermöglicht Identifikation und Auseinandersetzung mit weiblicher Macht und Gefährlichkeit. Als alte Frau mit faltigem Körper und hängenden Brüsten dargestellt, stiftet sie die Verbindung von Alter und Macht *(WB a)*.

Da die Grundmythen einer Kultur im kollektiven und individuellen Unbewußten wirksam sind, kann die Auswirkung mythologischer Umdeutungen nicht hoch genug eingeschätzt werden. Mit der mythologischen Entmachtung, insbesondere auch der reifen Frau, wurde dem Selbstbewußtsein der Frauen mittleren Alters der Boden entzogen. Wir brauchen neue Mythen.

Die mächtige, gefährliche, weise und unberechenbare wilde Alte ist aus der abendländischen Mythologie verschwunden. Die Angst vor diesem Potential der alten Frauen jedoch nicht. Sie taucht im mittelalterlichen Europa wieder auf und führt dort zu den Hexenverfolgungen.

3.2.3 Die alte Hexe

Hag bedeutet ursprünglich Hecke. Der Hag trennt die unkultivierte Wildnis vom bebauten Bereich. Hag heißt jedoch nicht nur Zaun, sondern auch Umzäuntes. Damit ist das Terrain gemeint, das durch Hegen und Pflegen angeeignet wird. Dieser zuverlässig eingegrenzte Bereich bietet Schutz und behagliche Sicherheit. Jenseits des Hages droht Unbehagliches. Das dem Wort Hag entstammende englische «hag» bezeichnet eine häßliche alte Frau. Von daher leitet sich Hexe ab. Die Hexe ist als Hagreiterin weder drinnen noch draußen. Der Hag, die Grenze, wird von ihr nicht respektiert. Die Hexe ist die Grenzüberschreitende. Sie dringt aus der Wildnis ins Vertraute vor und bringt Fremdes herein. Nicht bodenständig, fliegt sie auf ihrem Besen durch die Lüfte. Sie wechselt vom Behaglichen ins Unbehagliche hinüber und stellt damit die Behaglichkeit des Behaglichen in Frage. So entkräftet sie die Gesetzmäßigkeiten beider Bereiche. Nicht ganz zufällig ist die Hexe, also das abgelehnt Unruhestiftende, meistens weiblicher Natur. Das Patriarchat hat der Welt seinen Stempel aufgedrückt und sie in einer Weise definiert, die dem weiblichen Wesen nur bedingt entspricht. Im Hag herrschen vorwiegend männliche Gesetzmäßigkeiten. Frauen, die sich auf ihr Eigenes zu besinnen versuchen, sind von daher gesehen gefährliche Anarchistinnen. Was nicht in den männlichen Hag paßt, wird als weibliches Unwesen, als Hexe entwertet.

Die meisten Frauen, die als Hexen hingerichtet wurden, lagen altersmäßig zwischen 55 und 65 Jahren *(LB S. 139)*. Diskriminierte Gruppen dienen als Blitzableiter in Zeiten der Not und der Verwirrung. Die von der Auflösung bedrohte Gemeinschaft braucht einen äußeren Feind, der den inneren Zusammenhalt stärkt. Im mittelalterlichen Europa der Kriegs- und Seuchenzüge dient die wirtschaftlich und sozial schwächste Gruppe, nämlich die der alten Frauen, als Sündenbock. Sie wurden als Hexen gefoltert und gemordet. Auch wenn diese ungeheuerlichen Auswüchse der Frauendiskriminierung historisch nachgewiesen sind, siedeln sie sich im allgemeinen Bewußtsein irgendwo zwischen Ammenmärchen und Aberglauben an und werden belächelt. Schließlich handelte es sich dabei nur um vorwiegend alte Frauen.

Unter den als Hexen verfolgten Frauen fanden sich aber nicht nur ahnungslose Opfer. Einige von ihnen waren Trägerinnen tradierten Wissens, Heilkundige, deren Kenntnis von Heilpflanzen, Geburtenregelung zusammen mit spiritueller Begabung ihnen eine Machtposition in ihrer Gemeinschaft verschaffte. In ihnen realisierte sich der Archetyp der weisen Urmutter. Die alte Stammesmutter als mächtige Priesterin, Heilerin und Lehrerin, aber auch als Richterin und Begleiterin der Sterbenden hatte im Patriarchat keinen Platz mehr. Sie wurde als Hexe dämonisiert und verfolgt. Der christliche Klerus fühlte sich von den weisen Frauen, die die Heiltradition ihrer Sippe weitergaben, in seinem spirituellen Herrschaftsanspruch bedroht.

Der Hexenglauben hat im Mittelmeerraum die Angst vor dem bösen Blick als Endmoräne zurückgelassen. Das «mal occhio», die Fähigkeit, Böses anzuwünschen, wird vor allem alten Frauen zugeschrieben. So waren die Muslime überzeugt, daß jede postmenopausale Frau den bösen Blick habe, und bis ins 19. Jahrhundert durfte im Iran keine alte Frau einem öffentlichen Auftritt des Schahs beiwohnen, weil ihr Blick seiner göttlichen Person hätte gefährlich werden können *(WBa S. 58)*. Der böse Blick hat auch eine modernere Variante. Lebenserfahrung verändert den Blick. Bewundernde Hingabe wandelt sich zur objektiveren Kenntnisnahme. Nach Walker ist die wirkliche Bedrohung durch ältere Frauen in einer patriarchalen Gesellschaft der «böse Blick» des nüchternen Urteils, geschärft durch desillusionierende Erfahrung, die männliche Mythen durchdringt und männliche Motive im harten, wenig schmeichelhaften Licht kritischer Beurteilung sieht. Vielleicht sind Hexenaugen nur Augen, von denen die Schuppen gefallen sind *(WB a S. 122)*. Erica Jong kommt zu einem ähnlichen Schluß. Mit einem Augenzwinkern präsentiert sie folgende These: Zwischen Pubertät und Menopause verschleiern Hormone den weiblichen Blick auf den Mann. Es ist ein rosa Schleier, den die Natur braucht, damit sich Frauen und Männer in die Arme fallen und Kinder zeugen. Mit der Menopause fällt der Hormonschleier und der Blick auf den Mann wird objektiver. Natürlicherweise bevorzugen Männer Frauen im Alter des Hormonschleierblicks und fürchten die klaren Augen der älteren Frauen.

3.3 Die alte Frau und das Mehr

Nicht das Mädchen, sondern die erfahrene Frau gefährdet den Dominanzanspruch des Mannes. Deshalb muß sie entwertet werden. Alternde Frauen gehören zu einer sozial abgelehnten, stigmatisierten Gruppe. Die Gefahr der Verinnerlichung der Ablehnung ist groß. «Wie alle stigmatisierten Gruppen versuchten ältere Frauen sich oft durch ausgeteilte Charaden der Harmlosigkeit zu schützen, um zu signalisieren, daß sie nicht provozieren wollen. Alte Frauen bewegten sich behutsam, sprachen leise, versteckten ihre Körper in Trauerkleidern und wendeten ihren Blick ab. Daraus entstand das Stereotyp der harmlos-lieben alten Frau, der Großmutter von nebenan, der akzeptablen alten Frau, die nur spricht, um heitere Platitüden von sich zu geben.» *(WB a S. 144)* Frauen müssen Mädchen spielen, um die patriarchale Angst von ihrer Kraft nicht zu schüren. Eine fünfzigjährige Frau kann ihren Erwachsenenstatus nicht mehr verheimlichen, ebensowenig wie die Tatsache, daß sie die Auswirkungen des gegenwärtigen Geschlechterarrangements durchschaut hat.

Die selbstbewußter alternde Nachkriegsgeneration ist gegenwärtig daran, die Stigmatisierung der älteren Frau zu löschen. Es braucht für eine Frau immer noch viel Selbstvertrauen, zu ihrem Alter zu stehen. Das eigene Alter öffentlich zu deklarieren trägt dazu bei, das gesellschaftliche Bewußtsein zu verändern und die Altersstigmatisierung aufzulösen. Ein solcher Schritt darf durchaus als eine politische Handlung eingeordnet werden. Immer mehr Frauen mittleren Alters feiern ihre runden Geburtstage mit lustvollen Festen. Sie unterscheiden sich so sehr vom alten negativen Stereotyp der postmenopausalen Frau, daß diese sich unter ihrem Andrang auflöst. Das ‹nicht-mehr-gefallen-können› mutiert zum ‹nicht-mehr-gefallen-müssen› und setzt Energien frei, die vormals in all den Anpassungs- und Selbstdämpfungsbemühungen gebunden waren. Wer es niemandem mehr recht machen muß, kommt auf eigene Gedanken. Ältere Frauen werden mehr sie selbst. Der Archetyp der mächtigen alten Frau zieht Frauen mittleren Alters zunehmend an. Sie ducken sich nicht mehr, sondern nehmen ihre Lebenserfahrung wirklich in Besitz und zeigen sie. Frauen im letzten Lebensdrittel treten gegenwärtig aus dem Schatten einer negativen patriarchalen Definition hervor.

4 Körper und Geist im mittleren Alter

4.1 Die Menopause

4.1.1 Weises und giftiges Blut

An der Bedeutung des Menstruationsblutes in einem Kulturraum läßt sich der weibliche Status und insbesondere auch derjenige der postmenopausalen Frau ablesen. In Kulturen, in denen die Auffassung vorherrscht, die Menstruation reinige den weiblichen Körper von Schädlichem, ist die menstruierende Frau unrein und muß von der Gemeinschaft abgesondert werden. Ihr giftiges Menstruationsblut schwächt alles, was damit in Berührung kommt. Die menstruierende Frau bringt Unheil. Die Hefe in dem von ihr gekneteten Teig geht nicht auf, die von ihr gekochten Speisen bringen Übelkeit, und ihr Feuer geht immer wieder aus. Sexualverkehr mit ihr verursacht Impotenz. Dementsprechend werden auch die Menopause und ihre Folgen eingeordnet: Wenn Frauen nicht mehr menstruieren, stauen sich die Gifte in ihrem Körper und machen sie alt und krank. Ein ganz anderes Frauenbild spiegelt sich in der gegenteiligen Ansicht über das Wesen der Menstruation. Sie sieht das Menstruationsblut als weises Blut, das durch die Menstruation verschwendet wird. Wenn es im Körper bleibt, entstehen dank seiner wunderbaren Kräfte Kinder. Nach der Menopause füllt das weise Blut den Körper der alten Frauen mit seinen guten Energien und schenkt ihnen Weisheit. Der Rat der verehrten alten Frauen lenkt die Geschicke der Gemeinschaft *(WB a)*.

Das 20. Jahrhundert hat die Bedeutung der Menopause sehr unterschiedlich eingeordnet. Zu Beginn des Jahrhunderts herrschte die Ansicht vor, die Menopause sei eine Krankheit, die einen körperlichen und psychischen Verfall mit sich bringe. Die Annahme, Wechseljährige seien psychisch nicht belastbar und körperlich schonungsbedürftig, schaffte unseren in anstrengende Haushalts- und Familienpflichten eingespannten Großmüttern wenigstens kleine Verschnaufpausen. Sie durften sich gelegentlich zurückziehen, nicht mehr mögen und ihr sanftmütiges Dienen durch Rebellionsanflüge unterbrechen. Man rechnete damals während der Wechseljahre mit massiven Stimmungsschwankungen und sogenannten Involutionsdepressionen, die heute nicht mehr beobachtet werden. Während das Image der reizbaren und labilen Fünfzigerin immer noch seine Schatten wirft, entstanden unterdessen neue Leitbilder. Vitale, erotisch präsente Fünfzigerinnen bündeln ihre Lebenserfahrung zu einem Laserstrahl der Erkenntnis, die die Basis eines neuen Lebensgefühls bildet. Hüten wir uns aber vor neuen Hochleistungsnormen für weibliche Befindlichkeit während der Wechseljahre und danach.

Die körperliche und psychische Veranlagung im Zusammenspiel mit der psychosozialen Situation und den kulturellen Einflüssen geben der Menopause einer Frau ihr individuelles Gepräge. Die körperlichen Begleiterscheinungen des Wechsels von der fruchtbaren zur unfruchtbaren Phase variieren stark und reichen von einem beschwerdefreien unmerklichen Übergang bis zu erheblichen Beeinträchtigungen des Wohlbefindens. Die Mehrzahl der Frauen ist während einer Zeitspanne, die von einigen Monaten bis zu mehreren Jahren dauern kann, Wallungen ausgesetzt, die manchmal von Schweißausbrüchen, Herzklopfen und Schlaflosigkeit begleitet sind. 60 bis 80 Prozent der Frauen leiden während einiger Monate an Wechseljahrbeschwerden, 25 bis 50 Prozent fünf Jahre und länger *(SGc S. 206f.)*. In qualifizierten Berufen tätige Frauen melden weniger Beschwerden als andere Frauen. Frauen, die stark mit der traditionellen Frauenrolle identifiziert sind, haben mehr Mühe mit der Menopause.

In unserer alters- und frauenfeindlichen Kultur sind auch

bei einer günstigen körperlichen Disposition belastungsfreie Wechseljahre keine Selbstverständlichkeit. Manchmal findet sich ein normierender Unterton in der Beurteilung weiblichen Verhaltens während der Menopause. Die Frau in der Menopause, die keine Probleme hat, wird als reif und balanciert beschrieben und die Frau, die Schwierigkeiten artikuliert, als psychisch inadäquat abgestempelt. «Diejenigen, die glatt durch diese Phase durchsegeln, sind keine besseren Menschen als der Rest von uns. Sie haben mehr Glück gehabt – oder sind unehrlicher» *(GJ S. 115)*.

Interkulturelle Vergleiche belegen einen Statuswechsel der Frau während den Wechseljahren. In Kulturräumen, wo Frauen im gebärfähigen Alter strengen Einschränkungen von Selbstpräsentation und Bewegungsfreiheit unterworfen sind, gewinnen sie mit der Menopause an Privilegien, Freiheit und sozialem Gewicht. Das Diktat der Jugendlichkeit tyrannisiert die Frauen im Westen. Wo Jugendlichkeit zum Fetisch gemacht wird, ist die Menopause das Eingangstor ins Abseits.

4.1.2 Hormonersatz oder kein Hormonersatz: das ist die Frage

Während der Menopause vermindert sich die Produktion des Hormons Östrogen im Körper. Hormonersatzbehandlungen mildern Wechseljahrbeschwerden und schützen vor den Folgen des Östrogenverlustes. Gleichzeitig bergen sie Risiken. Bei der Frage der Hormonersatzbehandlungen geht es um Sein oder Nichtsein, um die Abwägung von Risikofaktoren, die letztlich über Leben und Tod entscheiden. Überwältigt kämpfen wir uns durch das Dickicht widersprüchlicher Informationen. Unsere Identität und unser Körper stehen auf dem Spiel, einem Spiel, dessen Regeln nicht vollständig durchschaubar sind. Die Entscheidungsfindung hat keine Tradition. Es sind Entscheidungen, die unsere Mütter weder treffen konnten noch mußten, weil damals sowohl die Informationen als auch die Behandlungsmittel fehlten.

Es handelt sich hier um eine Gleichung mit zu vielen Unbekannten. Die Langzeit- und Nebenwirkungen der Hormonersatztherapien sind nicht vollständig bekannt, und der Gedanke, ein unfreiwilliges Versuchskaninchen in einem Großexperiment zu sein, irritiert. Gleichzeitig verhindert die Entscheidung gegen eine Hormonersatzbehandlung eine mögliche Verbesserung der Lebensqualität auf Jahrzehnte hinaus. Eine risikofreie Entscheidung gibt es auch hier nicht. Mit Unbehagen blicken wir auf die vielen irrationalen Einflüsse, denen wir ausgesetzt sind. Unkritische Autoritätsgläubigkeit der etablierten Medizin gegenüber dient uns ebensowenig wie eine in schwärmerisch-esoterischer oder trotzig-autonomer Selbstgenügsamkeit vermiedene Auseinandersetzung mit dem gegenwärtigen Stand medizinischen Wissens.

Der Symbolgehalt von Krankheiten vernebelt den Verstand. Frauen fürchten sich vor Krebs. Daß in der Gruppe der über fünfzigjährigen Frauen Herzerkrankungen und Osteoporose, beide durch Hormonersatzbehandlungen beeinflußbar, sehr viel mehr Todesfälle verursachen als Krebs, dringt einfach nicht ins Bewußtsein. Hier spielt uns die Fixierung auf die «Weiblichkeit» einen üblen Streich: Die Panik vor Brustkrebs, dessen Risiko sich bei bestimmten Hormonbehandlungen leicht erhöht, verunmöglicht eine nüchterne Evaluation der Informationen.

Die erste Frauengeneration, die ihre Fruchtbarkeit durch die Pille vollständig kontrollieren konnte, erreicht die Menopause. Diese Frauen sind viel weniger als ihre Mütter gewohnt, sich von biologischen Gegebenheiten bestimmen zu lassen. Damit ist die Bereitschaft zu Hormonbehandlungen in den Wechseljahren vorgebahnt. Hormonergänzungs- und Ersatzbehandlungen werden heute auf breiter Basis eingesetzt. Wechseljahrbeschwerden können damit effektvoll angegangen werden. Das Unbehagen, natürliche Prozesse durch medizinische Eingriffe zu steuern, deren Nebenwirkungen nicht bekannt sind, wird durch die Entlastung aufgewogen. In die von der Medizin geschaffenen Freiräume fließen natürlich sofort neue Verpflichtungen, neue Anforderungen und neue

Verantwortlichkeiten. Die Toleranz für Wechseljahrbeschwerden nimmt ab, eine länger mühelos rezeptive Scheide sowie jugendliches Aussehen in den Fünfzigern werden zur neuen Norm.

4.1.3 Die verschwiegene Menopause

Viele Frauen haben dem überwältigend schlechten Bild der alten Frau in unserer Gesellschaft wenig entgegenzusetzen. Mit jedem unausweichlichen Anzeichen des körperlichen Alterungsprozesses zersetzt dieses negative Image das weibliche Selbstvertrauen mehr. Die unaufhaltsam natürlichen Altersveränderungen zerstören dann das Selbstbild. Menopause wird als ein Verrat des Körpers erlebt, und äußere Anzeichen wie Wallungen beschämen diese Frauen, weil sie ihre Verleugnung des Älterwerdens in aller Öffentlichkeit gewaltsam auflöst und sie als ältere Frau an den Pranger stellt. Deshalb verschweigen viele Frauen ihre Menopause und machen sie zu einem Nichtereignis. Wer von der eigenen Menopause spricht, definiert sich als ältere Frau, und das ist in unserer Gesellschaft kein wünschenswerter Status. Das Älterwerden und seine körperlichen Auswirkungen bedroht Frauen, die von sich verlangen, ihr Leben unter Kontrolle zu haben. Allfällige Begleiterscheinungen der Menopause dürfen nicht sein. Manchmal ist der eigene Mann Adressat eines Altersversteckspiels. Als Publikum für die Jugendlichkeitsinszenierung darf er nicht wissen, was hinter der Bühne vorgeht. Verzweifelte, abhängige Frauen kämpfen um ihr Überleben, wenn sie den Ehemann, der zugleich Ernährer und Identitätsgrundlage bedeutet, mit allen Mitteln an sich zu binden suchen.

Gegenwärtig wird meistens weder das Einsetzen der Menarche noch die Menopause auch nur im engsten Kreis zur Kenntnis genommen. Der Beginn der weiblichen Fruchtbarkeit wird nicht gefeiert und ihr Erlöschen nicht betrauert. Das Patriarchat sorgt für einen mehr als diskreten Umgang mit der

Potenz der weiblichen Gebärfähigkeit. Während Sexualität durchaus ein öffentliches Thema geworden ist, bleibt die Menopause ein Tabu. Die Menopause ist in unserem Kulturkreis ein einschneidendes Nicht-Ereignis. Neben der Altersablehnung gibt es noch andere Gründe, weshalb sie nicht an die große Glocke gehängt wird. Auf der körperlichen Ebene ist die Menopause nicht ohne weiteres zu lokalisieren. Die Monatsblutungen werden unregelmäßiger, aber welche wirklich die letzte war, weiß die Frau erst im nachhinein. Die Hormonersatzpillen vergrößern diese Unklarheit. Noch vor zweihundert Jahren waren Frauen, die das Alter der Menopause überhaupt erreichten, die Ausnahme und nicht die Regel. Harte Lebensbedingungen, Seuchen und gefährliche Geburten sorgten dafür, daß Frauen nicht alt wurden. Wegen ihrer Seltenheit entstanden damals für die Menopause keine begleitenden Rituale. Demgegenüber erreichen heute beinahe alle Frauen die Menopause und haben danach noch ein Drittel bis zur Hälfte ihres Erwachsenenlebens vor sich. Eigentlich wäre eine Unterstützung dieses Übergangs, irgendeine Form eines «rite de passage» langsam fällig. Ein Übergangsritual verankert eine Veränderung im Bewußtsein der Betroffenen und der Gemeinschaft, gibt ihm Bedeutung und definiert die Rechte und Pflichten des neuen Status. Aus psychohygienischen Gründen sollte ein Übergang nicht verschwiegen, sondern markiert werden, um damit die phasengerechte Veränderung zu initiieren.

Noch gibt es keine Rituale für die Menopause, keine Kemenate und kein Refugium, wo Wechseljährige sich zurückziehen und miteinander sprechen können. Jede Frau muß sich allein durchkämpfen und tun, als wenn nichts geschähe. Dieses Verhalten verändert sich gegenwärtig. Während in gemischtgeschlechtlichen Gruppen das Schweigen immer noch vorherrscht, tauschen Frauen unter sich mehr und mehr Informationen über die Wechseljahre aus. Sie beginnen über ihre Befürchtungen, Vermutungen und Erfahrungen hinsichtlich der Menopause zu sprechen. Sie durchbrechen die Isolation und schaffen sich eine gemeinsame Geborgenheit.

Sie wirken der öffentlichen Entwertung der älteren Frau entgegen, indem sie einander gegenseitig bestärken.

4.2 Unsichtbar werden

Die männliche Projektion des Begehrens auf die Frau stattete diese mit den «Waffen der Frau» aus. Schönheit, weibliche Anziehungskraft und Fruchtbarkeit bedeuteten für die vorwiegend in ihrer Körperlichkeit wahrgenommene Frau die einzige Form von Macht, die ihr zugebilligt wurde. Da es den generationenlang auf ihren Körper und seine biologischen Funktionen reduzierten Frauen verwehrt war, andere Fähigkeiten zu entwickeln, mußten sie ihre Reize möglichst geschickt einsetzen. Frauen waren unter diesen Umständen gezwungen, ihren männlichen Ernährer an sich zu binden, wollten sie und ihre Kinder überleben. Bei den unvergleichlich schlechteren Verdienst- und Aufstiegsmöglichkeiten für Frauen war die Existenzsicherung der Frauen durch Heirat überlebenswichtig. Mit Anziehungskraft und Pflegeleistungen sicherte sich die Frau eine Position, die auch heute noch vielerorts sicherer ist als die durch Berufsarbeit erworbene. Schönheit ist wie Geld: sie «kauft» Ansehen und Status. Die schöne junge Frau an der Seite des erfolgreichen Mannes besiegelt seinen Erfolg. Frauen haben gelernt, ihre Attraktivität «richtig» zu investieren: sie tauschen sie möglichst vorteilhaft gegen einen guten Platz im Leben ein. Eine wesentliche soziale Aufstiegschance für Frauen liegt immer noch im geschickten Einsetzen einer anziehenden, statusträchtigen Erscheinung.

Frauen definieren sich mehr über den Körper als Männer und werden mehr über den Körper definiert (vgl. Abschnitt 2.4.2). Bei Frauen besteht ein enger Zusammenhang zwischen der Einschätzung der eigenen Attraktivität und dem Selbstkonzept. Vielfach nur in ihrer Körperlichkeit wahrgenommen, ist die äußere Erscheinung der Frau eine zentrale Quelle ihrer Selbstbestätigung und damit ihres Selbstwertgefühls. Nicht schön sein heißt für die meisten Frauen sich schlecht und wertlos fühlen. Als je individuell erlittenes Geheimnis isoliert die Scham des Zuwenig-attraktiv-Seins die einzelne Frau. Je weiter das Schönheitsideal von dem des natürlich gewachsenen Frauenkörpers abweicht, desto mehr weibliche Energie wird im Dienst dafür gebunden. Die auf ihre Körperlichkeit reduzierte Frau klammert sich an ihre einzige Trumpfkarte und bringt oft jedes Opfer für ihre äußere Anziehungskraft. Je extremer die Schönheitsideale sind, desto weniger Frauen können sie erreichen und desto mehr Frauen sind wegen ihrer Erscheinung unzufrieden und verunsichert. Im Zeitalter der Massenmedien hat sich der Leistungsdruck Richtung Attraktivität vergrößert. Jede Frau ist über Bildschirm, Zeitschriften und Plakatwände auswegslos von strahlenden Traumfrauen umzingelt. Die pausenlose Konfrontation mit dem Schönheitsideal heizt die Minderwertigkeitsgefühle an. Selbstverachtung und Haß auf den eigenen Körper begleiten nicht selten die hoffnungslosen Versuche, den Körper in Idealform zu zwingen *(CK)*.

4.2.1 Schönheitsnormen als Instrument sozialer Kontrolle

In den Schönheitsnormen finden Einstellungen und Werte einer Kultur ihren Niederschlag. Beide Geschlechter tragen diese Normen als Selbstverständlichkeit in sich. Die Schönheitsnormen werden früh verinnerlicht und entfalten ihre Wirkung in jedem Unbewußten. Wir «wissen», was attraktiv ist, ohne darüber nachdenken zu müssen. Die vorgegebene Schönheitsnorm grenzt den Spielraum sozial akzeptierter Erscheinungsweise ein. Der Kurs der Währung «weibliche Schönheit» wird vom Mann mitbestimmt. Er verleiht jeweils einer bestimmten Variante weiblicher Schönheit Bedeutung. Der Mann validiert die Schönheit der Frau. Die Position des Paris, der durch die Gabe seines Apfels Aphrodite als die schönste Göttin erkürt, ist eine klassisch männliche. Männer dominieren Frauen, indem sie diese als unweiblich und unattraktiv erklären, wenn sie nicht fügsam sind. Die Angst vor dem Verlust der männlichen Zuwendung hindert Frauen daran, die unsichtbare Linie zwischen vom Mann gewünschtem und neu zu riskierendem Verhalten zu überschreiten. Die traditionelle Sozialisierung zur Frau beinhaltet die Abhängigkeit des weiblichen Selbstwertgefühls von der Anerkennung durch den Mann. Die Bemühung um Attraktivität demonstriert unter anderem weibliche Anpassungswilligkeit. Frauen fühlen sich ausgelöscht, wenn die Scheinwerfer männlicher Aufmerksamkeit sie nicht mehr beleuchten. Für von oberflächlichen Männern abhängige Frauen geht es dabei um mehr als um den Verlust einer Zuwendung: es geht um ihre sozialen und materiellen Existenzgrundlagen.

Das Schönheitsideal ist auch ein Instrument sozialer Kontrolle über die Frau. Die Gleichsetzung von alt mit häßlich stört die weibliche Neuorientierung in den mittleren Jahren. Dieser vorprogrammierte Entwertungsmechanismus stellt oft eine beträchtliche Einschränkung dar. Alter bringt Autorität und Kompetenz. Schönheitsnormen behindern Frauen genau dann am meisten, wenn sie von ihrer Entwicklung her bereit wären, Verantwortung in der Öffentlichkeit zu übernehmen. Die sinkende Kurve erotischer Anziehungskraft kreuzt die aufsteigende Kurve von Erfahrung und Können, was die Entstehung eines ruhigen Gefühls fundierter Kompetenz stören kann. Der für Männer selbstverständliche Gewinn an Bedeutung und Macht durch lange kompetente Tätigkeit wird so bei Frauen gebremst. In der optischen Entwertung der älteren Frau klingen die alten Entmachtungsstrategien gegen die gefährlichen Seiten der Urmutter an. Ältere Frauen werden nicht mehr als Hexen verbrannt, sondern ausgeblendet.

4.2.2 Unsichtbar werden

Die soziale Komponente der Entwertung der älteren Frau kumuliert mit einer biologischen. Der Alterungsprozeß schwächt die Präsenz der Frau als biologisches Gattungswesen. Da sich oberflächliche Kontakte stärker an der äußeren Erscheinung orientieren, erfährt die Frau in diesem Bereich eine Veränderung der Resonanz. Sie kann ihre Erscheinung nicht mehr als Köder einsetzen, der Aufmerksamkeit, Interesse, Status und Zuwendung für sie an Land zieht. Zum erstenmal muß sie sich im Restaurant und in den Läden aktiv bemerkbar machen, weil sie sonst übersehen wird. Die immer noch vorwiegend in ihrer Körperlichkeit wahrgenommenen Frauen verlieren durch den Alterungsprozeß eine biologische Signalwirkung und verinnerlichen dies manchmal als Bedeutungsverlust. Je mehr sich der Wert einer Frau auf ihr Äußeres reduziert, desto zentraler treffen sie die altersbedingten Veränderungen ihrer Erscheinung. Wenn diese auch für etliche Frauen relativ bedeutungslos sind und andere mit zunehmender Lebenserfahrung eine Intensivierung der persönlichen Ausstrahlung erfahren, muß sich doch jede Frau mit der Veränderung ihrer optischen Wirkung auseinandersetzen.

Da jugendliches Aussehen für manche Frauen gleichzeitig Existenzsicherung, erhöhte Chance für männliche Zuwendung, bessere Möglichkeit auf dem Arbeitsmarkt und Status bedeutet, sind für sie Veränderungen der äußeren Erscheinung durch den Alterungsprozeß oft beängstigend. Alt aussehen birgt für Frauen handfestere Bedrohungen als «nur» den Verlust eines positiven Selbstbildes. Jugendliches Aussehen ist beispielsweise für eine Stellensuchende von großem Vorteil, so daß der Kampf gegen die äußeren Begleiterscheinungen des Älterwerdens oft keineswegs ein eitler Luxus, sondern bittere, existenzsichernde Notwendigkeit ist.

Die Frauen unserer Generation träumten vom Mann, der plötzlich auftaucht und das Leben verzaubert. Die Phantasie der Rettung durch die große Liebe, den Auserwählten, Besonderen, der endlich unseren Wert erkennt, in langen vertrauten Gesprächen die Schönheit unserer Seele auslotet, unseren Körper mit seinen zärtlichen Samtfingern zum Klingen bringt und uns in einer goldenen Glückswolke dem eigentlichen Leben zuführt, trug uns durch das Geschleppe der Einkaufstaschen, die Überlebensübung mit dem unmöglichen Vorgesetzten und die abwesenden Augen unserer Männer. Ein alternder Körper, der uns für das Rollenfach der romantisch Angebeteten immer ungeeigneter macht, entlarvt derartige Illusionen mit der Zeit als solche – ein ernüchternder und resignationsträchtiger Vorgang (vgl. dazu Abschnitt 5.3.6).

Natürlich versuchen Frauen, jung zu bleiben. Die stimulierende männliche Aufmerksamkeit, der prickelnde erotische Unterstrom im Austausch mit dem anderen Geschlecht, die Blicke, die Phantasien und Spiele wollen so lange als möglich ausgekostet sein. Der Übergang in einen anderen Aggregatzustand wird hinausgeschoben. Als Ausdruck von Selbstachtung und Lebenslust hebt ein gesundes Maß an weiblicher Erscheinungspflege die Lebensqualität. Indessen ist der Wettlauf mit der Zeit nicht zu gewinnen. Ein verändertes Erscheinungsbild muß früher oder später mit all seinen psychischen Konsequenzen integriert werden. Wo das nicht gelingt, kippt die Bemühung um Jugendlichkeit ins Destruktive. Der verzweifelte Kampf um Jugendlichkeit reduziert dann das Leben auf eine einzige Überforderung.

Das innere Bild des eigenen Körpers hinkt hinter den äußeren Veränderungen nach. Eine schöne junge Frau sieht sich immer noch als linkischen Backfisch, und die eben schlank gewordene fühlt sich von ihrer früheren Masse umwogt. Umgekehrt signalisiert eine zu jugendliche Aufmachung die Diskrepanz von Körperwahrnehmung zu tatsächlicher Erscheinung. Die körperlichen Veränderungen durch den Alterungsprozeß bedrohen das weibliche Selbstbild. Barmherzigerweise federn Wahrnehmungsverzerrungen den Schock der Veränderungen vorerst ab. Halbbewußte Vermeidungsstrategien verhindern unverdauliche Begegnungen mit altersbedingten Erscheinungswandlungen. Soweit wie die legendäre Schauspielerin, die die zu Folterinstrumenten gewordenen Spiegel in ihrem Hause mit einem Hammer unschädlich machte, gehen wir nicht, aber Ansätze davon zeigen sich.

Unfreundliche Spiegel werden keines Blickes gewürdigt, und bei den freundlichen sorgt die richtige Kopfhaltung für den optimalen Lichteinfall und das Lächeln für attraktive Drapierung der Falten. Der Kauf eines neuen Badekleides muß diese Saison noch nicht unbedingt sein, und auch der alte BH tut's noch, womit die nackte Wahrheit in den Spiegeln der nüchtern ausgeleuchteten Anprobierkabinen bis auf weiteres umgangen wäre. Immer häufiger stolpert man über unerwünschte Erscheinungsbilder, um sie möglichst augenblicklich auszublenden. Die Wahrheit überrumpelt uns im Moment des Überfalls durch ein Foto, das eine alte Frau zeigt, die erschreckenderweise die eigenen Züge trägt. In der flüchtigen Reflexion in einer Glasscheibe taucht ein abgeschlafftes Gesicht auf, ein fremdes und doch unverkennbar eigenes. Das innere Bild der eigenen Erscheinung ist stehengeblieben. Die attraktive junge Frau, die sie eben noch gewesen ist, kann doch nicht plötzlich verschwunden sein. Schrecken und Trauer begleiten die Auflösung eines alten Erscheinungsbildes. Mit der Zeit klingen die Schmerzen der Umgewöhnung auf eine andere Art der sozialen Präsenz ab. Im Zuschauerraum lebt es sich freier als auf der Bühne. Das Unsichtbarwerden erschließt eine neue Lebensdimension. Mit dem Älterwerden realisiert eine Frau, wie stark die Resonanz auf sie dem biologischen Gattungswesen Frau galt. Wenn diese Hülle langsam von ihr abfällt, bewegt sie sich anders. Sie reist unbeschwerter auch in Länder mit eingeschränkten Bewegungsmöglichkeiten für Frauen in der Öffentlichkeit, weil die in der männlichen Aufmerksamkeit oftmals enthaltene Bedrohung geschwunden ist. Sie trägt gleichsam eine Tarnkappe, die ihr erlaubt, ohne Ablenkung durch Sorge um die eigene Wirkung als Frau am Geschehen teilzunehmen. Der körperliche Alterungsprozeß sondert beziehungsmäßig die Spreu vom Weizen. Wo eine Verbindung den geschlechtsunabhängigen Kern einer Frau einbezieht, tangieren Alterungsprozesse sie kaum. Diese Persönlichkeitsessenz rückt aber auch bei der Entstehung neuer Freundschaften in den Vordergrund. Die Frau lernt sich durch diese Veränderungen neu kennen. Ein Prozeß, der mit einer Entmachtung beginnt, kann durchaus den Einstieg in eine ungebundenere und selbstnähere Lebensphase vorbereiten.

4.3 Sexualität im mittleren Alter

Die jetzt über Fünfzigjährigen haben eine rasante Veränderung der Normen sexuellen Verhaltens miterlebt. Das intakte Jungfernhäutchen war in ihrer Jugend durchaus noch der Beweis moralischen Niveaus, und Masturbation stand damals im Verdacht, unspezifizierte, aber um so gräßlichere Folgen zu zeitigen. In ihren Zwanzigern und Dreißigern erlebte diese Generation eine explosionsartige Befreiung von derartigen Normen. Die Pille verhalf endgültig der Ansicht zum Durchbruch, sexuelle Befreiung sei die Basis körperlicher und seelischer Stabilität. Die Bedeutung der weiblichen Sexualität erfuhr so eine vollständige Kehrtwendung. Das Ideal der prüden viktorianischen Dame, die die unaussprechliche Unanständigkeit im hochgeschlossenen Nachthemd, mit tief gesenkten Lidern und abwesender Seele über sich ergehen ließ, wich dem der befreiten Sexualathletin, der keine Stellung zu unbequem und kein Mann zu unbekannt war für eine kollegiale sexuelle Fitneßübung. Sexualität stieg von einem mißtrauisch betrachteten notwendigen Übel zur heilbringenden Erlösung auf, von der man sich die Aufhebung sämtlicher Beziehungsprobleme erhoffte; zu einem Garanten gesunder Entwicklung und gesunder Partnerschaft. Sexuelles Interesse fand schließlich seinen Platz am Firmament erwünschter Tugenden. Der Wert einer Beziehung maß sich an der Häufigkeit der simultan zu erfolgenden Orgasmen. Sexualität wurde von unserer Generation mit einer Bedeutungslast befrachtet, unter der sie nicht selten zusammengebrochen ist.

Früher wurde angenommen, spätestens mit der Menopause der Frau erlöschten die sexuellen Aktivitäten eines Paares endgültig. Die Frauen, denen man ohnehin kaum sexuelle Bedürfnisse zubilligte, wurden von da an als geschlechtsneutrale Matronen gesehen. Das hat sich unterdessen radikal geändert. Aktives sexuelles Interesse ist heute ein unabdingbarer Bestandteil einer positiven Identität. Mit dem Bild des asexuellen Alters wurde gründlich aufgeräumt. Vielleicht zu gründlich. Der Zwang geht nun in die entgegengesetzte Richtung: aktive Sexualität bis ins hohe Alter ist anzustreben.

Nach Kirsten von Sydow, die empirische Forschungsergebnisse über die weibliche Sexualität zusammengetragen hat, entwickeln sich männliche und weibliche Sexualität in den mittleren Jahren unterschiedlich, da Alterungsprozesse die männliche Sexualität stärker beeinträchtigen. «Erektionen werden störungsanfälliger und Ejakulationen weniger intensiv erlebt als in jüngeren Jahren. Bei Frauen treten nach der Menopause Veränderungen der genitalen Schleimhäute auf. Die Haut der Vulva und Vagina wird dünner und empfindlicher, was den Geschlechtsverkehr erschweren kann. An der sexuellen Erregbarkeit und Orgasmusreaktion treten jedoch keine grundsätzlichen Veränderungen auf – eine gesunde Siebzigjährige kann ebenso oft und intensiv Lustgefühle erleben wie eine Zwanzigjährige.» *(SK S. 44)* Die männliche Sexualität erreicht ihre höchste Intensität etwa eine Dekade vor der weiblichen.

Zu dieser körperlich bedingten Verschiebung der Balance sexueller Bedürfnisse addiert sich eine epochale. Die Auswirkungen einer sexuellen Doppelmoral, die die weibliche Sexualität ungleich stärker unterdrückte als die männliche, beherrschte die Jugendzeit der gegenwärtigen Menopausegeneration. Dementsprechend veränderte die sexuelle Revolution der sechziger und siebziger Jahre die Normen weiblichen sexuellen Verhaltens wesentlich mehr. Eine reifungsbedingte Verbesserung der Sexualität koinzidierte mit einer gesellschaftlichen Lockerung der Sitten und erleichterte den Frauen mittleren Alters den Zugang zu ihrem Begehren. Doch kaum hatten wir uns neu eingependelt zwischen der Prüderie unserer frühen Jugendzeit, der sexuellen Revolution unserer zwanziger und dreißiger Jahre und unserer wachsenden körperlichen und psychischen Autonomie, tauchte auch schon Aids auf und überschattete die Erotik mit seinem tödlichen Potential.

Während in den frühen Jahren der Ehe der Mann sexuell häufig frustriert war, kehrt sich mit steigendem Interesse der Frau an der Sexualität die Bedürfnislage oft um *(SK S. 50)*. In einer Untersuchung gab ungefähr die Hälfte der befragten 160 Frauen mittleren Alters an, mit ihren Partnern Probleme in dieser Richtung zu haben *(RL S. 97)*. Viele Frauen gehen mit ihrer neuerwachten Sexualität sehr diskret um, weil sie fürchten, das spärlich gewordene Rinnsal des sexuellen Bedürfnisses ihres Partners durch einen Erwartungsdruck endgültig zum Versiegen zu bringen. Sie trauen sich nicht, ihre Wünsche anzumelden, um seinen Stolz nicht zu verletzen, und halten ihr sexuelles Verlangen zurück, weil es für ihre Männer wichtig ist, sich sexuell kompetent zu fühlen. So berichtet eine Frau: «Nach wochenlanger sexueller Abstinenz habe ich es nicht mehr ausgehalten und versuchte zum erstenmal in meinem Leben, meinen Mann zu verführen, mit katastrophalem Resultat. Er bekam keine Erektion, und wir waren beide so beschämt, daß wir uns nur noch ausweichen. Ich wage nicht, mit ihm darüber zu sprechen, sonst wird alles nur noch schlimmer. Ich sehne mich nach meinem Mann und gäbe alles dafür, endlich wieder einmal in seinen Armen zu liegen.»

Nicht alle Frauen erfahren im mittleren Alter einen erotischen Schub. Ihre sexuellen Bedürfnisse verebben allmählich. Ein Cartoon bringt diese Position auf den Punkt. Er stellt eine reife Frau dar, die nachdenklich in den Spiegel schaut und sagt: «Früher dachte ich: Ich muß jeden Mann, mit dem ich schlafe, heiraten. Heute denke ich: Mit jedem Mann, den ich heirate, muß ich auch schlafen.» *(SK S. 94)* Eine Schwächung sexueller Bedürfnisse könnte eine Stärkung der weiblichen Autonomie bedeuten, wenn eine Frau selbständig ist. Die existentielle Abhängigkeit von einem Mann zwingt indessen Frauen oftmals, als Überlebensstrategie ein nicht vorhandenes sexuelles Interesse vorzutäuschen. Wie Germaine

Greer bemerkt, ist es der Frau nach der Menopause nicht erlaubt, für Männer keine Verwendung mehr zu haben. Sie darf ihre biologische Bestimmung nicht ein für allemal transzendieren, sondern wird, wenn sie es tut, als krank definiert. Einleuchtend schreibt Dörthe Binkert von Frauen, die von einem leisen Abklingen der Lust berichten: «Die Sehnsucht nach dem großen Rausch, der großen Liebe, verblaßt ein bißchen, ja, sie ist noch da, doch fast mehr wie eine Erinnerung, über die sich Erfahrungen, Ernüchterungen, Desillusionierungen gelegt haben wie ein Schleier, unter dem das Begehren noch aufleuchtet, aber nicht mehr so nackt funkelt... der Körper scheint eher zu wünschen als sein Recht zu fordern, die Frau sich mehr zu freuen als getrieben zu sein, körperliche Befriedigung zu erlangen.» *(BD 132)*

Die Heimat der Erotik, die Männer und Frauen immer wieder mit ihrer unüberbrückbaren Verschiedenheit versöhnt, wird indessen auch von vielen älteren Paaren immer wieder aufgesucht. Bei Paaren, die die Kinderphase als gleichwertige Partner überlebt haben, sind die wesensmäßigen Unterschiede zwischen Frau und Mann weniger bedrohlich und können als erotische Anziehung zur Entfaltung kommen. Tatsächlich erfahren auch viele gestandene Paare, von Verhütungssorgen und störenden Kindern befreit, ein Wiederaufblühen auch der erotischen Beziehung. Doch sind die mittleren Jahre ebenso eine gute Zeit, sexuelle Hochleistungsnormen abzubauen. Über den Körper vermittelte Liebe und Geborgenheit hat unendlich viele Ausdrucksvarianten. Der zärtlichen Phantasie sind keine Grenzen gesetzt in der Anpassung der Körpergespräche an die mittleren Jahre. Vielleicht verändert sich der Stellenwert des Körpers in der Beziehung. Miteinander lachen kann wichtiger werden als miteinander schlafen. Die Verführung zur Lebendigkeit hat viele Gesichter, und nicht nur das eine der Sexualität.

Normen, seien sie nun viktorianisch, freudianisch oder feministisch, erschweren die Anpassung an innere Bedürfnisse und äußere Möglichkeiten. Es ist zu hoffen, daß eine im mittleren Alter oftmals zunehmende innere Unabhängigkeit den Frauen erlaubt, Erotik an allen Erwartungen und Vorschriften vorbei möglichst schön zu leben.

4.4 Altern ist unmännlich

Älter werden, schwächer werden, leiden und krank sein vertragen sich nicht mit traditioneller Männlichkeit. Altern ist unmännlich. Die Arbeitswelt erlaubt dem Mann nicht, seine Leistungen den abnehmenden Kräften anzupassen. Er ist entweder voll leistungsfähig oder gehört zum alten Eisen. Jüngere mit aktueller Ausbildung und tiefen Lohnerwartungen drängen nach. Nur schon die finanziellen Verpflichtungen der Männer mittleren Alters sind oft erdrückend. Ein bestimmter Lebensstandard hat sich etabliert. Kinder stehen in der Ausbildung, Eltern kommen nicht mehr zurecht, und manchmal kumulieren Alimente mit den Kosten einer zweiten Familie. Die gegenwärtige Generation der Fünfzigjährigen bekommt das besonders deutlich zu spüren. Ihr jugendlicher Elan verband sich mit dem wirtschaftlichen Aufschwung. In der Phase des Kraftüberschusses, der es erlaubt, auch schwierigere Rahmenbedingungen zu bewältigen, waren sie von den Umständen verwöhnt. Nun bewegen sie sich vom Land der unbeschränkten Möglichkeiten in das der begrenzten Ressourcen, von konjunkturbedingtem Auftrieb in die Rezession, von der Weite in die Enge. Im mittleren Alter, wo es möglich sein sollte, langsam kürzer zu treten und den Fokus von Leistung auf Lebensqualität zu verschieben, haben sich die äußeren Bedingungen so gewandelt, daß die Leistungsanforderungen massiv gestiegen sind. Rezession und unübersichtliche politische Verhältnisse gefährden Arbeitsplätze. Ein gesicherter Arbeitsplatz und ein komfortabler Lebensstandard, vor kurzem noch Selbstverständlichkeiten, können, wenn überhaupt, nur mit erhöhten Anstrengungen gehalten werden. Die gegenwärtigen Fünfziger wuchsen mit dem Bild einer Anstellung auf Lebenszeit auf. Wer früher ein bestimmtes berufliches Niveau erreicht hatte, wurde in den mittleren Jahren sukzessive von Leistungsbeweispflichten dispensiert und konnte bis zur Pensionierung mit einer komfortablen Situation rechnen. Diese Männer wurden vom Temperatursturz im Wirtschaftsklima überrumpelt. Ein unausgesprochener Grundkontrakt mit dem Leben wurde unilateral gekündigt. Da die männliche Identität eng mit beruflichem Status und Verdienst gekoppelt ist, kann diese Situation großen Streß verursachen. Ein wichtiges Element, das zum Gefühl beiträgt, das Leben im Griff zu haben, ist finanzieller Erfolg. Auch das sexuelle Selbstvertrauen ist bei Männern mit finanziellem Status verbunden.

Neben der wirtschaftlichen Situation macht die Veränderung der Geschlechtsrollen den Fünfzigern zu schaffen. Frauen brechen auf und verändern sich, was eine neue Ausbalancierung der Partnerschaft nach sich zieht, die oft in einem ersten Schritt von einem Privilegienverlust auf männlicher Seite begleitet ist. Das traditionelle Familienoberhaupt entpuppt sich als Auslaufmodell, und so müssen auch hier anfänglich schmerzhafte Umwertungen vorgenommen werden.

Die männliche Sozialisierung erschwert einen fruchtbaren, persönlichkeitserneuernden Umgang mit dieser doppelten Drucksituation. Intimität, seelische Intimität im Sinne von Nähe und Vertrautheit, ist streßmindernd und lebenserhaltend. Leider beinhaltet die Erziehung zum Mann oft eine starke Gefühlskontrolle. Das immer noch wirksame Ideal der kriegerischen Männlichkeit verbietet «Weichheit», Zärtlichkeit und Geborgenheitssehnsucht. Buben dürfen nicht weinen. Diese Gefühlskontrolle ist in vielen Berufen eine wichtige Voraussetzung für den Erfolg. Es gilt, unabgelenkt von eigenen Schwingungen rational die richtige Strategie zu entwickeln und durchzuziehen. Einfluß und Macht sind spannend und anregend. Der Preis dafür muß nicht in einer Gefühlsabspaltung bestehen, aber er kann es. In solchen Fällen ist dann der Machterwerb nicht eine bereichernde Basis für neue Aktivitäten, sondern führt zum Kontaktverlust mit sich selbst und den Angehörigen. Zwar sind Männer unvergleichlich häufiger als Frauen in Teams, Berufsgruppierungen und Vereinigungen zusammengefaßt, doch bringen ihnen diese Zugehörigkeiten selten seelische Nahrung. Diese Beziehungen spielen sich in einer Bandbreite zwischen Nähe und Distanz ab, die eher dazu dient, den Rang in der Gruppe zu festigen, als wirklich miteinander zu reden. Männerfreundschaften sind oft nicht privat. Männliche Freunde nehmen sich selten als Gegenüber wahr, sondern sie konfrontieren parallel zueinander die Welt. Man tauscht Informationen aus, vermittelt sich Geschäfte, ist höflich miteinander und amüsiert sich, aber Offenheit und Nähe stehen nicht auf der Traktandenliste. Diesen Freundschaften fehlt das, was Intimität ausmacht: Das Zugeben von Verwundbarkeit und die Spontaneität im Zeigen von Zuwendung. Bei der klassischen Geschlechtsrollenteilung haben Männer ihre Frauen als psychische Ernährerinnen zur Verfügung und bekommen Nähe angeliefert, insofern sie diese überhaupt aufnehmen können.

Der Mann, dem Gefühle abtrainiert wurden – von ihm selbst oder früher von seinen Eltern –, benutzt Sexualität als Notventil für den Intimitätshunger. Sexualität ist in der männlichen Idealnorm nicht nur erlaubt, sondern gefordert. Diese Sexualität ist aber nicht intimitätsfördernd, sondern Ausdruck einer tiefen, beziehungslosen Einsamkeit. Die Gefühlskontrolle kann nicht einfach ein- und ausgeschaltet werden. Sie läuft automatisch, auch dort, wo sie nicht erwünscht ist. Wo Sexualität mit Domination zu tun hat, ist die Frau keine Vertraute, sondern ein potentieller Feind. Sexualität als Potenzbeweis macht die Frau zur Richterin. Männer, die Leistungssexualität mit Intimität verwechseln, ziehen sich oft bei den ersten Anzeichen von altersbedingten Veränderungen zurück oder suchen neue Stimulation bei Fremden und zerstören damit manchmal die einzige wirklich vertraute Beziehung, die sie haben. Die gleichaltrige Frau erinnert den Mann an sein eigenes Alter. Eine jüngere Partnerin kann fürs erste die Angst vor dem Älterwerden mildern.

Die männliche Unfähigkeit, sich zu öffnen, ist ungesund. Von den gegenwärtigen Fünfzigern gleichen einige einem

Dampfkochtopf ohne Druckventil. In einem Nervensanatorium sind seit Beginn der Rezession die Eintritte der Männer mittleren Alters deutlich gestiegen, wie mir ein befreundeter Psychiater mitteilte. Eine amerikanische Untersuchung zeigt, daß unter den älteren psychisch Kranken die Gruppe von Männern übervertreten ist, die rigide an den männlichen Idealen von Leistung, Erfolg, Autonomie und Kontrolle festhält. Umgekehrt zeichnen sich glückliche Männer dadurch aus, daß es ihnen gelungen ist, um die Fünfzig von Konkurrenz und sexuellen Eroberungen zur Suche nach gefühlsmäßiger Intimität und Vertrauen zu wechseln *(SGc S. 274)*. Eigentlich ginge es bei Fünfzigjährigen irgendwann darum, sich zu besinnen und einen neuen Bezugsrahmen, eine neue Einordnungsmöglichkeit zu schaffen, die ihnen erlauben würde, vom einseitigen Leistungsdenken wegzukommen. Und genau dabei sind einige von ihnen durch die sich verändernden Verhältnisse in der Arbeitswelt und durch die männliche Sozialisierung gehindert. Nur in seelische Verbundenheit eingebettete Sexualität bringt Geborgenheit. In diesem Rahmen werden die technischen Details unwichtig, und der Circulus vitiosus von Versagensangst und Mißerfolg kann gar nicht erst einsetzen. Es wird für Männer lebenswichtig, Intimität nicht mit Sexualität zu verwechseln. Nur vertrauensvolle Offenheit mildert den Druck. Es geht darum, Nähe zu riskieren und Menschen zu finden, die mit auf der Suche sind, die sich mitfreuen und bei Engpässen den Daumen drücken, Menschen, die spüren, wie es einem geht. Die Auseinandersetzung mit einem unsinnigen Männlichkeitsideal, das Männer gefühlstot, infarktanfällig und impotent macht, drängt sich gegenwärtig mehr denn je auf.

4.5 Der kostbare Körper

Der Blick auf den alternden Frauenkörper geht durch den Filter der Alters- und Frauenentwertung hindurch. Dieser Filter läßt uns jede altersbedingte Körperveränderung mit ängstlicher Ablehnung beobachten. Es gilt, den Blick auf den eigenen Körper von diesem negativen Filter zu befreien. Der gelebte Körper, der gebrauchte Körper in seiner charaktervollen Individualität verdient einen anderen Blick. Er hat das uniforme Stadium jugendlicher Normschönheit verlassen und wird immer einmaliger. Als lebendiger Zeuge unserer Vergangenheit birgt er in seinen Dehnungen, Falten und Narben unsere Lebensgeschichte. Das Gefäß unserer Erdenreise darf ihre Spuren tragen.

Die Vitalität des jungen Körpers trug den Geist als zuverlässige Basis. Nun kehrt sich die Beziehung langsam um. Der Geist muß dem Körper Sorge tragen. Dieser braucht Aufmerksamkeit, Zuwendung und Unterstützung. Eine neue Körperbeziehung bahnt sich an. Die jugendliche Achtlosigkeit den Erholungsbedürfnissen des Körpers gegenüber darf im mittleren Alter nicht in Überforderung und Vernachlässigung ausmünden. Der Kraftüberschuß der jungen Jahre fing Anstrengungen, Krankheiten und Schlafmangel mühelos auf. Jetzt braucht der Körper eine neue Pflege. Vor dem Hintergrund körperlicher Beschwerden im Bekanntenkreis wächst die Dankbarkeit für seine treue Unterstützung. Für die gleichaltrige Freundin beendeten Gelenkentzündungen ihre Zeit des unbeschwerten Herumstreifens in der Natur. Einer anderen erschütterte ein – glücklicherweise gutartiger – Tumor in der Brust den Glauben an ihre Unsterblichkeit. Einladungen vor Arbeitstagen werden seltener, weil alle Gäste zu äußerst vernünftig früher Stunde aufbrechen. Schlafmangel läßt sich nicht mehr einfach ignorieren, und die Regenerationszeit dehnt sich. Die Haare wandern vom Kopf in die Bürste und ins Waschbecken. Das Gewicht bleibt zäher an den Hüften kleben. Die gebückte, von Osteoporose geplagte Mutter am Stock läßt uns die Begrenzung der Zeit ungehinderter körperlicher Mobilität erfahren. Abnützungserscheinungen, größere Anfälligkeit und längere Genesungszeiten erinnern an die Vergänglichkeit dieses Körpers. Seine zuverlässigen Dienste hören auf, eine Selbstverständlichkeit zu sein. Die Lebensqualität der kommenden Jahre hängt auch von einem sorglichen Eingehen auf die Bedürfnisse des Körpers ab. Dem Körper entgegenzukommen in der Beachtung der Körperrhythmen, im Eingehen auf sein Bewegungsbedürfnis und in der Umstellung auf in genußvoller Muße gegessene bekömmliche Speisen wird zur Notwendigkeit. Glücklicherweise schützt ein Glas Wein zur Mahlzeit vor dem Herzinfarkt. Nicht Askese ist angesagt, sondern eine aufmerksame Partnerschaft mit dem Körper als Basis für die Lebensfreude.

Der Körper ist die Brücke zum Leben und zur Natur. Wandern, Schwimmen, Joggen und Langlaufen setzen Beweglichkeit voraus – und erhalten sie. Wir werden in der körperlichen Bewegung aufgenommen von der Natur. Ihr Pulsieren verschmilzt mit dem Rhythmus des eigenen Körpers. Er lädt sich auf in ihren Bildern, Gerüchen, Temperaturen und Strömungen. Die Erneuerungsquelle Natur ergießt sich in das Aufnahmegefäß eines empfänglichen Körpers, und der vitalisierte Körper gibt sich als Basis für alle Aktivitäten der Welt zurück.

Die Körperatmosphäre ist die Summe aller Körpererfahrungen. Gleichsam im Unbewußten des Körpergedächtnisses trägt der Körper den ganzen Reichtum seiner Erfahrungen. Die rhythmische Anstrengung des Aufstieges in der frühen Morgenkühle mit vollen Kraftreserven für die in gemessener Stetigkeit zu erwandernde große Route ist im Körpergedächtnis gespeichert. Es erinnert sich an die Wärme der rauhen, sonnengesättigten Holzbretter der Badeanstalt, die der vom Schwimmen durchkühlte Körper dankbar aufsog. Der Körper erinnert sich mit allen Fasern an die Durchreise eines Kindes, an seine ersten Bewegungen, an die pralle Schwere, an die Überwältigung durch die Geburt und die überfließende Zärtlichkeit für die Kleine. Jeder gute Blick, der den Körper jemals umfangen hat, hüllte ihn in weiche Wärme. Jede Hand, die jemals über seine Haut streichelte, hinterließ eine Leuchtspur. Die drängende Sehnsucht nach dem Mann, die Aufladung, das Holen, das Entgegenfließen, die Erfüllung, die Orgasmen – jedesmal sank ein süßer Tropfen ins Honigfaß der Körpererinnerungen. Reife Körper strahlen von gelebtem Leben. Natürlich wird das Fleisch flüssiger. Der Körper beginnt sachte, der Erde entgegenzuschmelzen, um sich irgendwann mit ihren Zyklen des Stirb und Werde wieder zu vereinen.

5 Wie nahe die Nächsten?

Die mittlere Generation steckt per definitionem in der Sandwichposition. Ihre Verantwortlichkeit erstreckt sich sowohl nach oben wie nach unten. Unsere Generation ist die Talwasserscheide zwischen der Achtung vor älteren Menschen und dem Jugendkult, und so sind wir auf beiden Seiten gefordert ohne die Aussicht, unsererseits jemals in die Position der respektierten Generation zu kommen. Wir sind eingeklemmt durch Erwartungen von oben und unten: Von unseren Eltern zu Respekt und Pflichterfüllung erzogen, fühlen wir uns für das Wohlergehen der oberen Generation verantwortlich, während unsere mit beachtlicher Selbstverleugnung frustrationsfrei aufgezogenen Kinder Aufmerksamkeit, Dienstleistung und Geld als Geburtsrecht erwarten.

5.1 Alte Eltern

5.1.1 Wir brauchen unsterbliche Eltern

Unsere Eltern brachten uns in die Welt und sicherten von Anfang an unser Leben und Überleben. Ihre Liebe, ihre Hoffnungen und ihre Forderungen formten unsere Persönlichkeit, und ihre Stimmen lenken uns aus dem Unbewußten, auch wenn die Eltern längst zur Vergangenheit gehören. Diese schicksalhafte Urverbundenheit schwingt in allen späteren Beziehungen mit. Als Erde, Sonne und Wasser nährten sie das junge Pflänzchen und schützten es. Sie bildeten sein ganzes Universum. Die frühkindliche Schicht der absoluten Notwendigkeit ihrer Existenz wirkt durch alle späteren Beziehungsformen mit ihnen hindurch. Damit die

Welt vertrauenswürdig bleibt, dürfen Eltern nicht sterblich sein. Als frühester Fixpunkt in einem sich wandelnden Kinderleben ist später nur schon die Tatsache ihrer Existenz unbewußt eine Schutzgarantie, wie immer die reale Beziehung zu ihnen aussehen mag. Wir alle sind Kinder, die in dieser gefährlichen Welt allwissende, starke Eltern im Rücken brauchen. In der Pubertät straften wir die Eltern dafür, daß sie nicht so perfekt waren, wie wir sie gesehen hatten. Das Unbewußte hält zäh an den alten Bedürfnissen fest und empfindet das Älterwerden der Eltern als Verrat. Wie können sie uns nur so im Stich lassen? Alternde Eltern durchbrechen unsere Wunschbilder der immerwährenden Sicherheit. Der graduelle Abschied von den alternden Eltern erzwingt eine Auseinandersetzung mit den eigenen Abhängigkeitsbedürfnissen.

5.1.2 Geld und Überalterung

Das Ansteigen des Todesalters der Eltern hält die mittlere Generation länger im Kindesstatus. Lebende Eltern lassen das Gefühl der vollen Selbstverantwortlichkeit bei ihren Kindern oft nicht ganz aufkommen. Die Verschiebung der Lebenserwartung nach oben wirkt sich nur schon in wirtschaftlicher Hinsicht aus. Bereits pensionierte «Kinder», die mit ihrem fixen Einkommen alte Eltern unterstützen, geraten in finanzielle Engpässe und sind nicht mehr in der Lage, ein verantwortbares Altersheim zu zahlen, auch wenn das für alle die beste Lösung wäre, ohne ihre eigene Altersvorsorge zu vernachlässigen. Es wird später geerbt als noch vor einer Generation. Es ist für die gesamte Wirtschaft nicht unwichtig, ob eine unternehmungslustige Vierzigjährige oder eine sicherheitsbedürftige Pensionärin ein finanzielles Erbe antritt. Daß aber das Ansteigen der Lebenserwartung nicht automatisch zu einer Verspätung des Erbes führen muß, zeigt folgende Geschichte: «Meine Mutter hat geerbt. Über Geld wurde bei uns nie gesprochen, und ich habe ihr

Vermögen überhaupt nicht einbezogen, als sich meine Pläne zu einem späten Studium festigten. Nachdem ich meiner Mutter davon erzählt hatte, überwies sie eine beträchtliche Summe. Sie fand es richtig, daß ich meine Fähigkeiten voll ausbilden und einsetzen will. Da meine Mutter von außen gesehen immer hinter meinem Vater verschwunden ist, war ich völlig überrascht. Seither sehe ich sie in einem neuen Licht und entdecke immer mehr die Kraft hinter der Fassade der angepaßten Hausfrau und Gastgeberin.» Frauen öffnet ein frühes Erbe Entscheidungsräume, die sie zu einem späteren Zeitpunkt nicht mehr zu füllen imstande wären. Manchmal hilft nur schon die Phantasie unbeschränkter finanzieller Ressourcen, die Richtung der eigenen Neigungen und Bedürfnisse zu erfahren. Die Annahme finanzieller Sachzwänge bildet gern einen Vorwand zur Risikovermeidung.

5.1.3 Dem Sohn die Liebe, der Tochter die Last

Gegenwärtig leisten immer noch die Töchter den überwiegenden Anteil der praktischen Elternhilfe, während Söhne eher finanziell beitragen. Mit dem Alter der Eltern steigt ihre Hilfsbedürftigkeit. Vierzigjährige Frauen verwenden im Durchschnitt drei Stunden pro Woche, um ihren Eltern zu helfen. In ihren Fünfzigern erhöht sich diese Wochenstundenzahl auf fünfzehn. In ihren Sechzigern verbringen Frauen mit lebenden Eltern im Durchschnitt zweiundzwanzig Stunden pro Woche mit Elternpflege *(DC S. 48)*. Auf diese Realitäten sind Frauen vor dem Pensionierungsalter wenig gefaßt. Der große Traum von Freiheit und Erholung nach einem langen Arbeitsleben ist schnell ausgeträumt, wenn Eltern in ihrer Würde beschützt und in ihren alltäglichen Bedürfnissen unterstützt werden müssen. Die Mutter macht, was sie kann – und die Tochter oft den Rest: Rechnungen zahlen, Nahrung organisieren, beim Einkauf von Kleidern helfen und den Haushalt und die Wäsche besorgen. Aber auch in diesem

Bereich spiegelt sich der Wandel der Geschlechterrollen, wie folgendes Beispiel zeigt: «Meine Mutter begann an Schwindelanfällen zu leiden und fürchtete sich zunehmend davor, allein zu übernachten. Um meinem Vater die dringend notwendigen Ferien von seiner Betreuungsaufgabe zu ermöglichen, schliefen wir Geschwister während seiner Abwesenheit abwechselnd im Elternhaus. Meine Mutter und mein Bruder nahmen stillschweigend an, daß er von dieser Verpflichtung dispensiert sei. Meine Schwester und ich wehrten uns dagegen, was meinem Bruder sofort einleuchtete, im Gegensatz zu meiner Mutter, die fand, man könne ihm das nicht zumuten.» Deprimierende Untersuchungsergebnisse belegen den unterschiedlichen Stellenwert der Betreuungsleistungen von Töchtern und Söhnen für ihre Mütter. Mütter erwarten mehr Präsenz, Zuwendung und Hilfestellungen von ihren Töchtern als von ihren Söhnen, anerkennen aber kaum, wenn ihre Töchter sich um sie kümmern. Umgekehrt erhoffen sie sich sehr viel weniger von ihren Söhnen, sind aber des Lobes voll, wenn ein Sohn eine Geste macht. Die Tochter hat die Last, der Sohn die Liebe *(MS S. 227)*. Dieser Befund spiegelt die Frauenentwertung in der Generation unserer Mütter, die in der Geburt des Stammhalters ihr höchstes Glück fanden.

5.1.4 Die letzte Runde

Der Abschied von den Eltern findet nicht erst bei ihrem Tod statt. Unser graduelles Innewerden ihrer Veränderungen begleitet ihren Weg dem Horizont entgegen. Die alten Elternbilder nehmen uns oft die Sicht auf gegenwärtige Realitäten, und wir überfordern die Eltern und bereiten uns gegenseitig Enttäuschungen. Das Selbst der Eltern entschwindet und läßt die Hülle eines alten Menschen zurück. Wir wandeln uns von Beschützten zu Beschützern, von Ernährten zu Nährern und von Gehorchenden zu Bestimmenden. Reste kindlichen Gehorsams bei uns und elterlicher Autorität bei ihnen behindern notwendige Verantwortungsumkehrungen zwischen den Generationen. Wo sich die Urteilsfähigkeit der Eltern vermindert, erschwert genau dieser Prozeß die Einsicht in die Notwendigkeit der Hilfe von außen. Mangelnde Flexibilität verunmöglicht das Aufgeben aufwendiger Gewohnheiten. Eltern klammern sich an ihre Rituale, um das Gefühl der Kontrolle und der Voraussehbarkeit des Lebens nicht zu verlieren. Die graduelle Rollenumkehrung zwischen Kindern mittleren Alters und alten Eltern öffnet ein weites Feld. Mit steigender Lebenserfahrung der Kinder wird das Schicksal der Eltern faßbarer. Bei aller Ablösung bleibt ein starker Unterstrom der Zusammengehörigkeit und ein tiefes Wissen um die Grundbefindlichkeit des anderen. Man nimmt gegenseitig die Informationen über die Stimmung durch die Poren auf und bekommt mehr voneinander mit, als einem manchmal lieb ist. Irgendwann läßt sich der immer wieder hinausgeschobene Wendepunkt nicht mehr vermeiden, an dem wir ein Stück Verantwortung für die Eltern übernehmen müssen. Die Notwendigkeit, die Verantwortung für die Eltern zu tragen, bringt eine Nähe, welche nochmals die Tiefen der Beziehung zu ihnen aufwühlt.

Die innere Verwandtschaft mit den Eltern und die im Unbewußten eingelagerte gemeinsame Geschichte entzieht das Verhältnis zu den Eltern der bewußten Steuerung. Bei schwierigen Beziehungen fehlt manchmal die innere Distanz, um befriedigende Formen des Umgangs zu entwickeln. Eltern und erwachsene Kinder verpassen sich von neuem. Hier erschreckt die innere Verwandtschaft mit den Eltern. Eltern halten uns einen Zerrspiegel vor. Was wir in uns an Negativem noch einigermaßen unter Kontrolle haben, bricht bei ihnen ungeschminkt hervor. Unerledigtes drängt jetzt zum Abschluß. Vielleicht ist noch einmal eine Abgrenzungs- und Klärungsrunde fällig, in der das Selbst vor destruktiven Elterneinflüssen geschützt werden muß, wie folgendes Zeugnis illustriert: «Die Kämpfe gegen meine Mutter brachten mich immer wieder an den Rand der Verzweiflung, so daß für meine Tochter und meinen Mann nur noch wenig übrigblieb. Nach zwei Jahren Psychotherapie begann mir zu dämmern, daß es für mich bei meiner Mutter nichts zu holen gibt und nie etwas zu holen gab. Sie ist eine innerlich tote Frau, die sich in ihrer Leere an mich klammerte und von mir die Erfüllung ihres Lebens erwartete. Ich genügte natürlich nie und verschwendete ein halbes Leben daran, sie zu zwingen, mich endlich einmal so zu sehen, wie ich bin, und nicht, wie sie mich haben möchte. Endlich habe ich eingesehen, daß sie absolut unfähig ist, irgend etwas außerhalb ihrer selbst wahrzunehmen. Seit ich nichts mehr von ihr erwarte, bin ich frei geworden, sie als pathetische alte Frau zu sehen, die sie ist. Manchmal tut sie mir richtig leid.»

Es ist für die Eltern schwer, sich mit verminderten Kräften, mit dem verkleinerten Aktionsradius und mit dem abnehmenden sozialen Gewicht abzufinden. Die Freunde der gleichen Generation sterben weg. Alte Ehepaare sind zunehmend aufeinander angewiesen – und einander ausgesetzt. Der Ehepartner wird zum Sündenbock für all die Gebrechen und Demütigungen des Alters. Eine Frau erzählte mir traurig von einem Besuch bei ihren alten Eltern. Sie wurde Zeugin eines kleinlichen und gehässigen Streites, der sie völlig erschütterte: «Meine Eltern haben sich wirklich geliebt, und die beiden strahlten miteinander eine Harmonie aus, die mir eine warme Heimat war. Nun ist mein Vater sklerotisch, und meine Mutter nimmt ihm unbewußt übel, daß er nicht mehr die starke Vaterfigur ist, die sie braucht. Wir waren eine fröhliche und unternehmungslustige Familie, und ich bin meinen Eltern dankbar für die gute menschliche Basis meiner Jugendzeit. Deshalb bringt es mich beinahe um, die Zerstörung ihrer Beziehung miterleben zu müssen. Jedesmal, wenn ich sie besuche, nimmt mich meine Mutter auf die Seite und beklagt sich über meinen Vater. Sie hat nicht mehr die Kraft, durch den Verfall hindurch den Menschen zu sehen, den sie geliebt hat, oder sich an die guten Zeiten zu erinnern. Ihre Realität schrumpfte auf eine triste Gegenwart. Sie nehmen auch meine Anwesenheit kaum wahr, und ich kann ihnen in keiner Weise helfen. Nach jedem Besuch bei meinen Eltern brauche ich Stunden, um mich wieder hochzurappeln.»

In der Generation unserer Eltern wurden Gefühle nicht so leicht ausgedrückt. Man nahm sich zusammen und präsentierte eine intakte Fassade und harrte in unglücklichen Ehen aus. Es ist ratsam, diese Art des Umgangs mit Gefühlen zu respektieren. Gerade Frauen finden oft erst im mittleren Alter den Mut, zu negativen Gefühlen zu stehen und sie direkt anzumelden. Unterstützt durch eine Psychokultur, die den offenen Ausdruck von Gefühlen als die Lösung aller Probleme anpreist, nehmen sie ihr Herz in die Hand und versuchen mutig, die Beziehung zu ihren Eltern endlich zu klären. Nur zu häufig ist das Resultat eines derartigen Versuches Verletzung und Frustration auf beiden Seiten. Für viele alte Eltern ist diese Art von Offenheit ein gefährlicher Tabubruch, vor dem sie sich mit starrer Defensive schützen. Die Klärung, die ansteht, ist häufig nicht die mit den äußeren Eltern, sondern die mit den inneren Bildern von ihnen. Jetzt ist auch höchste Zeit für die innere Versöhnung mit ihnen – eine Arbeit, die meistens allein geleistet werden muß und nur in ihren Früchten alten Eltern zukommen kann. Jetzt ist auch der Moment, ihnen etwas von dem zurückzugeben, was sie für uns getan haben.

5.1.5 Eltern sind sterblich

Mit dem Tod der Eltern verlieren wir einen zentralen Verankerungspunkt und eine Schutzschicht zwischen uns und dem Tod. Wir entdecken, daß wir eigentlich nicht geglaubt haben, daß unsere Eltern sterblich sind. Manchmal bringt der Tod eine Wende in die Eltern-Kind-Beziehung: «Erst nach dem Tod meiner Mutter begann ich ihre Persönlichkeit zu begreifen und zu schätzen. Zu ihren Lebzeiten verfügte sie über mich, ihr einziges Kind, und die gedankenlose Selbstverständlichkeit, mit der sie meine Dienstleistungen in Anspruch nahm, ihre Unpünktlichkeit und ihre Unberechenbarkeit trieben mich die Wände hoch. Jetzt sehe ich ihr intuitives Flair, die Risikobereitschaft der selbständigen Unternehmerin und ihre warmherzige Großzügigkeit. Sie hat mir ein beträchtliches, selbstverdientes Erbe hinterlassen. Ich denke mit Verständnis und Liebe an sie und habe mich mit ihren schwierigen Seiten vollständig versöhnt.»

Das Sterben der Eltern löscht ihre von den Kindern verinnerlichten Hoffnungen und Forderungen nicht automatisch. Viele Kinder fahren auch nach dem Tod der Eltern auf den vorgegebenen Gleisen. Der Tod lebensbehindernder Eltern kann indessen zum Auslöser für eine Auseinandersetzung mit den Elternintrojekten und damit zu einer Wachstumschance werden. Fordernde, strenge und mißbilligende Eltern, Eltern, die ihre Kinder mit Schuldmanipulationen weißbluten, entlasten mit ihrem Tod ihre Kinder, was diese natürlich mit Schuldgefühlen erfüllt. «Die Verzweiflungsausbrüche meiner lebensuntüchtigen Mutter hingen als Damoklesschwert über meiner Kindheit. Ich kämpfe mich jahrzehntelang mit Hunderten von Therapiestunden langsam aus dem Sumpf meiner Selbstentwertung hinaus. Deshalb habe ich es als Perfidie des Schicksals empfunden, im mittleren Alter auch noch für sie bezahlen zu müssen. Nachdem sie mich gefühlsmäßig ausgesaugt hatte, ging es nun auf der finanziellen Ebene weiter. Ich schäme mich, das zu sagen, aber meine Reaktion auf ihren Tod war vor allem Erleichterung», erklärt eine selbständig erwerbende Erwachsenenbildnerin. Manchmal binden hilfsbedürftige Eltern die Energien einer Frau genau dann, wenn ihre Kinder sie endlich loslassen. Kaum ist die eine Verpflichtungswelle vorüber, wird sie von der nächsten überrollt, und so ist der Tod der Eltern auch eine Erlösung der Betreuenden.

Wer Glück hat, findet die Eltern nach den Stürmen der Ablösungszeit in Liebe und Dankbarkeit als Freunde wieder, Freunde, bei denen keine Erklärungen mehr notwendig sind, weil die Klangqualität des ersten Wortes am Telefon bereits die ganze Befindlichkeit des anderen mitteilt; Freunde, deren Zuverlässigkeit und Wohlwollen sich tausendfach bewährte; Freunde, deren Interesse und Liebe uns entgegenstrahlt. Später erlauben notwendig werdende Hilfestellungen nochmals ein kostbares Stück gemeinsamen Lebens. Zärtliche Aufmerksamkeit umhüllt ihr Verlöschen. Auch wo Eltern als warme Basis der Lebenssicherheit sterben, eröffnet ihr Tod neue Dimensionen. Dankbarkeit für Empfangenes begleitet ihr Sterben, und der Weg von Auflehnung, Trauer und schließlich Akzeptanz des ganzen Lebensbogens kann letztlich zur Versöhnung mit dem Tod führen, ihrem und dem irgendwann fälligen eigenen. Durch den Tod eines Elternteils – häufiger des Vaters – rücken wir definitiv in die verantwortliche Generation auf. Der Tod von Mutter und Vater ist ein einschneidendes Ereignis, das das Lebensgefühl radikal umstellen kann. So sagt eine Frau ein Jahr nach dem Tod ihrer Mutter: «Ich war ein spätes, innig ersehntes und geliebtes Einzelkind. Eine lichte Heiterkeit begleitete mein Leben bis zum Tag, an dem meine Mutter starb. Meine Fröhlichkeit ist schlagartig verschwunden, und ich fürchte, daß sie nie wiederkehren wird. In ihrem Sterben ist mir etwas begegnet, das mich vollständig verändert hat.» Der Tod der Eltern fordert uns auf eine fundamentale Weise heraus, einen eigenen Boden zu finden. Diese Begegnung mit der grundsätzlichen Ungeborgenheit und Einsamkeit der menschlichen Existenz zwingt zum Überdenken der eigenen existentiellen Grundannahmen.

5.2 *Große Kinder*

5.2.1 Andere Voraussetzungen

Die Menopause sagt es laut und deutlich: Was Kinder anbelangt, sind die Würfel gefallen. Der Neuanfang, die Hoffnung, das unerschöpfliche Potential eines Kindes können nie mehr geboren werden. Die Kinderzeit mit Angebundensein, zärtlicher Körperlichkeit und dankbarer Freude am Gedeihen ist für immer vorbei. Es sind diese und keine anderen Kinder, die durch uns in die Welt gekommen sind, die jetzt das Resultat ihrer Veranlagung und unserer Erziehung ins

Leben hinaustragen. Wir können das Rad der Zeit nicht zurückdrehen und unsere Erziehungsfehler nicht mehr rückgängig machen, auch wenn sie uns unterdessen nur allzuklar geworden sind. Kinderlosigkeit bricht jetzt als definitives Schicksal ins Bewußtsein.

Im nachhinein ist man immer klüger. Zeitströmungen verändern den eigenen Bezugsrahmen unmerklich, was die Versöhnung mit Entscheidungen und Handlungen erschwert, die vergangenen Voraussetzungen entsprangen. In der Kinderentscheidungsphase der gegenwärtigen Fünfzigerinnen wirkten Annahmen und Leitbilder, die heute überholt oder verändert worden sind. Uns galten sie damals als Wahrheit und steuerten unser Leben. Die neu erfundene Pille gab den Frauen die absolute Kontrolle über ihre Fruchtbarkeit in die Hand. Mütter wurden von der Tiefenpsychologie vollständig für die Entwicklung ihrer Kinder verantwortlich gemacht. Mutterschaft und Beruf galten als unvereinbar. Eine Erweiterung des Frauenbildes stellte Mutterschaft als natürliche Bestimmung der Frau erstmals auf breiter Basis in Frage. Vielleicht würden wir unter den gegenwärtigen Voraussetzungen andere Wahlen treffen und andere Risiken eingehen. Heute ist die Kombination von Kind und Beruf akzeptierter. Autonomie muß nicht mehr mit Kinderlosigkeit bezahlt werden, und Mutterschaft läßt sich unter günstigen Umständen mit Berufstätigkeit verbinden. Die Geschlechterrollen haben sich ein bißchen in Richtung Gleichstellung gewandelt, und flexiblere Arrangements werden punktuell möglich. Fehler sind unvermeidlich und die Reue darüber auch. Wir tun uns aber unrecht, wenn wir vergangene Handlungen mit gegenwärtigen Maßstäben bewerten. Deshalb ist es notwendig, sich die damaligen Voraussetzungen der Mutterschaft zu vergegenwärtigen.

5.2.2 Kinder: Der Speck in der Falle der Mutterschaftsnormen

Seit jeher bedeutete Mutterschaft einen Quantensprung der weiblichen Entwicklung. Drastische Veränderungen erwarten Frauen, die sich darauf einlassen – heute tendenziell nicht anders als vor einer Generation: Die Identität als Berufsfrau mit finanzieller Unabhängigkeit und klaren Leistungsmaßstäben, mit begrenzter Arbeitszeit und einem breiten Beziehungsnetz schwächt sich. An ihre Stelle tritt eine neue Sinngebung. Ein warmes, kleines, hilfloses Wesen verwandelt die Frau in eine Mutter und macht sie zur Nähr- und Schutzkapsel für ihr Kind. Die möglichen Auswirkungen dieses gewaltigen Ereignisses auf die Frau umfassen die ganze Palette von depressiven Gefühlen eines vollständigen Identitätsverlustes bis zur tiefen, dankbaren Erfüllung (vgl. Abschnitt 5.2.5).

Bei uns führt Mutterschaft in der Regel zu einer stärkeren finanziellen Abhängigkeit vom Mann. Besonders die Kleinkindmutter ist auf Hilfe angewiesen, auf die Unterstützung durch den Vater und durch zuverlässige, engagierte Mithelfende, denen das Wohl ihres Kindes wirklich am Herzen liegt. Alte Vorstellungen der Geschlechtsrollen erschweren dem Vater eine aktive Beteiligung an den alltäglichen Kinderbetreuungsaufgaben, was die Nähe zwischen Mutter und Kind verstärkt und sie zur wichtigsten Bezugsperson und Hauptverantwortlichen für das Kind macht. Die Gesellschaft honoriert Mutterschaft nicht. Kinder sind in unserer Leistungsgesellschaft ein Hindernis. Eine Mutter, besonders auch von Kleinkindern, ist im beruflichen Wettbewerb zurückgeworfen.

Das Kind, dieses geheimnisvolle Wunder, dieses süße Bündel Hoffnung war, für unsere Generation mehr noch als für die gegenwärtige, der Speck in der Falle der traditionellen Frauenrolle. Mutterschaft verbindet sich mit kulturell geprägten Wertvorstellungen, Verhaltenserwartungen und Arbeitszuteilungen. Diese Mutterschaftsnormen müssen von den natürlichen Gegebenheiten der Mutterschaft unterschieden werden. Die Normen haben ihre Ableger in allen Hirnen und diktieren, wie Mutterschaft gelebt werden muß. Sie variieren je nach Epoche, je nach Volksgruppe und je nach sozialer Schicht. Die Mutterschaftsnormen unserer Generation lauteten etwa: «Eine Frau muß sich zwischen Beruf und Kind entscheiden», oder: «Eine kinderlose Frau ist unerfüllt», oder: «Eine richtige Mutter ist am liebsten bei ihrem Kind», oder: «Kinder müssen ständig dieselbe Bezugsperson zur Verfügung haben, sonst werden sie neurotisch», oder: «Frauen eignen sich zur Kindererziehung am besten», und: «Kinderlose Frauen sind unweiblich und egoistisch». Diese Normen wirkten so selbstverständlich, daß sie erst bei ihrer Auflösung als solche sichtbar wurden. Sie galten bis vor kurzem als absolute Wahrheiten, deren Infragestellung einer Tabuverletzung gleichkam. Die Mutterschaftsnormen unserer Generation verlangten von den Frauen eine vollständige Ausrichtung auf das Kind, die schwer mit einer außerhäuslichen Tätigkeit zu vereinbaren war.

Inzwischen haben viele Frauen die Norm der passiven, unreflektierten Mutterschaft mit all den von außen diktierten Auflagen verlassen. Sie definieren Mutterschaft nach ihren eigenen Vorstellungen. Sie weigerten sich, sich durch Mutterschaftsnormen an eine veraltete Frauenrolle binden zu lassen, und kämpften für die Möglichkeit eines selbstbestimmten Lebens. Sie versuchten den Speck von der Falle zu befreien, das heißt, sie wollten Kinder haben, ohne sich von Mutterschaftsnormen auslöschen zu lassen. Gesellschaftlich getragene Einrichtungen zur Unterstützung der Kinderbetreuung hinken jedoch hinter den sozialen Realitäten her. In den letzten zwanzig Jahren stieg die Zahl der berufstätigen Mütter rapide. Trotzdem sind Mutterschutz, Kinderkrippen, Tagesschulen, Teilzeitstellen, gleitende Arbeitszeiten und Jobsharing schlecht ausgebaut. Berufstätige Mütter erhalten zuwenig Unterstützung. Die Gefahr einer Doppelbelastung ist groß. Die veraltete Vorstellung von Kinderbetreuung und Haushalt als weiblicher Pflicht verschärft die Situation. Um so mehr blicken wir Großmütter mit freudigem Staunen auf die weißen Raben der neuen Vätergeneration, die in der alltäglichen Kinderbetreuungsarbeit ihren Mann stellen. Die Auflösung der alten Mutterschaftsnormen, die eine andere Form weiblicher Selbstschöpfung beinahe verunmöglichte, ist ganz langsam unterwegs. Sie setzt nicht weniger als eine Neudefinition der Geschlechterrollen voraus. Aber vielleicht freuen wir uns zu früh: Die Mutterschaftsnormen hängen auch mit wirtschaftlichen Gegebenheiten zusammen. Wenn die Wirtschaft die Frauen braucht, darf Kinderbetreuung delegiert werden. Wenn nicht, ist Vollzeitmutterschaft angesagt. Frauen werden als Manövriermasse an den Rand des Arbeitsmarktes oder über ihn hinausgedrängt, wenn die Arbeitsplätze sich verknappen. Der Rezession wird eine Veränderung der Mutterschaftsnormen folgen. Wer es sich leisten kann, mit Kindern zu Hause zu bleiben, wird sich glücklich schätzen.

5.2.3 Epochale Irrtümer in der Kindererziehung

Zyniker definieren Wissenschaft als den gegenwärtigen Stand des Irrtums. Das kommt einem unweigerlich in den Sinn, wenn man sich die Grundannahmen über Kindererziehung vor Augen hält, die vor einer Generation die Szene beherrschten und bis heute nachwirken. Es waren vor allem drei Faktoren, die die Kindererziehung belasteten: erstens die Bereitschaft der Mütter, ihre Erziehungsentscheidungen Expertenmeinungen unterzuordnen, zweitens der Glaube an die kindliche Selbststeuerungsfähigkeit und drittens die Überzeugung, daß der frühkindlichen Prägung ausschlaggebender Einfluß für die kindliche Entwicklung zukommt. Besonders die letzte Annahme steigerte die Verantwortung der Mütter für das Wesen des Kindes ins Absolute *(FL)*.

Vor unserer schnellebigen Zeit wurde mütterliches Verhalten von gültigen Traditionen geformt. Schwangerschaft, Geburt, Sozialisation und Ablösung waren in Regeln eingebunden, die über Generationen gleichblieben. Somit stimmte das, was die Mutter als Kind aufgenommen hat, mit dem überein, was sie als Erzieherin von ihrem eigenen Kind forderte. Die Verbindlichkeit derartiger Traditionen hat sich aufgelöst. Mütter sind unsicher und suchen bei den Experten Rat. Artikel, Bücher, Referate und Filme über Erziehungsfragen werden konsultiert und Erziehungsberatungsstellen aufgesucht. Derartige Informationen sind hilfreich, solange sie von einer Mutter mit eigenen Überzeugungen in Verbindung gebracht werden können. Problematischer wird es, wenn sich die Mutter den Experten unterordnet und versucht, sich fremden Normen anzupassen. Die unbewußte Verbindung zwischen Mutter und Kind ist in der Regel die zuverlässigste Basis des Zusammenspiels der beiden. Bewußte mütterliche Verhaltensentscheidungen sind optimalerweise ihre sinngemäße Ergänzung. Wird nicht dazu passendes, nur intellektuell erworbenes Wissen auf diese unbewußte Basis aufgepfropft, so entsteht eine verwirrende Situation, weil bewußte und unbewußte Botschaften an das Kind nicht miteinander übereinstimmen. Wir glaubten damals noch an die Machbarkeit der guten kindlichen Entwicklung. Gewissenhafte Mütter bemühten sich mit Lektüre und Selbstdisziplin, die von den Experten propagierte erzieherische Haltung durchzuziehen *(FL)*.

Eine falsch verstandene antiautoritäre Erziehung hat großen Schaden angerichtet. Jede Einschränkung, insbesondere auch des kleinen Kindes, war damals traumaverdächtig. Vollständiges gewährenlassen sollte das Kind zur Selbstentfaltung und Selbstregulierung bringen. Das Gleichgewicht in der Familie wurde dem unsinnigen Ideal des uneingeschränkt aufwachsenden Kindes geopfert. Entwicklungsnotwendige Grenzsetzungen geschahen nicht. Das Kind aber, das verzweifelt Grenzsetzungen provozierte, weil es sie braucht, um sich formen zu können, wurde zur irritierenden Belastung. Negative Regungen dem Kind gegenüber zogen bei der Mutter Schuldgefühle nach sich. Sie verstärkte ihre Bemühungen, sich möglichst vollumfänglich auf das Kind auszurichten, um dem unerreichbaren Ideal der alles gewährenden Mutter doch noch zu genügen. Dabei ging ihr Selbstvertrauen verloren, und sie war zunehmend auf ein «erfolgreiches» Kind angewiesen, um sich gut zu fühlen. Das allzu permissiv erzogene Kind fand in der Außenwelt keine Gewährungsparadiese. Die gegenseitige Abhängigkeit von Mutter und Kind wucherte, was das Erziehungsklima für beide verschlechterte. Der Platz des Vaters im ganzen Drama war häufig ein peripherer. Die Scheidung lag nahe. Die vage Ziellosigkeit von Zwanzig- und Dreißigjährigen kann mit dem Strukturmangel ihrer Früherziehung in Verbindung gebracht werden. Manche Eltern heute erwachsener Kinder warten noch immer vergeblich auf deren Verselbständigung und werden von ihren überfälligen Nesthockern tyrannisiert.

Die Verantwortlichkeit der Mutter dem Kind gegenüber erreichte ein nie gekanntes Ausmaß. Das Pendel schlug auf die entgegengesetzte Seite, nachdem die Auswirkungen der frühkindlichen Erfahrungen zuvor konstant ignoriert worden waren. Die Folgen davon waren zu oft unerfüllbare Forderungen an die Mütter. Sie hatten sich mit Begeisterung dem Ziel hingegeben, ihren Kindern das Paradies auf Erden zu bieten. Popularisierte tiefenpsychologische Konzepte machten die Mutter wie nie zuvor zum bestimmenden Faktor der kindlichen Entwicklung. Mütter wurden wegen Neurosen ihrer Kinder schuldig gesprochen. Die Angst der Mütter, durch Frustration des Kindes bleibende Schäden hervorzurufen, ging manchmal soweit, daß sie davor zurückschreckten, die Kinderbetreuung auch nur zeitweise zu delegieren. Gerade informierte Mütter fühlten sich viel zu sehr für das Gedeihen ihrer Kinder verantwortlich. Sie vergaßen, daß die kindliche Entwicklung von Faktoren mitbestimmt wird, die keineswegs in der mütterlichen Macht liegen. Neben der Mutter beeinflussen die Veranlagung, der Vater, die Familie, Lehrer, Kollegen, Wohnverhältnisse, Quartierkultur, Umweltimmissionen etc. das Kind. Trotzdem wurde und wird häufig der Mutter die volle Verantwortung für Entwicklungsschwierigkeiten zugeschoben, und sie neigte dazu, diese Verantwortung unbesehen zu übernehmen. Wie immer ihre inneren Voraussetzungen und äußeren Belastungen aussahen: Sie hatte die perfekte Mutter zu sein, sonst war sie – in ihren eigenen Augen und in den Augen anderer – eine Versagerin.

Das lineare Denken mit seinen leicht nachvollziehbaren Zusammenhängen von Ursache und Wirkung wird heute durch andere Erklärungsmodelle ergänzt. Die Ableitung menschlicher Verhaltensweisen aus frühkindlichen Ereignissen genügt nicht. Es scheint sinnvoll anzunehmen, daß den von außen erwirkten Prägungen eine innere Kraft entgegensteht, die bis zu einem gewissen Grad eine eigene Dynamik und eigene Wahlen zuläßt. Der Mensch ist von seinen frühkindlichen Erfahrungen zwar beeinflußt, aber nicht vollkommen bestimmt. Die Annahme eines freien, aus sich selbst heraus richtunggebenden Zentrums im Menschen, das mit einem komplexen System interdependenter Einflüsse interagiert, ist ein Konzept, das keine einfachen Ursache-Wirkung-Relationen mehr zuläßt, weder im Bereich der menschlichen Entwicklung noch in dem psychischer Eingriffe.

Als ein Entwicklungseinfluß unter mehreren ist die Mutter nicht allmächtig und daher auch nicht allschuldig. Erwachsene Kinder in Schwierigkeiten verdüstern das Leben ihrer Mütter, die sich mit der Frage «Was habe ich falsch gemacht?» herumquälen. Es ist besonders schwierig, sich mit dem Geschehenen zu versöhnen und die eigene Beteiligung daran angemessen zu beurteilen, wenn ein großes Kind die Mutter für sein Unglück verantwortlich macht. Inkompetente Therapeuten verbünden sich mit verantwortungsscheuen erwachsenen Kindern gegen die bösen Mütter. Mit übertriebenen Erwartungen an die Frau ist ihr Versagen vorprogrammiert. Es ist eine Überforderung der Mutter, ihr die volle Verantwortung für etwas zuzuschreiben, was sie nur zum Teil beeinflussen kann. Die gesunkenen Geburtenzahlen bei informierten Frauen weisen auf ein Zögern dem Kind gegenüber hin. Das Zusammentreffen von Pille, neu aufkommenden autonomen weiblichen Lebensentwürfen und dem Bewußtsein, als Mütter zuviel Verantwortung bei zuwenig Unterstützung tragen zu müssen, schob die Kinderentscheidung für unsere Generation aus dem Bereich der Selbstverständlichkeit in den der Wahl.

5.2.4 Auf Wiedersehen!

Die junge Generation trifft einen Arbeitsmarkt mit sehr viel härteren Überlebensbedingungen an, als wir sie vorfanden. Unsere Kinder verlassen das elterliche Nest später, haben größere Mühe, gute oder überhaupt Stellen zu finden, und brauchen unsere Unterstützung länger.

Eltern begleiten die Kinder auf ihrem Entwicklungsweg. Beide teilen einen gemeinsamen psychischen Raum, und so ist diese Begleitung nicht nur eine bewußt bestimmbare äußerliche. Sie sind unmittelbar miteinander verbunden, und eine Erhöhung des Spannungspegelstandes teilt sich sofort mit. Die Vibrationen kindlicher Entwicklungsphasen bringen die Eltern in Schwingung. Jeder Entwicklungsschritt eines Kindes aktiviert die entsprechende Dimension bei den Eltern.

Die Mehrzahl der Mütter mittleren Alters hat Kinder, die daran sind, sich abzulösen, oder schon ausgezogen sind. Das Zusammenwirken von Pille und feministischem Aufbruch verursachte in unserer Generation oft ein Herausschieben der Elternschaft, und so fallen manchmal die Adoleszenz der Kinder und die Menopause der Mütter zusammen. Der gemeinsame psychische Raum füllt sich dann von beiden Seiten mit Fragen der Geschlechtsidentität, der Berufsidentität und der Identität überhaupt. So kumulieren in einer Familie heikle Transformationsphasen. Adoleszenzkrisen der Tochter und Menopause der Mutter schaukeln einander hoch. Die energiegeladene Tochter stürzt sich von einem Drama ins andere, während sich die Mutter, des Abfederns und überhaupt müde, am liebsten verkriechen möchte. In die Erleichterung, nicht mehr mit Haut und Haar dem Auf und Ab romantischer Überschwemmungen ausgesetzt zu sein, mischt sich bei der Mutter eine Spur von Neid angesichts der unge bremsten, farbigen Lebensintensität der jungen Frau. Die erotische Ausstrahlung der Tochter stellt die Mutter langsam in den Schatten. Die Träume und Ambitionen der erwachsen werdenden Kinder erinnern die Eltern an ihre eigenen Ziele und konfrontieren sie auch mit dem, was sie nicht erreicht haben. Die Tochter plant eine expansive Laufbahn, während der Mutter die Grenzen ihrer Möglichkeiten in beruflicher Hinsicht nur zu deutlich sind.

Das definitive Weggehen eines Kindes wurde mit tausend kleinen Trennungen eingeübt, jede von einem Ziehen im Herzen der Mutter und einem leisen Aufatmen begleitet. Schon der Säugling stemmt sich energisch vom umfangenden Mutterkörper weg. Unter dem Motto «Nein, selber machen!» entwindet sich der kaum der Sprache mächtige Winzling mütterlicher Lenkung und rennt abenteuerlustig und gefahrenblind in die große Welt. Primarschüler übernachten lieber bei ihren Schulkameraden. Dünnhäutige Heranwachsende verschließen Türe und Seele und überlassen die Eltern ihren sorgenvollen Vermutungen. Die Gratwanderung zwischen Freigeben und Absichern strapaziert besonders bei Heranwachsenden das Balancegefühl der Eltern. Wer hat die Nerven, dem Kind die Verantwortung für die Schulaufgaben vollständig zu überlassen, wenn es um entscheidende Weichenstellungen für die Zukunft geht? Wieviel Kontrolle ist notwendig, um die Jugendlichen zu schützen, ohne sie zu Außenseitern zu machen? Die Beanspruchung durch die Kinder wandelt sich von einer anspruchsvollen Vollzeitaufgabe über einen unberechenbaren Bereitschaftsdienst bis zu ihrer Beendigung durch die volle Selbstverantwortlichkeit der Volljährigen.

Das Hereinwachsen des Kindes in die Selbstverantwortlichkeit strapaziert gelegentlich die Nerven aller Beteiligten. Manchmal sind Phasen gegenseitiger Anschuldigungen ein notwendiger Schritt zur Ablösung. Damit das Kind innerlich weggehen kann, muß die kindliche Bewunderung der Eltern einer objektiveren Betrachtungsweise Platz machen. Die Auflösung der Elternidealisierung verläuft je nachdem auch einmal heftig und lautstark. Die genaue Kenntnis der (elterlichen) Materie macht die Kritik heranwachsender Kinder ätzend treffsicher. Mütter unglücklicher, feindseliger Kinder plagen sich mit Selbstvorwürfen. Wenn ein Kind bei der Verwandlung zum Erwachsenen durch die Hölle muß, ist die Mutter in der Regel mit von der Partie. Von ihren Kindern enttäuschte Mütter, die mit dem Verhalten und dem Lebensstil ihrer Kinder nicht einverstanden sind, leiden unter dem Weggehen ihrer Kinder, weil damit ihre Beeinflussungsmöglichkeiten erlöschen und mit ihnen ein Stück Hoffnung auf eine Wendung zum Guten. Der Tanz der Heranwachsenden auf den straffgespannten Nerven ihrer Eltern, das nächtliche Lauschen auf das Klicken der Haustüre, die gemeinsamen Ferien, von denen alle ahnen, daß es die letzten sein könnten – all dies endet, und man steht in Kinderzimmern, die noch nach den Ausgeflogenen riechen und ihre Endmoränen beherbergen, und kann es nicht recht fassen. Väter, die die Entwicklung ihrer Kinder oft nur von Ferne miterlebten, sind manchmal von ihrem Weggehen überrumpelt. Häufig fällt es in eine Phase, in der der Mann sein berufliches Engagement zu relativieren beginnt und sich gerne mehr der Familie zuwenden möchte.

Die Jugendlichkeit der gegenwärtigen Fünfziger erschwert ihren erwachsen werdenden Kindern die Abgrenzung, das Finden einer eigenen Rolle. Der fite Vater, der auf dem Snowboard elegant durch den Tiefschnee kurvt, wird von seinen eigenen Heranwachsenden durchaus nicht als lässig, sondern eher als Eindringling empfunden, und den großen Kindern der schlanken, ranken Erfolgreichen bleibt manchmal nur noch die Flucht ins Versagen, wollen sie ein unbesetztes Territorium finden.

Viele Frauen reagieren auf das Erwachsenwerden und Weggehen ihrer Kinder mit Erleichterung. Sie sind froh, die Verpflichtungen der Mutterschaft loszuwerden und mehr Zeit zu haben *(RL)*. «Es ist, als wenn ich mich selbst nach all diesen Jahren zurücknehmen möchte. Gib mich mir selber zurück – falls überhaupt ein Selbst übriggeblieben ist», lautet eine Aussage. Eine andere Mutter erklärt: «Ich freue mich darauf, wenn meine Kinder aus dem Haus sind, und das geschieht wahrscheinlich recht bald. Wir hatten es eigentlich gut zusammen. Früher dachte ich mit Schrecken an ihr Weggehen. Das hat sich erstaunlicherweise geändert. Die Natur hat das richtig gut eingerichtet: Bald sind sie weg – und es ist Zeit, daß sie gehen.» Das leere Nest scheint Frauen zu beflügeln.

Mit dem Erwachsenwerden des Kindes verliert die Mutter diese Verankerung in einer sinnvollen Aufgabe und das Kind die bisherige Geborgenheit und Zugehörigkeit. Beide gewinnen Freiraum für eigene Aktivitäten. Echte Loslösung des Kindes muß von ihm unter anderem mit einem Verzicht auf einen Sündenbock für alle Lebensschwierigkeiten bezahlt werden, während die Mutter ihre Ausrede für mangelnde Eigenaktivitäten verliert. Erst wenn Mutter und Kind die Verantwortung für ihr eigenes Leben übernommen haben, ist die gegenseitige Wahrnehmung nicht mehr von Erwartungen gefärbt. Es ist die gemeinsame Aufgabe von Mutter und heranwachsendem Kind, einander freizugeben. Wenn wachsendes Verständnis die Schuldzuweisungen entkräftet hat, können Mütter und erwachsene Kinder in freier Wahl so zueinander stehen, wie es den gegenseitigen Bedürfnissen entspricht. Das Erwachsenwerden der Kinder ist günstigenfalls Abrundung und Ernte, begleitet von einem Gefühl der Mitfreude an ihrer Startenergie und der Dankbarkeit für ihren Lebensoptimismus.

5.2.5 Kinderlose Mütter

Eine Mutter bleibt eine Mutter. Wie die Jahresringe eines Baumes haben sich die Zeiten der intensiven Kinderphasen in sie eingelagert. Erinnerungen lassen das Sonntagmorgengekuschel im Elternbett auferstehen, und die Haut erwärmt sich beim Gedanken an die Nähe der quirligen kleinen Körper. Der Einkaufsweg führt am Schulhaus vorbei und frau spürt beinahe die Hand des stolzen Erstkläßlers, der mit seinem Felltornister erstmals die große Welt betrat. Die Festtage gestalten sich als Kampf der Vernunft gegen die Sehnsucht nach den Weihnachten mit den kleinen Kindern. Mitten im Erledigen und Organisieren entstanden damals Inseln magischer Momente, in denen das klare Strahlen der Kindergesichter die frohe Botschaft wieder glaubwürdig machte. Zwanzig Jahre sind vergangen, seit die kleine Gestalt, von einem Auto angefahren, nach einem unvergessenen dumpfen Knall wie leblos auf der Straße lag, und doch beginnt das Herz immer noch angstvoll zu schlagen, wenn eine Krankenwagensirene ertönt. Die verkrampfte Überheblichkeit auf dem weichen, verwundbaren Gesicht einer Vierzehnjährigen zieht die Magengrube zusammen, weil längst vergangene Nervenkriege wieder hochsteigen. Auch die Träume halten an der Mutterschaft fest. Der wiederkehrende Angsttraum, die Jüngste in der Schublade vergessen zu haben, meldet sich, auch wenn sie längst außer Sicht ist und in keiner Schublade mehr Platz hat. Das zeitlose Unbewußte scheint eine lückenlose Videoaufnahme der ganzen Kinderzeit zu enthalten, das in Variationen und mit Zusätzen via Träume abgespielt wird. Auch der Körper trägt Spuren der Mutterschaft. Sie vermischen sich mit dem körperlichen Alterungsprozeß, sind aber auch nach Jahrzehnten noch als Schwangerschaftsfolgen zu erkennen.

Mutterschaft formt Frauen, und manchmal bleiben sie in dieser Form stecken. Nach der Geburt fordert die vollständige körperliche und seelische Abhängigkeit des neuen Menschleins seine Umhüllung durch eine zuverlässige Fürsorge, die meistens von der Mutter geleistet wird. Die Einstellung auf das Kind verändert das Bewußtsein der Mutter. Das erste Kind verursacht eine tiefgreifende Umstellung, besonders wenn seine Geburt von der Aufgabe der Berufstätigkeit begleitet ist. Die Koordination der Lebensrhythmen mit einem abhängigen Lebewesen, die Notwendigkeit der Einfühlung, die dauernden Unterbrechungen von eigenen Handlungs- und Gedankenabläufen drängen eigene Bedürfnisse und eigene Zielsetzungen in den Hintergrund. Die vitalen Bedürfnisse von Kleinkindern beschränken den selbstbestimmten Raum. Das Gebrauchtwerden bestimmt den Tagesablauf. Die Handlungsaufforderungen kommen von außen und durchkreuzen selbst Angefangenes so häufig und so unberechenbar, daß die Initiative dazu mit der Zeit erlahmt. Mit dem Älterwerden der Kinder könnte dieser Prozeß in der umgekehrten Richtung verlaufen. Die Beanspruchung durch die Familie vermindert sich und kann leichter delegiert werden. Es steht langsam wieder mehr Zeit zur Verfügung.

Unterdessen aber sind manche Mütter im Gebrauchtwerden so heimisch geworden, daß sie die neuen Möglichkeiten nicht bemerken. Die Ausrichtung auf die Bedürfnisse der Familie wurde zum selbstverständlichen Lebenssinn. Die Gewohnheit, sich von außen bestimmen zu lassen, verbündet sich mit der Angst vor dem Unbekannten, vor neuen Rollen und Möglichkeiten. Hausfrauen, die ihr volles Familienengagement gegen innen und außen verteidigt hatten, laufen Gefahr, ihre Aufgabe zu überdehnen. Der Horror vacui bewirkt ein Wuchern von Tätigkeiten, gegen die in einer gutproportionierten Kombination mit anderen Schwerpunkten durchaus nichts einzuwenden wäre. Die Perfektion des Haushaltes bis zu Ungemütlichkeit, Einladungen mit kulinarischen Spitzenleistungen, die Gegeneinladungen entmutigen, die Pflege der Erscheinung zu einer kontaktbehindernden Makellosigkeit kippen das Gute durch ein Zuviel in sein Gegenteil. Überperfekte Ferien- und Freizeitplanung erstickt jede Spontaneität. Gesundheit wird statt zu einem Sprungbrett für neue Lebensziele zu einem mit hohem Aufwand verfolgten Selbstzweck. Das Aufspüren möglichst reiner Nahrungsmittel, genußfeindliche Vernunft und asketische Fitneßprogramme dämpfen die Lebensfreude. Hypochondrische Selbstbeobachtungen und die ängstliche Konzentration auf die Gesundheit des Partners schaffen eine defensive Atmosphäre.

Meistens indessen beginnt mit dem Größerwerden der Kinder eine graduelle Neuorientierung. Sie muß nicht unbedingt im großen Aufbruch, in einem Studium oder einer politischen

Kandidatur bestehen. Oft geht es «nur» darum, in der Stille nach dem Sturm in Ruhe bei sich einzukehren. Dasselbe in einer anderen Stimmung zu tun, kann einen essentielleren Schritt bedeuten als eine späte Ausbildung oder ein beruflicher Wiedereinstieg. «Ich brauchte richtig Mut zuzugeben, daß ich Zeit habe. Zeit, nochmals einen kleinen Hund zu erziehen, Zeit, jeden Morgen in den Wald zu gehen, Zeit, in Ruhe zu lesen. Ich bin dankbar, daß die Hektik der intensiven Familienzeit hinter uns liegt, und wir haben unseren Frieden weiß Gott verdient. Wenn jemand mich braucht, bin ich da. Aber ich warte nicht darauf», sagt eine Mutter von drei erwachsenen Kindern.

5.2.6 Kinderlos und kinderfrei

Ungebunden und unverwurzelt bildet die kinderlose Frau kein Zwischenglied einer Generationenkette. Kinderlosigkeit, in jüngeren Jahren als unbegreifliches Unglück, als irgendwann zu entscheidende Vorläufigkeit oder als befreiende Wahl erlebt, gewinnt in den mittleren Jahren eine neue Bedeutung. Die Weichen sind gestellt, die Gesamtform des Lebens beginnt sich abzuzeichnen, und die Perspektive verändert sich durch den größeren Überblick.

Kinderlose Frauen verstoßen nach wie vor gegen eine tiefverankerte Sozialnorm, die in unserer Generation durchaus noch den Charakter einer Selbstverständlichkeit hatte. Kinder als Bestimmung und Krönung weiblichen Lebens ließen andere Lebensentwürfe verblassen. Maria mit dem Jesuskind, Demeter mit Kore, die archaischen Fruchtbarkeitsgöttinnen mit ihren schönen Bäuchen wurden und werden als Inbegriff lebensspendender Kraft verehrt. Bevor der Zusammenhang zwischen Zeugung und Schwangerschaft bekannt war, galt die Frau als alleinige Ursache von Kindern. Die numinose Schöpfungskraft der Mutterschaft bildete die Basis matriarchaler Kulturen. Demgegenüber beklagte man Kinderlosigkeit seit Menschengedenken als Unglück. Unfruchtbarkeit wurde und wird in der Regel der Frau angelastet. Eine Frau, die keine Kinder hervorbrachte, war günstigenfalls wertlos. Kinderlose Frauen galten als gefährlich und wurden verstoßen, verfolgt, verflucht und gemordet. Auch heute noch drängt das Verdikt der Minderwertigkeit vielerorts kinderlose Frauen ins Abseits. Sie stehen unter dem Verdacht des kalten, asozialen Egoismus und gelten als karrieresüchtig. Psychologischerseits wird ihnen Unreife und Narzißmus attestiert. Jede kinderlose Frau begegnet diesen negativen Zuschreibungen in der Außenwelt und, noch gefährlicher, in ihrem eigenen Unbewußten. Auch die Sprache definiert sie als Mängelwesen, als ein leeres Gefäß. Sie ist kinderlos, nicht, was vielleicht ihrer inneren Realität besser entspräche, kinderfrei. Es gibt in der deutschen Sprache keinen positiven Ausdruck für eine freiwillig kinderlose Frau. Kinderlosigkeit erzwingt die Auseinandersetzung mit den Geschlechtsrollenerwartungen. Die Kinderlose füllt keine akzeptierte vorgegebene Lebensform, sondern muß ihre Gestalt selbst erschaffen und gegen eigene und fremde Erwartungen und Hoffnungen durchziehen.

Je nach ihrer Ursache beleuchtet die Kinderlosigkeit die mittleren Jahre der Frau mit einer anderen Farbe. In einer aufschlußreichen Untersuchung kinderloser Frauen werden drei verschiedene Arten von Kinderlosigkeit unterschieden: Unfruchtbarkeit, bewußt gewählte Kinderlosigkeit und Kinderlosigkeit aus Entscheidungsschwäche *(IM)*. Durch Unfruchtbarkeit unfreiwillig kinderlose Frauen waren gezwungen, sich damit auseinanderzusetzen. Die bewußt gewählte Kinderlosigkeit befreite zur Übernahme anderer Lebensaufgaben. «Kinder waren für mich nie ein Thema, je älter ich wurde, desto weniger. Mit leisem Schaudern habe ich zugesehen, wie sich unsere Freunde durch die lange Elternschaft hindurchquälten. So viel Verzicht für so wenig Befriedigung! Mir war von Anfang an klar, daß ich mein Leben mit denkenden Erwachsenen verbringen wollte und nicht mit quengelnden Kindern. Zwar ist mein Beruf auch nicht das reine Honigschlecken, aber immerhin bin ich selbständig. Von meinem

Mann abhängig zu sein, könnte ich mir nie vorstellen», erklärt eine Buchhalterin. Am schwierigsten ist die Situation für die Frauen, die sich ohne klare Entscheidung durch Ambivalenz und Hinauszögern an der Kinderfrage vorbeigestohlen haben. Wo kein bewußter Verzicht auf Kinder geleistet worden ist, bleibt ein Teil der Energien an diese Möglichkeit gebunden und geht der Gestaltung eines kinderlosen Lebens ab. Diese Frauen werden in der Menopause vom Fait accompli der Kinderlosigkeit überrumpelt und müssen zu diesem späten Zeitpunkt die Trauer und den Verzicht nachholen, was in dieser Lebensphase mit anderen Verlusterfahrungen kumulieren und den Wechsel zur unfruchtbaren Phase holprig machen kann. So sagt eine Frau: «Meine Mutter hat zu früh zu viele Kinder gehabt. Sie stammte aus einer Künstlerfamilie, und ihre Sehnsucht nach dem autonomen kreativen Leben hing als Trauerschleier über meiner Kindheit. Ich habe mich nie aktiv gegen Kinder entschieden, aber mein Leben und meine Partnerschaften so eingerichtet, daß ich mich ohne die Behinderung durch Kinder beruflich entfalten konnte. Sobald mich die Menopause vor Kindern sicherte, brach die Trauer um meine Ungeborenen durch. Mein Leben erschien mir als fruchtlos und meine Arbeit als ein jämmerlicher Ersatz für eine Familie. Es ging lange, bis ich mir verzeihen konnte, daß ich mich früher nicht mehr für eigene Kinder eingesetzt hatte.» Eine problematische Form weiblicher Anpassung zeigt sich in der nächsten Aussage: «Es war für uns beide die zweite Ehe. Mein Mann hatte bereits Kinder aus erster Ehe und wäre mit einer weiteren Familie überfordert gewesen. Ich mußte zwischen ihm und einem Kind wählen, was mir damals nicht so schwer fiel, weil mich mein Beruf sehr erfüllte. Heute sehe ich das anders. Ich bereue, daß ich das Kind einem Mann geopfert habe, der, wie sich später zeigte, nicht nur von Kindern, sondern überhaupt von Nähe überfordert ist. Ein Mann, der mit einer Frau kein Kind will, ist eine schlechte Wahl.»

Einem kinderlosen Paar fehlt ein wichtiger äußerer Zusammenhalt. Die Beziehung hängt mehr von einer direkten inneren Verbindung der Partner ab. Dafür steht auch mehr Zeit und Energie zur Verfügung. Ein Kind verstärkt den Einfluß traditioneller Geschlechtsrollenbilder. Kinderlose Paare sind freier, eine den Begabungen und Neigungen der Partner gemäße Arbeitsteilung zu suchen. Die Verhandlungsbasis einer berufstätigen, finanziell unabhängigen Frau ist in der Partnerschaft unvergleichlich besser als die einer Hausfrau.

Wir waren die erste Generation, die durch die neu erfundene Pille ihre Fruchtbarkeit vollständig kontrollieren konnte. Gleichzeitig befreiten sich Frauen explosionsartig von Rollenerwartungen, und Extremistinnen propagierten Kinderlosigkeit als Befreiung von Abhängigkeit und Haushaltssklaverei. «Nach meiner Scheidung sah ich immer deutlicher, was Frauen und vor allem Mütter zu erwarten haben, wenn sie nicht für sich selber schauen. Ich finde es von Frauen tollkühn, Kinder in die Welt zu setzen. Niemand hilft ihnen. Ihre Chancen auf dem Arbeitsmarkt sinken, sie sind dem Mann ausgeliefert und müssen sich alles gefallen lassen. Eigentlich mag ich Kinder gern und genieße Schüler, Nichten und Patenkinder. Meine Wahl war richtig, auch wenn ich manchmal bedaure, keine eigenen Kinder gehabt zu haben. Kinderlose Kinderfans sind überall willkommen», erklärt eine zufriedene Lehrerin. Die in unserer Jugend noch schwer zu umgehende Einengung durch Mutterschaftsnormen stellte viele Frauen vor die harte Wahl, sich entweder für Kinder oder für andere Lebensziele entscheiden zu müssen. Einige dieser Frauen machten eine in ihren Zwanzigern getroffene Wahl der Kinderlosigkeit rückgängig und wurden späte Mütter. Freiheit ist wertlos, wenn sie nicht für etwas eingesetzt wird. Diese von alten Erwartungen befreiten Frauen waren erstmals in der Lage, die Richtung ihres Engagements wirklich zu wählen. Nachdem autonome Berufsziele erreicht waren, führte die Suche nach der großen, sinnvollen Aufgabe einige Pionierinnen zum Wunsch nach einem Kind. Diese Frauen hatten sich vom Kind weg wiederum für das Kind befreit. Besonders für sie bedeutet Mutterschaft nicht mehr selbstverständliche Pflicht, sondern Ausdruck weiblicher Autonomie.

Kinderlosigkeit als verantwortungsvolle Wahl, die eine emotional gesunde, beziehungsfähige Frau mit guten Gründen treffen kann, wird nur langsam zu einer anerkannten Option für Frauen. Kinderlose Frauen sind besser ausgebildet und arbeiten in anspruchsvolleren Stellungen als Frauen, die Mütter sind *(IM S. 160)*. Bildung bricht die Herrschaft unhinterfragter Rollenstereotypen. Zugleich ermöglicht sie ein Leben, das eine attraktive Alternative zur Mutterschaft darstellt. Erfüllte, produktive kinderlose Frauen, wie sie zunehmend häufiger anzutreffen sind, fordern das patriarchale Geschlechterarrangement auf eine fundamentale Weise heraus. Sie durchkreuzen die Reduktion der Frau auf ihre biologische Aufgabe. Sie liefern den überzeugenden Gegenbeweis zur Annahme, daß Mutterschaft die natürliche und angemessene Rolle für die Frau sei. Negative Zuschreibungen, die die Betroffenen in sich aufnehmen, versuchen die Verbreitung einer einfachen und grundlegenden Wahrheit zu verhindern, die diese gut integrierten Frauen leben: Es ist die Wahrheit, daß Menschen in erster Linie Menschen und erst in zweiter Linie Geschlechtswesen sind.

Kinder erfordern radikale Umstellungen, die bis zu Brüchen in der weiblichen Biographie gehen können. Sie begünstigen die Entwicklung einer Flexibilität im Abfangen von sich verändernden Außenkonstellationen. Kinderlose Frauen sind eher gewohnt, ihre äußeren Umstände und ihre Körper unter Kontrolle zu haben. Keine Schwangerschaft unterwarf sie einem gewaltigen biologischen Ereignis, keine Kleinkinder raubten ihr den Schlaf. Das Annehmen von körperlich Gegebenem fällt ihnen schwerer. Sie haben weniger Übung. Die Menopause, das Älterwerden kommt für sie eher als Überraschung. Einige von ihnen sind disziplinierte Berufsfrauen, die sich den neuen Anforderungen durch den alternden Körper stellen und seinen Unterhalt an die Hand nehmen. Sie laufen aber Gefahr, die freigebende Seite des Älterwerdens zu verpassen. Die graduelle Entlastung von Müttern im mittleren Alter, ihr Gefühl der Befreiung und der Neueroberung der Welt geht kinderlosen Frauen ab. Sie leben gleichsam geradeaus weiter. Der Weg zu einer erfüllten Existenz ohne Kinder führte bei vielen Frauen zu einer Selbstbegegnung. Sie mußten lernen, sich von sozialen Geschlechtsrollenerwartungen zu befreien und ihre eigenen Definitionen für ihre inneren Realitäten zu finden. Für kinderlose Frauen sind Freundschaften mit anderen kinderlosen Frauen sehr wichtig in einer Gesellschaft, die praktisch kein positives Echo für ihre Identität und ihren Lebensstil zurückwirft. Kinderlose Frauen waren herausgefordert, Fehlendes als Möglichkeit und Mangel als Freiheit neu zu verstehen, was ihnen beim Älterwerden sehr zustatten kommen kann.

Für kinderlose Menschen tickt die Uhr anders. Die Gliederung ihrer Lebensphasen bewegt sich nicht entlang der Achse einer kindlichen Entwicklung. Es sind keine Kinder da, von denen sie in die obere Generation emporgestoßen werden. Die Tochter in Gestalt einer jungen Frau definiert den Platz der Mutter im Lebensbogen. Als Glied in der Generationenkette erleben Eltern die Aussicht auf den Tod anders als kinderlose Menschen. Das Leben geht in Kindern und Enkeln greifbar weiter, und der individuelle Tod fällt so in seiner Einbettung in das große Stirb und Werde weniger ins Gewicht. Kinderlose Frauen mußten ihre Sinnsuche am großen Sog der Mutterschaft vorbeisteuern und gleich Männern Sinn tagtäglich neu erkämpfen. Etwas hervorzubringen, etwas wachsen zu lassen ist ein wesentliches weibliches Ziel. Der Weg dahin über die Mutterschaft ist insofern einfacher, als er bekannt ist, auch wenn jedes Kind in seiner Einzigartigkeit einen anderen Weg braucht, während eine Nicht-Mutter ihren Weg durch Versuch und Irrtum selbst finden muß. Auch kinderlose Frauen können sich so mit dem Leben verbinden, daß das Aufleuchten und Verlöschen ihres Funkens im Lichtstrom sich richtig anfühlt, aber die Entwicklung dahin ist individueller.

5.3 *Männer*

5.3.1 Lange Partnerschaften: Das Geheimnis bleibt

Auf einem langen gemeinsamen Weg entsteht eine Welt, die ein eigenes Leben, eigene Gesetze und eine eigene Musik entwickelt. Ihr Wesen greift über das Erklärbare hinaus. Langdauernde Partnerschaften sprengen in ihrer Bedeutung alle Einordnungsversuche. Die gemeinsame Reise führte unweigerlich durch grüne, fruchtbare Täler, durch Sümpfe und Nebelfelder, steile Wege an steinigen Bergflanken, durch karge Wüsten und liebliche Blumenwiesen. Wir sind erfahren und haben uns an Unerwartetes gewöhnt. Hinter dem vertrauten Gesicht war ein ganz anderes verborgen. Unter wechselnden Beleuchtungen scheinen immer neue Facetten der Partnerschaft auf, und der Tanz der Geschlechter überrascht durch nochmals andere Figuren. Adolf Gugenbühl beschreibt die Ehe als ein Heilsweg, bei dem es um die Entfaltung einer Seele geht. Glück steht hier nicht im Vordergrund, sondern das Sicheinlassen auf ein Gegebenes, das die Form eines Menschen angenommen hat. Die Fragen des Zusammenpassens, der Fairneß, der gemeinsamen Interessen oder Ziele, der Bereitschaft zum Entgegenkommen und der anlagemäßigen Begrenzungen müssen beantwortet werden, im Wissen, daß sie nur einen Teil der Wahrheit abdecken. Wir haben zugeschaut, wie von bloßem Auge unbalancierte, unvernünftige Kombinationen lebendig blieben, während wohlinstallierte, umeinander bemühte Paare abstürzten. Scheinbar sichere Beziehungen veränderten sich bis zur Unkenntlichkeit oder lösten sich in nichts auf. Ein paarspezifischer Unterstrom entzieht die Paardynamik dem Herleit- und Regulierbaren. War das Entstehen dieser einen, dieser besonderen, unverwechselbaren Paarwelt Zufall oder Schicksal? Das Geheimnis bleibt, und mit fünfzig haben wir gelernt, uns mit unbeantworteten Fragen anzufreunden.

Das Haus der Partnerschaft wird ständig an- und umgebaut. Eine lange Partnerschaft erschließt viele Räume. Sie birgt höchst unterschiedliche Zimmer, noch nicht entdeckte Winkel und solche, die kaum noch besucht werden. Manchmal ist es sinnvoller, dem hoffnungslosen Chaos in einem Raum den Rücken zu kehren, die Türe zu schließen und im Kaminzimmer ein großes Feuer anzuzünden, das mit seinem warmen Licht das Gesicht des anderen erneuert. Der Fürst in Viscontis «Gattopardo» sagt, ein Schloß, dessen Räume man alle kenne, sei es nicht wert, besessen zu werden. Paradoxerweise kennt man mit der Zeit den Partner in- und auswendig, während gleichzeitig klarer wird, daß ein anderer Mensch immer fremd bleiben muß. Wo im Haus der langen Partnerschaft die Hoffnung der unentdeckten Räume und die Geborgenheit des Vertrauten die Schrecken der Begegnung mit den Leichen im Keller und die Irritation durch den unaufmerksam herumgestreuten Plunder des anderen aufwiegen, läßt es sich gut leben. Wo nicht, sind wir manchmal trotzdem dazu verdammt zu bleiben – oder wir gehen.

5.3.2 Der Mann verdient, die Frau dient

Die Paarbeziehung bettet sich in die gesellschaftlichen Realitäten ein und spiegelt sie. Jede individuelle Paarbeziehung ist von Rollenbildern durchdrungen und mitbestimmt. Die gegenwärtigen Fünfzigerinnen wuchsen unter einem klaren Leitbild der Arbeitsteilung der Geschlechter auf: Der Mann verdient das Geld, und die Frau liefert die häusliche und emotionelle Infrastruktur. Romantische Vorstellungen nahmen diesem Arrangement die allzu harten Kanten. Einige von uns versuchten später, dieses Leitbild in laufenden Partnerschaften zu verändern. Es war wie eine Operation ohne Anästhesie, und manche Beziehungen überlebten sie nicht.

Die Geschlechter hängen in ihrer Geschlechtsrollendefinition voneinander ab. Die Geschlechtsrollen sind komplementär. Wichtig für die eigene Geschlechtsidentität ist daher auch das Bild des anderen Geschlechts. Eine Veränderung der Frauenrolle zieht eine Veränderung der Männerrolle nach sich und umgekehrt. Damit ist nicht zu spaßen. Bei der Diskussion um die Arbeitsteilung zwischen den Geschlechtern geht es nicht «nur» um konkrete Vereinbarungen, sondern ebensosehr um Fragen wie «Bin ich noch ein Mann, wenn ich mich dazu bereit erkläre?» oder «Darf ich als Frau so etwas fordern?». Viele scheinbar logisch auf der Sachebene lösbare Probleme werden unerwartet unübersichtlich, weil sie in einer oberen Schicht abgehandelt werden, die gleichsam auf dem Urgestein der Fragen um die Geschlechtsidentität aufliegt und davon durchdrungen wird. Es geht nicht nur darum, was die Frau oder der Mann tut, sondern auch darum, wie sie sich als Frau oder als Mann dadurch definieren. Es steht immer mehr auf dem Spiel als nur die Sachfrage. Jeder Entwicklungsschritt der Frauen konstelliert eine entsprechende Entwicklung bei den Männern und umgekehrt. Entwicklung des einen Geschlechtes ist nur mit der korrespondierenden Entwicklung des anderen Geschlechtes möglich. Dies gilt schon auf der Stufe des einzelnen Paares. Bewegungen des einen verursachen Bewegungen des anderen. Von sich entwickelnden Frauen können für ihre Männer schmerzhafte Entwicklungsanstöße ausgehen, und nicht alle Paare landen gemeinsam an grüneren Ufern.

Frauen in den Fünfzigern haben sich insgesamt stärker verändert als ihre Männer. Für Männer braucht es guten Willen und Idealismus, um auf die Sichtweise der Frauen einzugehen, denn damit müssen sie ihre Privilegien als solche anerkennen, was der erste Schritt zu ihrer Auflösung ist. Männliche Privilegien sind im Patriarchat so selbstverständlich, daß sie kaum als solche ins Bewußtsein kommen. Wenn bei einem voll berufstätigen Paar der Mann am Abend heimkommt und sich aufs Sofa legt, während sie in der Küche verschwindet, denken sich beide nichts dabei. Alle Untersuchungen bestätigen, was wir auch ohne sie längst gewußt haben: Frauen leisten den größten Teil der Hausarbeit, auch bei voll berufstätigen Paaren, wo die weibliche Mehrleistung pro Woche fünfzehn Stunden beträgt. Nach wie vor fühlen sich Frauen für das leibliche Wohl ihrer Männer verantwortlich. Das Bedürfnis nach komfortabler, gastlicher Häuslichkeit läßt die Freizeit berufstätiger Frauen zusammenschmelzen *(DC)*.

Ökonomische und psychische Autonomie hängen zusammen. Äußere Autonomie unterstützt innere Autonomie, ist aber nicht ihre Voraussetzung. Eine von ihrem Mann finanziell abhängige Frau hat mehr Mühe, ihre Wahrheit zu finden als eine finanziell unabhängige. Eine Erkenntnis, die die materielle Existenz gefährdet, wird nicht so leicht zugelassen und verursacht große Spannungen, wenn sie sich trotzdem Einlaß verschafft. Aus Gründen der Existenzsicherung kommt eine Scheidung oft nicht in Frage. Die Existenzangst von Frauen behindert die Entwicklung von Ehen. Das Suchen eines neuen Gleichgewichtes, einer partnerschaftlichen Erneuerung wird vermieden, weil die damit verbundenen Risiken und Distanzierungen nicht möglich sind. Die konventionelle Rollenteilung verankert sich in kirchlichen Verhaltensermunterungen, die keine weibliche Autonomie aufkommen lassen. Die Theologin Christa Mulack weist auf die Koppelung heterosexueller Liebe an jene christlichen Ideale hin, die insbesondere von Frauen gefordert werden, wie zum Beispiel Selbstverleugnung, Bescheidenheit, Friedfertigkeit, Sanftmut, Demut und Geduld. Sie warnt davor, dem Eheman gegenüber eine Haltung der christlichen Demut einzunehmen. Weibliche Demut ist im alltäglichen Miteinander nur dann sinnvoll, wenn sie vom Mann in gleicher Weise erwidert wird. «Ansonsten bedeutet es, sich selber die Schuld aufzubürden, während der Mann in seiner Überheblichkeit, Gewalt und Dominanz verharren kann ... Ihre Liebe zum Mann muß sich ganz zwangsläufig gegen sie selbst richten, da ihnen keine Möglichkeit zum Selbstschutz, zur Umsetzung der Selbstliebe verbleibt. Weibliche Taten der Nächstenliebe wie Geduld, wie Demut, Vergebensbereitschaft und Barmherzigkeit werden von den Männern als Schwäche gedeutet, der sie den Stempel ihrer Herrschaft aufdrücken.» *(MC S. 372)*

Im mittleren Alter wird vielen Frauen klar, daß sie sich genau mit dem Erfüllen der gesellschaftlichen Erwartungen in eine abhängige Position hereinmanövriert haben. Doch auch hier ist eine innere Verselbständigung möglich und oft notwendig. Innere Veränderungen können durchaus im Rahmen bestehender Strukturen stattfinden, und gegebene Strukturen müssen eine Entwicklung nicht verunmöglichen. Innere Unabhängigkeit ist weder eine Frage des Alleinlebens noch eine der materiellen Selbstversorgung. Anstatt Gemeinsamkeiten und Übereinstimmungen zu erzwingen, muß die Einsamkeit des bewußten Verzichts getragen werden. In keiner Partnerschaft ist alles zu haben. Wer in einer Partnerschaft nicht krampfhaft sucht, was es dort nicht zu holen gibt, wird gleichzeitig unabhängiger und fähiger, das, was wirklich möglich ist, zusammen zu leben und zu genießen.

Das Patriarchat schiebt Frauen die Verantwortung für die Beziehungsqualität ihrer Partnerschaft zu. Hier findet der männliche Machtvorsprung ein Gegengewicht. Die Frau begegnet ihrem Mann – oder sie läßt ihn leerlaufen. Sie öffnet sich der Erotik – oder sie läßt ihn über sich ergehen. Sie integriert ihn ins Familiengeschehen – oder verbündet sich mit den Kindern gegen den immer häufiger abwesenden Fremdling. Sie rächt sich für ihre Abhängigkeit, indem sie seine Bemühungen entwertet und ihn so zum Versager macht. Die männliche Sehnsucht nach Geborgenheit, nach Zugehörigkeit und Anerkennung kann weiblicherseits durchaus im Interesse des Machtausgleichs manipuliert werden.

Insgesamt aber klappt die emotionale Versorgung der Männer durch Frauen besser als umgekehrt. Auf der Skala der Lebenszufriedenheit rangieren verheiratete Männer am höchsten, gefolgt von alleinstehenden Frauen. Verheiratete Frauen liegen auf dem dritten Platz, unverheiratete Männer auf dem letzten *(MN)*. Der Pegelstand ehelicher Zufriedenheit zeigt bei einem Paar durchaus nicht immer dieselbe Marke. Während er in einer guten Ehe zu leben glaubt, erlebt sie die Beziehung als Enttäuschung, mit der sie sich aus pragmatischen Gründen arrangieren muß. Sie kann die Wahrheit nicht riskieren, und er will sie nicht wissen. Wenn Ehepaare gute Freunde sind, ist Ehe die beste Garantie für Wohlbefinden. Aber in mediokren oder schlechten Ehen sind Frauen die Verliererinnen. Männer zwischen 45 und 65, die mit ihren Frauen leben, haben eine doppelt so große Chance, zehn Jahre länger zu leben als ihre unverheirateten Brüder *(SGc S. 335)*. Ein wichtiger Geschlechtsunterschied ist die unvergleichlich größere Kapazität der Frauen für nahe und nährende Beziehungen. Die einzigen Vertrauten von Männern sind in der Regel ihre Frauen, während Frauen oft mehrere nahe Beziehungen pflegen.

Die Befreiung aus dem Rollengefängnis, nämlich die Realisierung der aktiv-rationalen Persönlichkeitsanteile der Frau und der rezeptiv-emotionalen des Mannes, erfordert tiefgreifende Umstellungen des individuellen Selbstverständnisses, denen die Auflösung eines traditionell verwurzelten Selbstverständnisses vorangehen muß. Diese Auflösung wird als sehr bedrohlich erlebt, weil sie die Basis des individuellen Selbstverständnisses in Bewegung bringt. Bedrohung kann zur Verhärtung der alten Strukturen führen.

5.3.3 Vorprogrammierte Mißverständnisse

Männliches Sprechen dient vorwiegend der Darstellung von Sachverhalten und der Positionierung im sozialen Raum, während weibliches Sprechen eher Nähe und Übereinstimmung sucht. Mißverständnisse sind hier vorprogrammiert. Die Frau möchte die gefühlsmäßigen Bedeutungen eines Problems ausleuchten, und der Mann schneidet dieses Unterfangen mit einem effizienten Lösungsvorschlag ab. Sie fühlt sich nicht verstanden und alleingelassen, während er nicht begreifen kann, was sie eigentlich noch will, nachdem die Sache doch klar ist. Viele Männer fühlen sich im Bereich der Gefühlssprache hilflos und unterlegen und weichen auch deshalb «unsachlichen» Gesprächen aus. Die Frau hält das eheliche Gespräch im Gang. Sie hört dem Mann zu, bestätigt ihn und bringt neue Themen ein. Mit ihrem Sprechen schafft sie den Fluß, in dem die gegenseitigen Gedankengaben schwimmen können. Wo der Mann für die Beziehungsdimensionen des weiblichen Alltagsgesprächs kein Ohr hat, wird es für ihn zum trivialen Nebengeräusch. Sein Schweigen verstärkt ihre Bemühungen. Ihr Sprechen wandelt sich von einem hoffnungsvollen Suchen nach gemeinsamen Bezugspunkten zu einem Monolog, mit dem sie die Leere zudeckt. Frauen liefern den Unterhalt des Gespräches, während Männer bestimmen, welche der von Frauen eingebrachten Themen weiterverfolgt werden *(TS)*.

Ein weites Feld für Mißverständnisse bietet auch der Zusammenhang von Gedankenaustausch und Erotik. Während das Gespräch für sie die Basis zu einer erfüllenden sexuellen Begegnung bildet, sucht er den Körperkontakt und schöpft vielleicht daraus das Vertrauen für Offenheit im Gespräch. Oft will er zuerst mit ihr schlafen, sie aber möchte vor allem mit ihm sprechen. Im Körpergespräch lassen sich männliche Geborgenheitssehnsüchte am Bewußtsein vorbeischmuggeln und trotzdem erfüllen. Mit ihm zu schlafen, bevor beide durch das Gespräch wieder die gleiche Wellenlänge erreicht haben, bedeutet ihr bestenfalls körperliche Entspannung und schlimmstenfalls Verletzung ihrer Integrität. Er verdient sich durch das Gespräch den körperlichen Zugang zu ihr und ist frustriert, wenn sich eine seelische Annäherung an sie nicht körperlich umsetzt. Wo diese Dynamik ein Paar beherrscht, bedeutet nachlassendes sexuelles Interesse von seiten des Mannes auch das Ende der seelischen Intimität.

Frauen erwarten von Partnerschaften zuviel. In ihrer Intimitätssucht werfen sie ihre ganze Energie in das Analysieren der Beziehung. Sie reden die Liebe zu Tode und drehen sich im Kreis. Wahrheit ist eine Perle, ein Geschenk, dessen sich der Empfänger würdig erweisen muß. Wer den Partner mit unliebsamen Wahrheiten zwangsfüttert, erreicht gar nichts. Nur im Aushalten der existentiellen Einsamkeit kann die eigene Wahrheit erstarken, und nur die innere Unabhängigkeit ermöglicht eine Begegnung mit dem Mann, die nicht durch die Projektion unerfüllter Bedürfnisse auf ihn vernebelt ist, wie folgende Bemerkungen einer Sechzigjährigen illustrieren: «Über lange Jahre versuchte ich, ihm meine Reaktionen verständlich zu machen oder ihm die Auswirkung seiner unsorgfältig ironischen Bemerkungen zu erklären. Ich rannte verzweifelt gegen sein Unverständnis an, und er fand mich überempfindlich und mühsam. Irgendwie zweifelte ich selbst an meinen Beobachtungen, wenn ich ihn nicht dazu bringen konnte, mich zu verstehen. Plötzlich erkannte ich, daß ich nicht von seinem Verständnis abhängig bin. Gespräche mit meinen Freundinnen bestätigten mich in meinen Wahrnehmungen, und – was viel wichtiger war – sie schätzten meine Beobachtungsfähigkeit. Heute überfordere ich meinen Mann nicht mehr, sondern suche das Gespräch mit ihm dort, wo er ein williger Gesprächspartner ist.» Das Werben um Verständnis, gefördert im Treibhaus der Psychokultur mit ihren Wucherblüten der Selbstthematisierung, weicht dem Verfolgen eigener Ziele. Vielleicht wird jetzt nicht mehr jedes Seelenfältchen ausgeleuchtet, und Respekt steht mehr im Vordergrund als Verständnis, aber die Partnerschaft wird lebbarer.

5.3.4 Leid ist zu erwarten

«Die Hölle, das sind die anderen», sagte Sartre richtig. Langdauernde, nahe Beziehungen wecken unweigerlich die inneren Monster. Sie holen früheste Sehnsüchte nach absoluter Geborgenheit herauf, die sie dann nicht stillen können. Die unbewußte Panik vor Verschmelzung und Selbstauflösung im anderen führt zu verletzenden Abgrenzungen. Dessenungeachtet wuchs die gegenwärtige Generation der Fünfzigjährigen noch unter dem Mythos der allwichtigen, allheilenden und unendlich perfektionierbaren Beziehung auf. Wir bekämpften die in jeder existentiellen Beziehung anschaukelnden Pendelbewegungen zwischen Nähe und Distanz, Zusammenklingen und Dissonanz, Abgrenzung und Verschmelzung. Anstatt in den Distanzphasen Erholung und Sammlung zu genießen, störten wir die natürlichen Beziehungsrhythmen und kämpften um Dauernähe, was die Abgrenzungsbewegungen des Partners und damit unsere Frustration vergrößerte. Geblendet von dem Glanz der eigenen Projektionen tappt man zu Beginn einer Partnerschaft aneinander vorbei, um allmählich ein differenzierteres Bild des anderen zu gewinnen. Der heilige Irrsinn der Verliebtheit erlöscht und flackert später wieder auf. Er richtet sich auf den gleichen Partner oder – wenn der Mythos der ständigen Verliebtheit, der romantischen Faszination als Basis für eine dauerhafte Bindung diese zerstört hat – auf den nächsten. Der Glücksrausch der anfänglichen Symbiose weicht allmählich dem Nahkampf mit der widerspenstigen Alltagsrealität, die sich so gar nicht den Idealbildern angleichen will. Gescheiterte Annäherungen, enttäuschte Erwartungen, Druckversuche und Auseinandersetzungen führen schließlich zur Erkenntnis des unveränderbaren Granits im Persönlichkeitskern des anderen. An seinem So-und-nicht-anders-Sein zerschellt ein ganzer Lebensentwurf. Das darf vorerst nicht sein.

Je mehr die im ursprünglichen Beziehungsbild enthaltenen Hoffnungen schwinden, desto hitziger wird um sie gerungen. Die Verzweiflung entfesselt Haß, Destruktivität, kleinliche Rechthaberei und eiskalte Verweigerung. Die Partnerschaft liefert höchst unerwünschte Beiträge zur Selbsterkenntnis. Die Erweiterung des Selbstbildes um düstere Dimensionen schmerzt. Der Partner wird Zeuge und Mitwisser häßlichster Eigenschaften. Existentielle Partnerschaften holen alle vom hohen Roß herunter.

Nähe bringt Wahrheit, und unerwünschte Wahrheiten schmerzen. Partner diffundieren gegenseitig in die verborgensten Seelenwinkel. Es ist gräßlich – und wunderbar, weil neben dem dunklen Dschungel die Obstgärten blühen und das zarte Morgenlicht im Tau glitzert. Eben noch schien sein Verständnis der einzige Fluchtweg aus einer unerträglichen Einsamkeit, und seine selbstgefällige Ahnungslosigkeit brachte sie zur Weißglut – und im Handkehrum lachten beide in erleichterter Fröhlichkeit, geborgen in einer durch den langen gemeinsamen Weg entstandenen vertrauten Welt.

Partnerschaft bringt neben Vertrautheit auch tiefes Leid. Junge Menschen glauben, Leiden in der Partnerschaft liege entweder an einer falschen Partnerwahl oder aber an einer behebbaren Kommunikationsstörung zwischen den Partnern. Sie machen sich mit ungebrochener Erfolgserwartung an das Ausmerzen des Fehlverhaltens, das doch ganz sicher die Ursache des Leidens sein muß. Im unerfahrenen Optimismus romantischer Träume und dem selbstverständlichen Anspruch auf Beziehungsglück wird Leiden refusiert. Wer leidet, muß etwas falsch gemacht haben. Jugendliche Beziehungskämpfe offenbaren den Glauben an die Veränderbarkeit der Partnerschaft. Im mittleren Alter dämmert uns allen, daß die Erlösung nicht durch einen anderen Menschen kommen kann. Das Delegieren der Selbstverantwortung an einen Partner führte zur Selbstlosigkeit und diese wiederum in den grauen Nebel dumpfer oder kompetenzstrotzender Depression. Wenn aber die Erlösung durch den Partner eine Illusion ist, beginnt der Nordpol zu wandern und die Kompaßnadel dreht sich. Im mittleren Alter schützt die lange Erfahrung mit dem Unerklärlichen vor überzogenen Anforderungen. Das Unberechenbare nimmt uns die Sorge um Rechenfehler ab. Das Wissen um die Grenzen der Perfektionierbarkeit einer Partnerschaft läßt uns nachgerade ihre Höhen und Tiefen gelassener durchschreiten. Wer mit fünfzig noch vor dem Leiden in der Partnerschaft davonrennt, hat nichts begriffen.

5.3.5 Die Helden sind müde

Frauen, die in ihrem Mann einen Elternersatz gesucht hatten, erwachen manchmal in den mittleren Jahren zur Eigenständigkeit.

Tiefenpsychologisch gesehen kann größere Autonomie dem Mann gegenüber eine innere Anstrengung fordern, die sich mit derjenigen der Ablösung von den Eltern vergleichen läßt. Der Mann als Adressat aller Geborgenheitswünsche, als Träger von Elternübertragungen bildet für viele Frauen die

Basis ihrer psychischen Sicherheit. Jede Drohung eines Rückzugs von seiten des Mannes weckt früheste Kindheitsängste des Verlassen- und Ausgeliefertseins.

Die traditionelle Sozialisierung zur Frau fördert eine Unselbständigkeit, die dann irgendwann nicht mehr als wünschenswertes weibliches Attribut der vertrauensvollen Überantwortung aller Entscheide an den Mann, sondern eben als Behinderung erlebt wird. Die Aufführung «Großer Ehemann-Vater beschützt hilfloses Töchterchen» wird abgebrochen. Der Mann mag nicht mehr den Helden spielen, der einer ahnungslos anspruchsvollen Kindfrau jedes Steinchen aus dem Weg räumt, und sie beginnt, sich gegen ihre Entmündigung aufzulehnen. Für Frauen, die durch eine Heirat dem Erwachsenwerden auswichen, bahnen sich dann überwältigende Veränderungen an. Selbständigkeit bedeutet im ersten Schritt Geborgenheitsverlust. Manchmal müssen solche Frauen ihren Kokon verlassen, und das Alleinleben stürzt sie in eine Leere, in ein Nichts, das sehr schwer auszuhalten ist. Im mittleren Alter erstmals auf sich selbst gestellt zu sein, ist eine große Herausforderung. Meistens sind die Veränderungen weniger drastisch. Eine 54jährige Lehrerin beschreibt sie folgendermaßen: «Früher setzte ich alles daran, eine gute Stimmung zu ermöglichen. Ich beschwichtigte meinen sehr kritischen Mann und widmete mich dem aussichtslosen Unterfangen, es ihm recht zu machen. Ich kochte nach seinen sich ständig verändernden Wünschen, immer bereit, mich im letzten Moment noch umzustellen. In den letzten Jahren hat meine Harmoniesucht abgenommen. Mein Mann verpflegt sich aus dem Kühlschrank und dem Fruchtkorb. Erstaunlicherweise bemüht er sich viel mehr um mich als früher. Ich bin seltener zu Hause, aber die Zeit mit ihm ist wieder schön.»

Solange eine Elternprojektion den Mann in die überlegene Position bringt, ist keine eigentliche Partnerschaft möglich, ebensowenig wie eine unabhängige Entwicklung der Frau. Es ist eine unrealistische Überforderung des Mannes, ihn für die eigene Entwicklung der Frau verantwortlich zu machen und seine mangelnde Unterstützung als Ausrede für das Scheitern des ganzen Unternehmens zu brauchen. Eine von der Bestätigung des Partners abhängige Verselbständigung ist von vorneherein eine Alibiübung. Autonomie heißt, eigenes Wissen und eigene Fähigkeiten ernst zu nehmen und umzusetzen, auch wenn sie vom Partner nicht erkannt und validiert werden. Selbstverantwortung und nötigenfalls Verzicht auf Resonanz des Partners entlasten die Situation und geben den Blick frei für den natürlich gewachsenen gemeinsamen Boden.

Frauen, die sich verändern, sehen sich manchmal im Dilemma zwischen einer neuen Sichtweise der Dinge und häuslichem Frieden. Wer jemals neuerworbene psychologische Einsichten an seinem Partner ausprobiert hat, weiß, daß er einem nicht unbedingt in dankbarer Erleuchtung um den Hals fällt. Im Gegenteil: Entwicklungsdiskrepanzen bringen Spannungen. Günstigenfalls beleben sie als Entwicklungsanstöße die Partnerschaft. Wo ein Partner nicht folgen kann oder will, muß das nicht unbedingt zu einer großen Entfremdung oder gar zu einer Trennung führen. Unter den gegebenen gesellschaftlichen Voraussetzungen scheint mir in der mittleren Generation bei sich verändernden Frauen ein gewisses Maß an Toleranz und didaktischer Diplomatie dem oft einigermaßen überforderten Ehemann gegenüber eher die Norm als die Ausnahme zu sein. Entwicklung bedeutet manchmal Verzicht auf ein Stück Nähe mit dem Partner. Das ist noch lange kein Grund, eine Ehe über Bord zu werfen. Eine gute Basis der Zusammengehörigkeit trägt Beziehungsveränderungen.

5.3.6 Allein oder zu zweit?

Durch die Falltüren von Trennung, Scheidung oder Tod des Partners stürzen zahlreiche Frauen im mittleren Alter in das Alleinleben. Die Wahrscheinlichkeit, allein zu bleiben, ist dann für eine Frau unvergleichlich größer als für einen Mann. Witwen verbringen nach dem Tod ihres Mannes Jahrzehnte allein. Alleinsein will gelernt sein. Für geübte Alleinlebende ließ die Zeit die Frage nach einem Zusammenleben in den Hintergrund rücken, und sie richten sich im mittleren Alter definitiv im ungebundenen Leben ein. Sie haben sich an das Alleinleben gewöhnt und ihre Formen entwickelt, so daß für sie im Gegensatz zu den neu Alleinlebenden das Thema der Partnerschaft nicht mehr so aktuell ist.

Viele Frauen fühlen sich ohne einen Mann wertlos. Der Mann am Arm ist das Gütesiegel erfolgreicher Weiblichkeit, und er vermittelt ihnen ein Gefühl des In-Ordnung-Seins, einen Status, den sie in ihren Augen mit keiner eigenen Leistung zu erringen vermögen. Männer sind unersetzlich: Ohne sie läßt sich für eine heterosexuelle Frau Erotik nicht leben. Das soziale Leben ist auf Paare ausgerichtet, und alleinstehende Frauen müssen sich den Zugang hart verdienen. Darüber hinaus bietet die Ehe eine verbindliche Zugehörigkeit in einer im gesellschaftlichen Konsens verankerten Gemeinschaft.

Oft wird der Verzicht auf ein ständiges männliches Gegenüber erlitten und ist alles andere als freiwillig. «Vor seinem Tod hätte ich mir ein Leben ohne meinen Mann nie vorstellen können, und die ersten Jahre allein waren wie ein böser Traum. Ich bin mit ihm gestorben und nur ganz langsam wieder erwacht. Für mich käme ein anderer Mann nie in Frage. Und doch geht es mir jetzt richtig gut. Eine alte Schulfreundin, die schon lange allein lebt, kennt einige alleinstehende Frauen. Wir unternehmen viel miteinander. Mit meinen Kindern, besonders mit meiner Jüngsten, hatte ich es schon immer gut. Ich habe mich sehr verändert, bin viel aktiver geworden und genieße es, selbständig über meine Zeit zu verfügen», sagt eine Witwe.

Wer sich in einem Lebensprovisorium befindet, in einem vorläufigen Zwischenstadium zwischen dem letzten Mann und dem nächsten, rettet sich vorerst vor der erschreckenden Anforderung der Selbstverantwortung und betrügt sich um eine Entwicklungschance. In jungen Jahren bedeutet das Ende einer Partnerschaft in der Regel den Übergang zu einer nächsten. Für Fünfzigerinnen sieht das anders aus. So führt die Entscheidung, sich von einem Mann zu trennen, oft zum Alleinleben. Die Wahl ist häufig die zwischen diesem Mann oder keinem. Der Traum vom Märchenprinzen wirkt sich verheerend aus, wenn er einer Fünfzigerin den Blick auf die Realitäten des Lebens so verklärt, daß sie es versäumt, sich um ihre materielle Zukunft Gedanken zu machen, und so in den Tag hineinlebt, als wenn der schützende Mann gleich um die nächste Ecke käme (vgl. Abschnitt 2.5). Der Märchenprinz wird vielleicht nicht kommen, und die Erfüllung durch einen Mann rückt immer mehr ins Land der Illusionen. Diese Phantasie steuerte als formender Lebensmythos aus dem Hintergrund den Lebenslauf von Frauen, und sein Verlust beraubt sie vorerst einer großen Hoffnung. Die Gefahr, sich auf dem Abstellgleis zu fühlen und sich aus dem Defizit heraus zu definieren, ist groß. Auflehnung, Trauer und Verzicht leiten die Umstellung auf andere Lebensinhalte ein. Es ist eine große innere Leistung, eine so radikale Neuorientierung zu erreichen, wie ihn die Relativierung des Partnertraums erfordert. Frauen, die dazu nicht fähig sind, verpassen ihr Leben in diesem Abschnitt und laufen Gefahr, in elenden Beziehungen zu verkümmern, wo sie sich mit Dienstleistungen und Erdulden von schlechter Behandlung doch noch ein Ecklein des vermeintlichen Paradieses zu erzwingen suchen. Männer sterben früher als Frauen und neigen dazu, sich jüngere Partnerinnen auszuwählen. Diese ungünstigen Voraussetzungen der partnersuchenden Frauen mittleren Alters zu überwinden, braucht einen großen Aufwand. Wenn die Tür zur Lebenspartnerschaft ins Schloß gefallen ist, sind die krampfhaften Versuche, sie wieder aufzustemmen, eine Energieverschwendung. Selbst ist die Frau, jetzt mehr denn je. Nach der Trauer um den Märchenprinzen verändert sich der Blick auf Männer. Auch jetzt ist die Welt voller Männer, Männer, die unter der Last der Erwartungsüberbefrachtung hervor- und als sie selbst ins Blickfeld kommen.

Viele Frauen mittleren Alters, die mit Männern zusammengelebt hatten, zögern nach einer Trennung, wieder mit einem Mann zusammenzuziehen. Zu viele Männer ihrer Generation erwarten von einer Partnerin selbstverständlich, daß sie sich vollumfänglich um den Haushalt kümmert *(SGc S. 91)*. Ausgelaugte Frauen schrecken davor zurück, wieder einen Mann umsorgen zu müssen, und auch das Mittragen von Kindern aus erster Ehe des Mannes oder Schwiegereltern sind für eine unlängst von Familienpflichten befreite Frau nicht immer reizvoll. Die Männer ihrer Generation und älter fallen leicht in alte Rollenerwartungen zurück, die bei getrennten Wohnorten gar nicht erst aufkommen. Für solche Frauen ist das Zusammenleben mit einem Mann nicht mehr attraktiv, und sie suchen Zugehörigkeit ohne Infrastrukturleistungsverpflichtungen. Die Lebensperspektive Mann bietet sich mit der Zeit weniger an: «Irgendwo fehlt mir ein Partner. Aber abgesehen von dem Mangel an verfügbaren wünschenswerten Männern in meinem Alter fällt ganz entscheidend ins Gewicht, daß ich langsam daran zweifle, ob das Zusammenleben mit einem Mann für mich wirklich die optimale Lebensform ist. Ich habe mühsam gelernt, daß ich die Lebenserfüllung nicht von einem Mann erwarten kann, und nun frage ich mich, ob sich all die Anpassungen und Anstrengungen, die ein Zusammenleben fordert, wirklich lohnen?» überlegt eine Informatikerin. Für gut integrierte, selbstbewußte Frauen kann auch ein unfreiwillig eingegangenes Alleinleben mit der Zeit zur Lebensform der Wahl werden. «Ich würde mich über eine gute Freundschaft mit einem Mann freuen. Auch Zärtlichkeit und Sexualität wären mir sehr willkommen. Ich liebe die männliche Stimme und den männlichen Körper, das Erkennen und Erkanntwerden, das Lachen und die Geborgenheit. Aber ich bin auf gar keinen Fall bereit, jemals wieder mit einem Mann zusammenzuleben. Ich muß mich ungestört sammeln und in Ruhe hinhören können, was sich in mir tut. Die Qualität meiner Arbeit hängt von meiner Konzentration ab. Nur in der unbesetzten inneren Weite geschehen die Verdichtungen, die neue Ideen gebären. Die Zeit, die ich noch habe, gehört in erster Linie meinen Texten. Die Beziehung zu einem stimulierenden Mann mit Tiefgang wäre wunderschön – aber sie ist nicht mehr meine Priorität», erklärt eine Mittfünfzigerin, zehn Jahre nachdem sie von ihrem Mann verlassen worden war.

Alleinlebenden kommt manchmal das realitätsnahe Koordinationssystem zur Einordnung ihres Verhaltens ein bißchen abhanden. Niemand ist da, der das Überhandnehmen leicht skurriler Gewohnheiten kommentieren würde. Das Denken im echolosen Raum verirrt sich in ausweglose Kreisbewegungen, und die Beschäftigung mit sich selbst überwuchert die Durchlässigkeit zur Welt. Wohl der, die den stillen Einklang mit sich selbst in einer guten Balance mit der Öffnung gegen außen immer wieder erreicht.

Das weibliche Talent für eine gute Atmosphäre geht unter keinen Umständen verloren, sondern macht eine Frau zum Mittelpunkt eines weiten Netzes. Warmherzige alleinstehende Frauen beherbergen Patenkinder, helfen ihren Eltern, verwöhnen ihre Liebhaber und treffen ihre Kinder. Sie scharen informelle Familien um sich. Berufskolleginnen, Freundinnen, Verwandte, Nachbarn und deren Anhang, gehen ein und aus, und es gibt immer etwas zu essen. Unterwegs zu nachbarlichen Spontaneinladungen, auf gemeinsamen Wanderungen und maßgeschneiderten Fahrradtouren genießen sie die Früchte ihrer generösen Menschlichkeit. Es ist das reiche Gemüt, das das reiche Leben erschließt und nicht unbedingt ein Mann.

5.3.7 Junge Männer: Verbotene Früchte?

Für die meisten jungen Männer sind wir irgendwo im Niemandsland zwischen wohlwollender Versorgerin und lästiger Präsenz angesiedelt, aber als Frauen sehen sie uns nicht. Die Mutterübertragung liegt nahe – und die Sohnübertragung auch. Natürlich nehmen wir die Männlichkeit der Freunde unserer Kinder zur Kenntnis, freuen uns an ihrer Unternehmungslust, an ihren optimistischen Plänen und ihrer ungebrochenen Erwartung des Gelingens. Der übermütige Kraftüberschuß geschmeidiger junger Körper läßt uns nicht kalt, und wir genießen den Kontakt. Das Gespräch mit ihnen hat durchaus gelegentlich einen flirtigen Unterton, und wir amüsieren uns über die respektvolle Höflichkeit, die sie uns entgegenbringen. Der Selbsterhaltungstrieb läßt uns indessen vorsichtig sein. Wir achten darauf, daß die Freude an den Jungen, die schöne Belebung durch ihre Präsenz, nicht in ein Bedürfnis umkippt und hüten unser Herz.

Mächtige Frauen holten zu allen Zeiten junge Gefährten zu sich. Viele der großen Muttergöttinnen erwiesen jungen Männern ihre Gunst. Der Sterbliche, der sich mit der Göttin vereint, gewinnt ewiges Leben – oder wird impotent. Elisabeth I. von England umgab sich mit attraktiven jungen Männern. Sie stärkte damit auch ihre Macht über deren Familien. Sie wählte Favoriten, die sich für sie den komplizierten Ritualen des höfischen Minnedienstes unterwarfen. Wohlproportionierte, anmutige Tänzer fesselten ihr Auge, und ihre Wahlen waren ebenso instinkt- wie vernunftgesteuert. Im siebzehnten und achtzehnten Jahrhundert übten gebildete Aristokratinnen großen gesellschaftlichen und kulturellen Einfluß aus. Sie brachten jungen Männern gesellschaftlichen Schliff bei und wurden von ihnen verehrt. Von diesen Salondamen, die meistens in den reifen Jahren standen, hing das gesellschaftliche Fortkommen ab *(BL)*. Colette hat in ihrem Roman «Chéri» der Verbindung einer reifen Frau mit einem süßen jungen Liebhaber ein Denkmal gesetzt. Die öffentliche Meinung indessen entwertete die Liebesbeziehung einer älteren Frau mit einem jüngeren Mann als lächerlich und würdelos. Dabei macht sie durchaus Sinn: Da die sexuelle Erlebnisfähigkeit bei Frauen ihre Intensitätsspitze um etliche Jahre später erreicht als die männliche, passen von daher ältere Frauen und jüngere Männer gut zusammen.

Status, Talent, Geld und Macht wirken anziehend. Natürlich liegt hier die Gefahr des Opportunismus nahe. Die durch einen Heiratsschwindler um ihr Vermögen gebrachte Witwe wurde zum Klischee. «Eine Adelige ist für einen Bürgerlichen nie älter als vierzig», verkündet das Sprichwort, und eine vermögende Frau für einen Parasiten auch nicht. Es sind prominente Frauen, die Glamour, Status und Geld zu bieten haben, die mit ihrem jungen Partner am Arm durch die Bildträger der Medien ziehen. Ältere Filmstars kaufen sich bei Scheidungen mit happigen Summen von ihren jungen Ehemännern frei und schwören, ganz wie ihre männlichen Pendants, nie wieder zu heiraten. Die zynische Einengung altersdisparater Beziehungen auf Opportunismus wird ihnen indessen sicher nicht gerecht.

Altersüberbrückende Beziehungen galten lange Zeit als ein für Frauen unerreichbares männliches Privileg. Der erfolgreiche Mann belohnt sich mit einer weiblichen Trophäe, einer jungen unverbrauchten Frau, die seinen Wert bestätigt. Erfolgreichen Frauen hingegen fallen die knackigen Jünglinge keineswegs in den Schoß. Im Gegenteil: Der Gewinn an Macht und Ansehen wirkt für diejenigen Männer abschrekkend, die sich nur in einer «normalen» Beziehung wohl fühlen können, in der der männliche Dominanzanspruch durch höheres Alter, besseres Einkommen und einen Ausbildungsvorsprung untermauert ist. Allerdings wissen immer mehr unkonventionelle, offene Männer den anregenden Austausch mit einer Frau zu schätzen, die mit den Jahren Haltung, Selbstvertrauen und Einsicht gewonnen hat. Eine steigende Tendenz von Heiraten zwischen älteren Frauen mit jüngeren Männern spiegelt diesen Trend. Diese Frauen sind es müde, sich mit dominierenden, anspruchsvollen Gleichaltrigen herumzuschlagen. Sie genießen die Rollenungebundenheit derartiger Beziehungen. Eine Untersuchung solcher Paare beschreibt die Frauen als mental jung und die beteiligten Männer als reif. Beide zeigten wenig vorgefaßte Meinungen und keine Spur von ödipalen Fixierungen *(BL S. 11)*.

«Er tanzte wie ein Schmetterling in meinen Garten», sagt eine Fünfzigerin über ihre Liebesbeziehung mit einem zwanzig Jahre jüngeren Mann. «Nach dem Tod meines Mannes lebte ich jahrelang zölibatär und hatte mich eigentlich damit abgefunden. Der Sohn von Bekannten im Ausland, der hier studiert, besuchte mich, und ich genoß es, ihm die Stadt zu zeigen und ihm ein Stückchen Heimat in der Fremde zu bieten. Wir haben viele gemeinsame Interessen. Mit der Zeit bemerkte ich erstaunt und etwas alarmiert, daß er mich zu umwerben begann. Ich war überrascht und angerührt, aber vor allem entschieden, die Beziehung behutsam in freundschaftlichen Grenzen zu behalten und mich seiner Anwesenheit zu erfreuen, ohne ihn jemals zurückweisen zu müssen. Ich hatte nicht mit seiner Entschlossenheit gerechnet. Er begleitete mich ins Theater, und seine brillanten Beobachtungen befruchteten das Gespräch und machten den Abend zum Ereignis. Er setzte sich in meine Vorlesungen, arbeitete sich vollständig ein und gab mir nützliche Kommentare. Er verschaffte sich Zugang zu einer leeren Kirche und spielte für mich allein ein wunderschönes Orgelkonzert. Unsere Abschiede wurden jedesmal herzlicher und der Übergang zur körperlichen Begegnung geschah so natürlich und richtig, daß nichts mehr anderes denkbar gewesen wäre. Glücklich erlebte ich die Bereitschaft meines Körpers, ihn aufzunehmen. Unsere Körper musizierten zusammen, und ihre Melodie ist mir ein großes Lebensgeschenk. Einige Monate später mußte ich die körperliche Seite unserer Freundschaft beenden. Er hatte mir in der zwischen uns geltenden Offenheit von einem Interesse für eine Frau seiner Generation erzählt. Ich hatte das irgendwann erwartet und wußte, daß ich mich und unser gemeinsames Erlebnis nicht mit einem Hin und Her schwächen wollte. Es hat für den Moment unheimlich weh getan, aber ich habe die Kraft in mir gefunden, unsere Beziehung gegen seinen Willen auf eine menschlich gute Weise in die freundschaftliche Dimension zurückzuführen. Um nichts in der Welt möchte ich diese Erfahrung missen.» Menschen sehen einander auf eine einmalige Art, wie es eben nur diesen und genau diesen Augen möglich ist. Auf einmal wird sichtbar, mitteilbar und auf eine neue Weise existent, was noch niemand vorher je entdeckt hat. Die Sternstunde löscht die «falsche» Alterskonstellation, und in seltenen Fällen bleibt die Anziehung dieser Persönlichkeitskombination so stark, daß sie überdauert. Amor hält sich bekanntlich nicht an gesellschaftliche Konventionen.

5.3.8 Paarentwicklung

In meiner Kindheit spielten wir Paarwettlaufen. Mit einem linken und einem rechten Bein zusammengebunden, hoppelten Kinderpaare miteinander um die Wette. Ein besonderer Reiz dieser Übung bestand darin, daß nicht die üblichen Spitzenschnelläufer siegten, sondern Kooperation für einmal den Ausschlag gab. Auf «los!» begann jeweils ein großes Gepurzel und Gequitsche, und spätestens beim ersten Aufstehen war die Position als lästiger Bremsklotz, als frustrierter Champion oder eben als kooperative Partnerin in einer gemeinsamen Anstrengung klar. Das erste Paar passierte Arm in Arm im gemeinsam gefundenen Rhythmus triumphierend die Ziellinie, während das letzte sich noch streitend am Start herumzerrte. Leider sorgen im erwachsenen Paarleben Entwicklungsdiskrepanzen und äußere Umstände dafür, daß der in mühsamen Anstrengungen gefundene gemeinsame Paarrhythmus immer wieder gestört wird.

Die Polarisierung der Geschlechter erreicht im jungen Erwachsenenalter ihre stärkste Ausprägung. Weder vorher noch nachher sind Frauen weiblicher und die Männer männlicher. Die Geschlechtsvitalität junger Menschen kumuliert mit ihrer phasenbedingten maximalen Anpassung an das Geschlechtsrollenstereotyp. Nach C. G. Jung enthält das Unbewußte einen komplementär-gegengeschlechtlichen Anteil, den Animus in der Frau und die Anima im Mann. In der ersten Lebenshälfte wird die eigene Gegengeschlechtlichkeit vor allem durch die Verbindung mit dem anderen Geschlecht gelebt *(JJ)*. Der Mann sucht seine sensuelle Emotionalität bei der Frau. Sie lebt Dominanz und distanzierte Sachlichkeit durch den Mann. Die nicht integrierte eigene Gegengeschlechtlichkeit wird auf das andere Geschlecht projiziert und dort eingefordert. Die seelische Ergänzungsbedürftigkeit ist das Pendant zur Intensität der geschlechtlichen Anziehung in dieser Altersphase. Vom anderen Geschlecht wird die Erfüllung erwartet, und die Dringlichkeit dieses Bedürfnisses sichert die Nachkommenschaft. Mit der Zeit stößt der Versuch, durch das andere Geschlecht zur Ganzheit zu kommen, an seine Grenzen, was anfänglich verstärkte Anstrengungen nach sich zieht. Stellt sich das erhoffte Glück nicht ein, werden Beziehungsingenieure eingeflogen, um die falsch laufenden Rädchen im Kommunikationsgetriebe auszuwechseln. Ehetherapien sollen das erwartete Paradies doch noch herbeiführen. Durch einen Partnerwechsel gelingt vielleicht die Befreiung aus der Gefangenschaft im eigenen defizitären Selbst. Die Erwartung der Erlösung durch das andere Geschlecht überfordert Beziehungen und behindert eine eigene Entwicklung.

In unserer Generation hatte Elternschaft, die in der Lebensphase zwischen Anfang Zwanzig bis Anfang Vierzig im Vordergrund steht, häufig eine sehr unterschiedliche Entwicklung von Mann und Frau zur Folge. Kinder banden ihre Eltern meistens in ein traditionelles Verhalten ein. Die Entwicklung von Frau und Mann ging auseinander. Der Ernährer der Familie mußte sich im Berufsfeld bewähren, wo Aktivität, Initiative, Selbstdarstellung und Kampfstrategien gefragt sind. Die Frau trug in der Regel die Hauptverantwortung für die Kinder. Ihre Familienarbeit verstärkte das einfühlend-reaktive Verhalten, das durch ihre Sozialisierung zur Frau vorgebahnt wurde. Der Mann bestimmte den Status der Familie, während seine Frau für das innere Klima verantwortlich war. In den mittleren Jahren verschieben sich die Verantwortlichkeiten. Die Frau wird durch das Weggehen der Kinder entlastet und findet nach der intensiven Phase des Bezogenseins auf andere zu einer neuen Zentrierung. Unterdessen hat die Leistungswelt für viele Männer an Reiz verloren, und sie erinnern sich an ihre Beziehungsbedürfnisse *(SGb S. 235)*. Nun vermindert sich bei manchen Frauen die Orientierung an den Bedürfnissen anderer, und sie beginnen, sich mehr für sachlichere Aufgaben zu interessieren, während für Männer die oft während der intensiven Berufsprofilierungsphase vernachlässigte zwischenmenschliche Dimension aktueller wird. Wenn er Pech hat, stößt dann sein neuerwachtes Interesse an seinen Kindern auf abweisende Adoleszente im Aufbruch.

Dorothy Rowe zeichnet ein ernüchterndes Bild der Machtverschiebungen im Laufe eines Ehelebens: «In den ersten Jahren der Ehe benimmt sich der Mann mit all der egoistischen Arroganz, zu der junge Männer sich berechtigt fühlen. Die junge Braut ist von seinem Auftreten beeindruckt und akzeptiert die Beleidigungen über ihre Inkompetenz und Dummheit, die er ihr in Form von witzigen Bemerkungen zukommen läßt. Sie entdeckt bald, daß sein Selbstvertrauen auf wackligen Füßen steht. Es ist ihre Pflicht, es um jeden Preis zu schützen. Sie muß sich so verhalten, daß die Welt ihn immer als supermännlich sieht. Mit der Zeit findet sie die Pose immer mühsamer, die sie einnimmt, um ihren Mann zu stützen, während sie den Anschein erwecken muß, von ihm gestützt zu werden. Zuerst realisiert sie nicht, was sie tut. Wenn es ihr langsam klar wird, hat sie Mitleid und will ihm helfen. Aber wenn er jahrelang nicht anerkennen kann, daß er sie braucht und er sie um so mehr beleidigt, je mehr er sie braucht, schwinden Liebe und Mitleid. Eines Tages fühlt sie für ihn nur noch Verachtung. Falls sie von ihm ökonomisch abhängig ist, schweigt sie und plant ihre Rache. Wenn er alt ist, fällt er sexuell aus dem Rennen. Junge Männer behandeln ihn herablassend. Er wird von ihr abhängig, und er weiß es. Nun zahlt sie es ihm zurück. Er muß sich nun ihr anpassen, und sie zeigt ihm ihre Verachtung. Nun macht sie Witze über ihn. Sie weist ihn öffentlich zurecht und verläßt den Raum, wenn er seine alten Geschichten erzählt. Nur der Tod bringt diese Rache zu einem Ende.» *(RD S. 228)* In jungen Ehen dominiert oft der Mann, in alten die Frau, oder eine gleichberechtigte Lösung hat sich durchgesetzt *(SK S. 113)*. Im mittleren Alter sind sehr unterschiedliche Szenarien möglich. In Ehen mit traditioneller Rollenverteilung verschiebt sich das Machtgefälle immer mehr zugunsten des Mannes. Er hat sich etabliert, während sie mit weniger Chancen sowohl auf dem Arbeits- wie auf dem Heiratsmarkt materiell auf ihn angewiesen ist. Diese äußere Abhängigkeit muß sich indessen nicht unbedingt direkt auf die psychischen Ausbalancierungen eines Paares auswirken. Eine liebende Ehegemeinschaft ist ein Bollwerk gegen materialistische Wertverzerrungen, und die Familienarbeit fällt dort genauso ins Gewicht wie die Erwerbsarbeit. Oft aber wird die Partnerschaft von den Werten der umgebenden Kultur überschwemmt, und die Familienfrau hat das Nachsehen.

Eine Paarbefragung spiegelt die Wertveränderungen im mittleren Alter. Die Aussagen «ist persönlich attraktiv» oder «gibt mir sexuelle Befriedigung» werden von über Sechzigjährigen, die mit ihrer Ehe zufrieden sind, weniger als passend bezeichnet, während «wir respektieren uns», «kennt mich gut», «ist angenehm im Umgang» und «schätzt mich» mehr gewichtet werden als von Jüngeren *(FB S. 287)*. Wo ein Ungleichgewicht von Erfolg oder Macht herrscht in der Ehe, sind Paare häufiger miteinander unzufrieden. Die Veränderung der Geschlechtsrollen, das heißt die Tatsache, daß Männer mehr Gefühle zuließen und Frauen ein Stück der finanziellen Verantwortung für eine Familie übernahmen, brachte bessere Aussichten für Intimität im Alter. Am wenigsten Intimität fand sich bei den Paaren, bei denen sich der Mann als Oberhaupt der Familie und die Frau ausschließlich als Hausfrau definierten *(FBb S. 286)*.

Koevolution *(WJ)*, die gemeinsame Entwicklung eines Paares, braucht Glück, günstige Umstände, Selbstverantwortung und Rücksichtsnahme: Eigene Schwächen und Bedürfnisse müssen verantwortet und angemeldet, fremde angehört und einbezogen werden. Liebe, Toleranz und ein realistischer Erwartungshorizont erhöhen die Chance des inneren Beieinanderbleibens über lange Zeit ebensosehr wie das unausweichliche Überlebenstraining an den bunten, bösen, irrationalen Überraschungen, die einem der andere immer wieder beschert.

5.3.9 Alle guten Ehen sind Zweitehen

Brautleute wissen nicht, worauf sie sich einlassen. Nur in einer verbindlichen Gemeinschaft über lange Zeit schälen sich die Realitäten des anderen aus den Erwartungen und Projektionen heraus. Unaufmerksamkeit und Lieblosigkeit gehören zum Ehealltag und führen unweigerlich zur Götterdämmerung. Man stößt auf unübersetzbar Fremdes im Partner und begreift, wo er unheilbar farbenblind ist. Die Riesenerwartungen an den Partner sinken unter der Erosion der Enttäuschungen in sich zusammen und schaffen Raum für Eigenverantwortung. Paare, die ihre Durststrecken überleben und sich immer wieder einander zuwenden, erfinden Beziehungsformen, die oft wenig mit den ursprünglichen Arrangements zu tun haben. Alle guten Ehen sind psychische Zweitehen – häufig Ehen mit demselben Mann –, und sie werden oft im mittleren Alter geschlossen.

Seit der Jahrhundertwende stieg die Lebenserwartung beider Geschlechter rapide. Damals betrug die Zeitspanne zwischen der Eheschließung des letzten Kindes und dem Tod eines Partners der Elterngeneration im Schnitt ein Jahr. Heute kann diese Phase zwanzig, dreißig oder mehr Jahre dauern *(RL)*. Es ist an der Zeit, für diese lange Zeit der erneuten Zweisamkeit passende Vorstellungen zu entwikkeln. So kann eine Veränderung der Wohnsituation das Einüben neuer Formen erleichtern: «Unsere Schlafbedürfnisse stimmen gar nicht miteinander überein. So bin ich ausgesprochen eine Frühaufsteherin, während mein Mann gerne liegen bleibt. Ich bin nachts oft wach, und mein Mann schläft immer durch. Als das Zimmer unserer Tochter frei wurde, kam mir die Idee, dort zu schlafen, aber ich zögerte, weil für mich das gemeinsame Schlafzimmer so etwas wie ein Symbol unserer Zusammengehörigkeit darstellte und ich es immer genieße, wenn er einmal früh genug ins Bett kommt, um in seinen Armen einzuschlafen. Unterdessen bin ich gezügelt und merkte erst im nachhinein, wie sehr ich mich wieder einmal angepaßt hatte. Ich lese nun nachts stundenlang und rumore am Morgen nach Herzenslust. Unsere gegenseitigen Besuche im Bett erneuerten die Erotik.»

Nach C. G. Jung wirken in jedem Mann weibliche Persönlichkeitsanteile, während in jeder Frau auch Männliches zu finden ist (vgl. 5.3.8). Die innere Begegnung mit der eigenen Gegengeschlechtlichkeit und ihre Integration ist eine wesentliche Aufgabe der zweiten Lebenshälfte und eine unumgängliche Station auf dem Weg zur Individuation. C. G. Jung spricht von der inneren Vereinigung mit dem eigenen gegengeschlechtlichen Teil, die eine geistige Fruchtbarkeit erst ermöglicht *(JJ)*. Mit dieser Erkenntnis durch Selbstbegegnung erlischt nach Jung die seelische Faszination durch das andere Geschlecht. Die Notwendigkeit gegengeschlechtlicher Beziehungen schwächt sich ab und befreit zur Wahl. Die Wichtigkeit des Geschlechts von Freunden verschwindet hinter der Beziehungsqualität. Die Hinwendung zum Du liegt nun mehr im Bereich von Einsicht, Loyalität, Vertrautheit und Liebe und weniger in der drängenden Abdeckung eines eigenen Defizits. So sagt eine zufriedene Sechzigerin: «Früher eroberte ich Männer und bewies mir an ihnen meine Attraktivität. Versteck- und Machtspiele beherrschten mein sexuelles Leben. Seit meiner Menopause veränderte sich meine Einstellung zu ihnen drastisch. Wie durch ein Wunder fand ich endlich den menschlichen Zugang zu ihnen, den ich ein halbes Leben lang vergeblich gesucht hatte. Heute sind die wenigen Männer, mit denen ich noch Kontakt habe, Freunde, Gefährten und nahe Vertraute.» Der weiche Glanz harmonischer alter Ehen in Freundschaft und Gleichwertigkeit überstrahlt die mittleren Jahre. «Ich spüre meinen Mann, als wenn wir denselben Körper hätten. Ich bin immer mit ihm verbunden, ob er nun da ist oder nicht. Natürlich gibt es an der Oberfläche manchmal Spannungen, aber tief unten gehören wir zueinander. Unsere Liebe hat uns durch den Absturz unserer Tochter und seine Operation hindurchgetragen. Wir freuen uns auf die Zeit, in der unsere berufliche Beanspruchung abnimmt und wir mehr zusammensein können», sagt eine Glückliche.

5.4 *Frauenfreundschaften*

Bei einer Wanderung in Griechenland erreichte der steile Klippenweg das Dorf von hinten, und wir trafen auf einer Wiese eine Gruppe von Frauen, die in geselliger Arbeit ein geschlachtetes Schaf verwerteten. Ihre lebhaften Stimmen und ihr Gelächter tönten uns von weitem entgegen. Weiter vorn im Café saßen die Männer und unterhielten sich. Früher hätten derartige Szenen bei mir eher zu einer kritischen Betrachtung der Arbeitsteilung zwischen Mann und Frau geführt. Heute sehe ich auch den großen psychischen Komfort, den diese Männer- und Frauengruppen allen bieten. Zugehörigkeit zu einer Familie, Zugehörigkeit zu einer Nachbarschaft, Zugehörigkeit zu einer sozialen Schicht und Zugehörigkeit zu einem Freundeskreis gehen in Mobilität und Individualismus unter, und wir driften heimatlos herum. Wir erwarten in unseren Breitengraden in erster Linie von unseren Partnern Gesellschaft, Verständnis und gefühlsmäßige Geborgenheit. Die Paarbeziehung als Ersatz für eine breite soziale Verankerung ist schnell überfordert. Die gegenwärtig entstehenden Frauennetze bilden hier einen Ausgleich.

Ein Unterstrom weiblicher Selbstentwertung zog in unserer Jugendzeit eine Geringschätzung von Frauenfreundschaften nach sich. Frauen mißbrauchten sich als Lückenbüßer, wenn kein Mann in Sicht war. Die intensiven Mädchenfreundschaften verblaßten vor dem neuen Abenteuer, der Begegnung mit dem Mann. Unsere Generation war sozusagen noch auf Mann dressiert. Der Mann als Tor in die Zukunft stand im Mittelpunkt unserer Phantasien und Pläne. Das heizte die Rivalität unter Frauen an, insbesondere im Bereich von Aussehen, Erotik und Weiblichkeitsinszenierung. Der vertraute, offene Austausch mit den Freundinnen in der Jugendzeit wich später dem linkischen Geschlechtsrollenspiel. Die anfänglich schauderhaft seltsamen Früchte der Erotik reiften, und ihre Süße zog die jungen Frauen noch weiter von ihrem eigenen Geschlecht weg.

Der Feminismus öffnete den Frauen die Augen für den Wert von Frauenbeziehungen. Auch vorher hatten Frauen gegenseitig viel Unterstützung, Einfühlung und Ermutigung geleistet, aber die Wichtigkeit dieser Gaben wurde von der auch von Frauen geteilten Abwertung all dessen, was von Frauen kam, eingenebelt. Frauen überlebten zwar auch damals oft psychisch und manchmal auch physisch dank der Hilfe von anderen Frauen, aber sie waren so von der patriarchalen Frauenentwertung durchdrungen, daß sie die Beiträge ihrer Freundinnen nicht immer als solche bewußt registrieren konnten. Mit wachsendem Selbstbewußtsein stieg bei Frauen auch die Wertschätzung für andere Frauen. So schreibt Joanna Goldsworthy: «Ich frage mich, wie meine Mutter fühlte, als sie so alt war wie ich jetzt. Im Gegensatz zu mir hatte sie kein Netz von Freundinnen, die mit mir seit 25, seit 30 Jahren über ihre Liebe und über ihr Leben sprechen. Dieses Netz ist seit meiner Menopause zentral geworden. Es enthält einen Schatz angehäufter und mitgeteilter Erkenntnis und ersetzt die so kompliziert gewordenen familiären Beziehungen. Wir sind die erste Generation von Frauen, die nahe Freundinnen haben. Freundinnen sind für uns eine neue Institution geworden in einer Welt riesiger Veränderungen in den Familienbeziehungen. Sie vermitteln eine Zugehörigkeit und Sicherheit, die durch nichts zu ersetzen ist.» *(GF S. 92)*

Die innere Verwandtschaft der Gleichgeschlechtlichen erleichtert den Zugang. Die geteilte Rolle und die gleiche Position in der Welt bilden bei Frauen einen gegenseitigen Resonanzraum, in dem sie sich finden und orten können. Dem patriarchalen divide et impera entzieht sich die Frau durch das Eintauchen in die Gemeinschaft mit Frauen. Mit zunehmender wirtschaftlicher und psychischer Unabhängigkeit vom Mann lassen sich Frauen nicht mehr so leicht gegeneinander ausspielen. Das Patriarchat macht Frauen zu Außenseiterinnen. Frauenbeziehungen als Refugium öffnen den Raum für eine andere Einordnung. Frauenbeziehungen durchbrechen die Isolation, und die weibliche Zusammengehörigkeit schützt vor Selbstvorwürfen und Unzulänglichkeitsgefühlen. Daß es den anderen auch so geht, verwandelt die Außenseiterin in ihrer Selbstwahrnehmung wieder zur normalen Frau. Frauen schaffen sich miteinander eine Gegenwelt, eine Welt, in der sie eine größere Chance haben, als Menschen und nicht als Rollenträgerinnen wahrgenommen zu werden. Frauenfreundschaften holen Menschen hinter ihren Geschlechtsrollenmasken hervor, die in der gegenwärtigen Generation der Fünfzigerinnen noch sehr ausgeprägt sind. «Ich mache nur noch sehr selten Arche-Noah-Paareinladungen. Wenn ich sie mit meinen Fraueneinladungen vergleiche, lohnt es sich einfach nicht. Die Paare behindern sich gegenseitig, die Gespräche bleiben an der Oberfläche, und der Geruch von Pflichterfüllung hängt in der Luft. Dieselbe Frau, die in der Paarsituation hinter ihrem Mann verblüht, entfaltet sich unter Frauen in ihrer ganzen Farbigkeit. Frauen unter sich hören genauer zu, riskieren mehr Persönliches und schauen, daß alle zum Zug kommen. Es ist einfach viel lustiger und menschlicher», konstatiert eine alleinstehende Künstlerin.

Unterschiedliche Sozialisierung und ungleiche Machtverteilung in heterosexuellen Partnerschaften erschweren das Paargespräch. Männliche Lösungsorientierung verunmöglicht reifenlassendes Verweilen bei einem Gesprächsgegenstand. Eine weibliche Abhängigkeit vom Mann behindert einen partnerschaftlichen Austausch mit ihm. Er muß sich nicht um Verständnis bemühen, da er ihrer sicher ist, und sie kann sich gegen die Trivialisierung ihrer Anliegen nicht immer wehren. Wo der Mann als Gesprächspartner ausfällt, werden Freundinnen überlebenswichtig. Freundinnen dienen als Notventil während holpriger Phasen der Partnerschaft. So gesteht eine Frau: «Ich würde mich hüten, mit meinem Mann über meine Eifersucht zu sprechen. In seiner Position ist er von attraktiven jungen Frauen umgeben, für die er den großen Mann darstellt. Abendsitzungen und Auslandsmandate bedingen häufige Abwesenheiten. Seine Affäre vor fünf Jahren hat mich beinahe umgebracht. Wir kamen einigermaßen darüber hinweg, aber mein Vertrauen in ihn ist angeknackst.

Als eifersüchtige, kontrollierende Frau bin ich unattraktiv für ihn, also nehme ich mich zusammen. Aber ich ersticke manchmal fast an der Angst vor einem neuen Seitensprung und der Wut darüber, daß ich mir das bieten lassen mußte. Ohne meine Freundin, bei der ich Dampf ablassen und ich selbst sein kann, würde ich es schlicht nicht aushalten.» Beim Entwirren partnerschaftlicher Beziehungsknäuel sind vertrauenswürdige Freundinnen oft die erste Hilfe. Viele Frauen überleben Ehen mit gefühlskargen, distanzierten Männern mit Hilfe anderer Frauen. «Mit meiner Freundin bin ich ich selbst. Sie findet es nicht übertrieben, wenn mir die dauernden versteckten Forderungen meiner Mutter Mühe machen oder wenn mich die Schulsituation meiner Tochter bedrückt. Bei meinem Mann habe ich schnell das Gefühl, ich sei nicht in Ordnung, wenn ich nicht immer pflegeleichter Stimmung bin. Er wird dann noch verschlossener», sagte eine Frau und eine andere: «Nach dem Abitur wußte unser Sohn nicht, was er wollte. Das Architekturstudium gefiel ihm dann doch nicht, er jobbte ein wenig und konnte sich nicht entscheiden. Meinem Mann, der sich hochgearbeitet hatte, fehlte dafür jedes Verständnis. Die beiden gerieten noch mehr aneinander als früher. Mein Mann war so geladen gegen ihn, daß ich mich hütete, das Thema auch nur anzuschneiden. Meine Freundin war in dieser Zeit ein Engel. Bei ihr konnte ich meine Sorgen um seine Zukunft tonnenweise abladen. In stundenlangen Telefonaten half sie mir, eine gute Mischung von Abgrenzung und Unterstützung zu finden. Ich bin ihr so dankbar.»

Feminismus und Lebenserfahrung veränderten den Blick auf die Männer. Während wir früher selbstverständlich den Mann in den Mittelpunkt stellten, nehmen wir heute die Qualität seiner Präsenz genauer unter die Lupe. Wenn Männer einfach nur noch als Mitmenschen ohne den Glorienschein der Sinn- und Erfüllungserwartungen betrachtet werden, wenn nur noch die Beziehungsfähigkeit, die Bereitschaft zum Gespräch, die Fähigkeit zu Kompromissen, Spontaneität, Offenheit und das Geschick, eine geborgene Atmosphäre zu schaffen zählen, dann vermögen sie mit Frauen nicht immer zu konkurrieren. Eine 54jährige geschiedene Akademikerin, die in einem tragenden Netz von Frauen lebt, begründet ihre Lebensweise: «Das Verhältnis von Aufwand und Ertrag stimmt bei Frauen einfach besser. Männer erwarten, daß ich den roten Teppich ausrolle, sie anrege, aufwärme und bekoche, während Frauen vielmehr von sich aus entgegenkommen. Mit Männern lassen sich zwar interessante Gespräche führen, aber der Aufwand, ihnen wirklich nahe zu kommen, ist enorm, besonders seit Sexualität für mich nicht mehr so aktuell ist. Es ist erstaunlich, wie viele anregende und gute Frauen in meinem Alter für Unternehmungen und Freundschaften zu haben sind. Sie sind viel kontaktfähiger und öffnen sich leichter. Mit einem Mann Offenheit zu erreichen ist Schwerstarbeit. Bei Frauen bekommt man das vergleichsweise geschenkt. In meinem Alter gibt es viel mehr spannende Frauen als Männer, und sie haben gelernt, Frauenbeziehungen zu schätzen und sorgfältig damit umzugehen.»

Der Übergang von einer Frauenfreundschaft in eine lesbische Beziehung scheint fließend zu sein. Auch durch lesbische Beziehungen versuchen Frauen, den Einengungen durch die Geschlechterrollen zu entkommen. Sexualität ist bei Frauen stärker in die Gesamtbeziehung eingebunden. Gail Sheehy weist auf einen neuen Trend hin: Frauen, die ihr ganzes Leben lang heterosexuell waren, gehen nach fünfzig homosexuelle Beziehungen ein. Sie finden Partnerinnen, die zärtlicher und den Zeichen des Alterns gegenüber toleranter sind als Männer *(SGc S. 405)*.

Die feministische Euphorie über die Wiederentdeckung vom Wert der Frauenfreundschaften erhielt durch die sehr realen Beziehungsprobleme zwischen Frauen einen Dämpfer. Bei Frauenbeziehungen schwingt häufig eine Mutterübertragung mit. Hungrige Frauen suchen bei Frauen die nährende Geborgenheit, die sie bei ihren Müttern vermißten, und bilden Schon- und Trostgemeinschaften, die Riesenerwartungen wecken und leicht zu Enttäuschungen führen. Die weibliche Sehnsucht nach Nähe behindert notwendige Auseinandersetzungen zwischen Freundinnen. Auch Frauen tragen das tiefsitzende Mißtrauen der Kultur dem Weiblichen gegenüber in sich, was ihnen die Kraft nimmt, die in jeder langen Freundschaft auftretenden Durststrecken zu überwinden. Im Gegensatz zu den Männern fehlt Frauen häufig das Training zu einem offenen Umgang mit Rivalität, und die indirekten Strategien der Machtlosen sind Freundschaften nicht eben förderlich. Die größere gefühlsmäßige Nähe und Vertrautheit zwischen Frauen wird dann sehr gefährlich, weil Verletzungen mit einer Präzision und Zielsicherheit zugefügt werden können, die durch den Schleier der Geschlechterdifferenz hindurch kaum möglich ist. Auch die vielpropagierte Frauensolidarität weckt falsche Hoffnungen und setzt unerreichbare Maßstäbe. Frauen sind nicht einfach die besseren Menschen. Aber sie sind vertrauter und häufig leichter zugänglich als auf Macht und Image getrimmte Männer.

6 Das dunkle Mittelalter

6.1 Der Tod als eigene Zukunft

Das mittlere Alter gibt den Blick auf die Endlichkeit des Lebens frei. Alter und Tod, in jüngeren Jahren leicht zu ignorieren, drängen sich als eigene Zukunft ins Bewußtsein und verändern das Lebensgefühl. Diese Bewußtseinsveränderung stellt sich gegebenenfalls auch früher ein. Schicksalsschläge, Unfälle und Krankheiten beeinflussen die Grundstimmung, wann immer sie auftreten. Sie zerschlagen die Glasglocke falscher Sicherheit und zerstören den arroganten Optimismus in einer Sekunde. Die Illusion der körperlichen Unversehrbarkeit löst sich im mittleren Alter zunehmend auf. Wer nicht selbst betroffen ist, wird durch Krankheiten und Todesfälle in der Familie und im Bekanntenkreis an die eigene Verwundbarkeit erinnert.

Die weibliche Seinsform konstelliert eine intime Beziehung zum Tod. Frauen müssen den Kontakt zum Tod nicht durch Herausforderungen, durch gefährliches Verhalten am Rande der Sicherheit aufrechterhalten. Sie brauchen weder Kriege noch Abenteuer, um mit dem Tod ins Gespräch zu kommen. Wenn eine Geburt den Körper zerreißt und eine alte Identität vernichtet, sitzt der Tod in der Nähe. Der Hüterin verwundbarer Kleinkinder stockt der Atem in Todesangst, wenn ein Kleinkind in der Nähe einer verkehrsreichen Straße entwischt oder wenn seine Temperatur plötzlich hochschnellt. Der Tod kündet sich immer wieder im eigenen Körper an. Jeden Monat bedauert er blutend den Tod eines befruchtungsbereiten Eies. Lebendigen Leibes erlebt die Frau den Tod ihrer Fruchtbarkeit in der Menopause.

Der Tod der Eltern, der Tod der Fruchtbarkeit und das

Schwinden jugendlicher Vitalität zerreißen den Schleier, der uns vor dem Anblick des Todes geschützt hatte. Tod, die dunkle Ahnfrau, wartet in ihrem Reich auf uns. Der Anblick des Todes verändert die Prioritäten. Die Grenzen zwischen relevant und irrelevant definieren sich neu. Wie der Tod, dessen Vorboten sich in den kleinen Zeichen des Abbaus langsam im Körper einnisten, uns berührt, hängt von seiner Bedeutung ab. Wo der Tod als endgültige Vernichtung, als das definitive Ende des Lebens erscheint, verursacht sein fernes Aufscheinen am Zukunftshorizont anderes, als wenn er sich als Übergang präsentiert. Dem Leben als Gerade zwischen den Punkten Geburt und Tod stellt sich das Bild des Kreises gegenüber, auf welchem das Leben in einem Kontinuum durch verschiedene Stadien geht. Die weibliche Verbundenheit mit den körperlichen Zyklen öffnet Frauen für den Gedanken des Stirb und Werde. Im Jahresablauf der Natur mit seinem blühenden Erwachen im Frühling, seinem warmen Wachsen im Sommer, seiner reifen Ernte im Herbst und seiner kräftesammelnden Winterstarre verwirklicht sich das Prinzip einer fortdauernden Transformation. Auf die Nacht folgt der Tag und auf den Schlaf das Wachen. Dies alles legt uns nahe, den Tod als eine Wandlung, als einen Übergang, als ein Tor in ein neues Land aufzufassen.

Der Angst vor dem Tod die Vision des Neuanfanges in der Lebensmitte entgegenzusetzen, verfälscht beides. Das Wissen um die Sterblichkeit würzt die Zukunftspläne. Die Verdrängung dieses Wissens degradiert sie zu Fluchtbewegungen.

6.2 *Das Leben ist unfair*

Die Wechseljahre als Zeit des Übergangs, des Nicht-Mehr und Noch-Nicht sind auch die Zeit des Rückblicks und des Entwurfes. Die Frage nach dem Gehalt der zu Ende gehenden Lebensphase stellt sich. Bewußt oder unbewußt wird Bilanz gezogen. Das Selbstwertgefühl hängt von der eigenen Einordnung auf einer individuellen Wertskala ab. Die Subjektivität dieser Wertskala führt zu Selbsteinschätzungen, die Außenstehende oft in Erstaunen versetzen. Die Zufriedenheit mit dem Leben hat mit objektiven Erfolgen oder Mißerfolgen wenig zu tun. Es ist die geheime Meßlatte im Inneren, die die Beziehung zum bisher Erreichten definiert und damit zur Grundlage für die Beurteilung des Lebens wird. Andere Menschen können zu Maßstäben werden. Jede Frau vergleicht sich mit anderen. Manchmal wird die Freude über den Erfolg der Schwester durch das Gefühl getrübt, überholt worden zu sein. Die Bilanz der mittleren Jahre sähe mit einer anderen Meßlatte natürlich ganz anders aus. Vielleicht steht gar nicht eine Bestandsaufnahme des bisher Gelebten als vielmehr eine Überprüfung des Maßstabs an.

Inwiefern wir den Verlauf unseres Lebens als fair oder eben als unfair empfinden, beeinflußt unsere Grundbefindlichkeit ebenfalls. Ein unbewußter Kontrakt mit dem Leben bestimmt Handlungen und Einordnungen: Wer zu Hause bleibt und sich voll den Kindern widmet, wird durch deren Gedeihen und Lebenstüchtigkeit belohnt. Wer sich seinem Partner anpaßt und nicht zuviel von ihm verlangt, lebt immer in einer guten Ehe. Wer verheiratet ist, wird lebenslänglich versorgt sein. Berufliche Kompetenz zieht Anerkennungen und Beförderungen nach sich. Kurz: Wer immer strebend sich bemüht, den wollen wir erlösen. Für einige geht diese Rechnung auf. Für viele nicht. Das Leben bricht den Kontrakt, und wir stehen im Regen.

Das eigene Kind, um dessentwillen eine Mutter den Beruf aufgegeben und ihre Interessen zurückgestellt hat, driftet mit fünfundzwanzig immer noch unentschieden herum, träumt von einer Künstlerkarriere und liegt den Eltern auf der Tasche und auf der Seele, während das Kind einer Nachbarin, die sämtliche Regeln brach, sich von ihrem Mann trennte und die Kinderbetreuung wegen Berufstätigkeit häufig delegierte, ihr Staatsexamen erfolgreich bestanden hat. Die Frau, die in ihrer Bemühung um einen bindungsscheuen Mann ihre Geborgenheitswünsche immer wieder schmerzhaft zurückstellen mußte, lebt nach zehn Jahren immer noch alleine, während ihre frisch geschiedene Freundin sich nach einem Jahr wieder verheiratet. Die disziplinierte, kultivierte Ehefrau, die ihr Talent in ein gepflegtes, gastliches Heim fließen ließ und sich nach Kräften bemühte, die Wünsche ihres anspruchsvollen Ehemannes zu erfüllen, wird plötzlich mit einem Scheidungsbegehren ihres Mannes konfrontiert, während ihre unbekümmerte Schwester, die sich nie um die frischen Hemden ihres Mannes sorgte und sich einmal heftig und indiskret in einen anderen verliebt hatte, in einer sich mit zunehmendem Alter vertiefenden Ehe lebt. Trotzdem die Berufsfrau ihr Privatleben zurückgestellt hatte, um einen vollen Einsatz zu leisten, hat sich ihre Karriere nicht wie erhofft entwickelt, während eine unbeleckte Wiedereinsteigerin und Mutter von vier Kindern dank ihrem unerfahrenen Enthusiasmus sehr schnell vorwärtskommt.

Die tiefsten Verletzungen sind die, die wir als unfair empfinden. Das Leben spielt mit gezinkten Karten, das Schachbrett kippt um, und ein Florettfechter blickt in den Lauf einer Pistole. Der ausgesprochene oder unausgesprochene Grundkontrakt zwischen zwei Menschen wird einseitig gebrochen, und das subtile Balancespiel von gegenseitigen Verpflichtungen und Rücksichtnahmen löst sich plötzlich auf. Eine Krankheit vernichtet die Früchte einer sorgfältig geplanten Weiterbildung, der jahrelang viel Frei- und Familienzeit geopfert wurde. Wir können uns darauf verlassen, daß uns das Leben ein gerütteltes Maß an Leid beschert. Manchmal fügen wir dieser unvermeidlichen Last selber unnötiges Leid hinzu. Wir insistieren, daß all das Leid uns nicht zustoßen sollte und belasten unsere Bürde zusätzlich mit einem verzweifelten Gefühl persönlichen Mißgeschicks. Sheldon Kopp schreibt: «Meistens sind meine Entscheidungen nicht bewußt. Weitaus häufiger merke ich irgendwann unterwegs, daß die Entscheidung bereits getroffen ist . . . An diesem Punkt muß ich mich dreinschicken. Ich kann die Verantwortung für die Wahl übernehmen, oder ich kann den Rest meiner Tage damit verbringen, mich gegen das Leben, so wie es nun einmal ist, zu wehren.» *(KS S. 175)*

Der feministische Blickwinkel entlastet. Die Spielregeln des Patriarchats sind unfair. Vormals als subjektive Schwäche und Unentschiedenheit abgebuchte Verhaltensweisen entpuppen sich als Folgen gesellschaftlicher Rahmenbedingungen, gegen die eine einzelne Frau nur sehr wenig ausrichten konnte. Diskrete, aber wirkungsvolle Diskriminierung in der Berufswelt, tiefsitzende einengende Geschlechtsrollenbilder, mangelnde Angebote verantwortbarer Kinderbetreuung behinderten Frauen unserer Generation auf breiter Basis.

Das Leben packt reife Frauen durchaus nicht immer mit Samthandschuhen an. Von sich ablösenden Kindern kritisch begutachtet, von alternden Männern gemieden und als Berufsfrau zum alten Eisen geworfen, verlieren sie an Boden. Die Verhandlungsposition der Frau im mittleren Alter, die zugunsten der Kinder auf eine berufliche Weiterentwicklung verzichtet hatte, ist schlecht. Vom Versorgungsstandpunkt aus kann sie es sich kaum leisten, eine schädliche Ehe zu verlassen. Die einzige Möglichkeit, sich vor Armut zu schützen, besteht für viele Frauen darin, bei ihrem Mann zu bleiben. Trennungen im mittleren Alter gefährden die Altersvorsorge der Frau. Frauen, die sich wohl verhalten haben, die nach den Regeln des Patriarchats spielten, riskieren am meisten: Die Mutter und Hausfrau, die die «natürliche weibliche Rolle» voll durchgezogen hat, hängt finanziell völlig von ihrem Mann ab. Nach den Brauchbarkeitsnormen des Patriarchats wird die Frau langsam obsolet: Ihre Verwendbarkeit sowohl als Gebärerin und Mutter sowie auch als Vorzeigeobjekt, als Liebhaberin nimmt ab (vgl. 5.3.2). Die vom Patriachat geforderten Dienstleistungen können beim besten Willen nicht mehr vollbracht werden. Am Arbeitsplatz genießt der Mann größeres Ansehen als die Frau. Männer werden als fähiger wahrgenommen. Sie bewegen sich mit größter Sicherheit und beanspruchen Hilfestellungen und Promotionen mit einer Selbstverständlichkeit, die Frauen oft abgeht. Die informellen Beförderungsmechanismen favorisieren Männer. Familienbedingte Berufsunterbrechungen schaden Frauen zusätzlich. Auch einsatzfreudige Frauen avancieren deshalb langsamer als Männer. Nicht selten sind Frauen daher fähiger als ihre männlichen Vorgesetzten – eine Konstellation, die der Psychohygiene der Beteiligten nicht immer zuträglich ist. Bei näherem Hinsehen zeigt sich, daß gerade intellektuell begabte und ausgebildete Frauen unter den Folgen von Selbst- und Fremddiskriminierung zu leiden haben (vgl. 2.5.4). Ungünstige Konstellationen verschlingen sehr viel Energie. Dem muß Rechnung getragen werden. Es ist wichtig, daß diese manchmal sehr substantiellen, aber unsichtbaren Leistungen innerlich richtig eingeordnet werden. Anstatt sich wegen der verminderten Arbeitsleistung Vorwürfe zu machen, wäre in manchen Fällen ein Selbstlob für das Überleben im unwirtlichen Biotop eher am Platz. Das Ignorieren der beschriebenen Energieverluste führt automatisch zur Selbstüberforderung. Das Budget zu überziehen ist auch im psychischen Bereich ungünstig. Was als systemimmanente Benachteiligung erkannt wird, muß nicht mehr auf das Konto individuellen Versagens abgebucht werden. Vor diesem Hintergrund gelingt es Frauen eher, sich für ihre einsamen Kämpfe zu honorieren.

Eine Bilanz ruft nach einer einheitlichen Währung. Und genau die fehlt den Frauen unserer Generation. Wer kann mit sich zufrieden sein? Ist es die Berufsfrau, die im Interesse eines balancierten Lebens den großen Einsatz nicht leistete und nun bei einem mittelmäßigen Einkommen eine ruhige Kugel schiebt und viel Energie für Außerberufliches übrig hat? Ist es die engagierte Hochleistungsfrau, die sich auf dem Weg nach oben viele Bedürfnisse versagt hat und nun ihre Pionierstellung und die spannenden beruflichen Herausforderungen genießt? Ist es die Frau, die sich in der Schale einer erloschenen Beziehung recht wohnlich eingerichtet hat und mit ihrem Mann in erwartungsloser Freundlichkeit zusammenlebt? Ist es die Konsequente, die die Trennung riskierte und nun unter Aufbietung aller Disziplin gegen ihre Geborgenheitssehnsüchte ankämpft? Es gibt kein Rezept: Die Wege in den Himmel sind so zahlreich wie die Suchenden, und die Himmel tauchen in den unwahrscheinlichsten Winkeln auf.

Verbindliche Maßstäbe für ein Frauenleben sind uns abhanden gekommen. Viele Familienfrauen entwerten sich wegen mangelndem Erfolg in der Außenwelt. Sie werfen sich verpaßte Gelegenheiten zur Berufstätigkeit vor und fühlen sich als Nur-Hausfrauen. Alleinstehende oder kinderlose Berufstätige bereuen den Preis, den sie für ihre Autonomie bezahlt haben. Frauen, die beide Welten kombinieren, sind oft zu müde, um überhaupt noch nachzudenken. Sie verurteilen sich wegen Vernachlässigung der Familie und mangelndem Engagement im Beruf. Für sie gibt es wenig Leitbilder. Der Triathlon Familie, Haushalt und Beruf hält sie so sehr in Atem, daß sie kaum dazu kommen, darüber zu staunen, wie sie das alles schaffen. Wie ein jonglierender Seiltänzer balancieren sie mit einem Bein auf dem Hochseil, während sie um das andere Ringe kreisen lassen und gleichzeitig sieben Bälle in der Luft behalten. Atemberaubend. Und solche Frauen beschuldigen sich, zuwenig zu lesen, nicht schlank genug, nicht geduldig, nicht organisiert genug zu sein.

Hier braucht es eine veränderte Optik. Eine Bilanz im mittleren Alter, die die äußeren und inneren Voraussetzungen mit allen unsichtbaren, aber wirksamen Hürden wirklich in die Rechnung einbezieht, dürfte bei vielen Frauen sehr viel positiver ausfallen. Sich unter gewissen Umständen überhaupt im Gleichgewicht zu halten, bedeutet eine respektable Leistung. Den spröden Umständen Energie und Mut zu Veränderungen abzuringen, zeigt große Kraft. Für die Bilanz eine den individuellen und überindividuellen Umständen angemessene Währung zu finden, ist eine zentrale Aufgabe der mittleren Jahre. Unser Leben mit seinen je individuellen Voraussetzungen bildet ein einmaliges Gesamtkunstwerk, das sich mit keinem anderen vergleichen läßt.

6.3 Der Fluchtweg «Zukunft» verengt sich

Im schwindenden Tümpel auslaufender Sinnstrukturen schießen die Fische unruhig umher, schnellen hoch und landen womöglich auf dem trockenen. Gedanken suchen verzweifelt nach einem Ausweg, drehen sich im Kreis und besetzen uns mit ihrer unerlösten Hektik. Eine Wandlung steht an. Wir kommen nicht darum herum, uns mit den Ursachen von Trauer, Wut und Bitterkeit zu konfrontieren, die uns beschäftigen, obschon wir sie verdrängten. Häufig ist das mittlere Alter die Zeit, in der wir uns mehr als früher mit Unabgeschlossenem herumschlagen müssen.

Das mittlere Alter setzt den unbeschränkten Möglichkeiten ein Ende. Die jugendlichen Siege des Begehrt- und Gebrauchtwerdens und der Hochleistungen schieben sich außer Reichweite. Das alte Spiel kann nicht mehr gewonnen werden, und der Versuch, einen Sieg herbeizumogeln, wird immer aufwendiger und frustrierender. Das Spiel der körperlichen Anziehungskraft, das Spiel der unbegrenzten Leistungsfähigkeit und des äußeren Erfolges bietet immer weniger Befriedigungen. Die Anstrengung, männliche Sehnsüchte auf sich zu ziehen, wird gleichzeitig größer und zweifelhafter. Ernüchterungen über das Berufsleben haben sich eingestellt. Das kränkt und verunsichert. Das Leben ist vorbei – oder zumindest eine bestimmte Variante davon. Wer sich am alten Spiel festklammert, wird es verlieren. Der auf das Spielfeld eingeengte Blick verpaßt die ganze Weite einer neuen Betrachtungsweise. Es gilt, vom Alten Abschied zu nehmen.

Wer im mittleren Alter der Wandlung ausweichen will, merkt mit Schrecken, daß der alte Fluchtweg in eine phantasierte Zukunft langsam abgeschnitten wird. Früher ließ sich alles aufschieben, weil unendlich viel Lebenszeit zur Verfügung stand. Man ließ sich mit Entscheidungen Zeit, in der Annahme, sie schon rechtzeitig treffen zu können, und lebte mit Kompromissen, die durch die Erwartung einer bevorstehenden Änderung erträglich wurden. In der Jugend federn Energie, Attraktivität und Zukunftsvisionen immer wieder den Zusammenprall mit der Realität ab. Es wird alles anders werden, wenn die erstrebte Berufstätigkeit, der richtige Mann oder das ersehnte Kind da sind. Noch eine Therapiesitzung, und meine Blockade löst sich endgültig auf. Demgegenüber hat sich eine Fünfzigjährige durch so viele Fluchtwege,

Szenen- und Beziehungswechsel mitgenommen, daß sie langsam merkt: ich kann mir nicht entgehen. Das wachsende Bewußtsein der Endlichkeit des Lebens verändert den Stellenwert vergangener Handlungen. Wer eine unbegrenzte Zukunft vor sich hat, kann jede Handlung durch eine spätere korrigieren. Entscheidungen sind vorläufig und der Ausgang offen. In der Lebensmitte beginnt die Zeit für Korrekturen auszulaufen. C'est le provisoire qui dure. Solange die gegenwärtige Realität als vorläufiger Übergang in das Eigentliche, das Richtige erlebt wird, läßt es sich mit Unvollkommenem komfortabel leben. Das Älterwerden wandelt Vorläufiges in Definitives. Wie man sich bettet, so liegt man, auch wenn man während des Bettens von anderen Betten träumte – oder besonders dann. Rückblickend entpuppen sich damals leichtfertig getroffene Entscheidungen als irreversible Lebensweichenstellungen, deren Konsequenzen die Illusion der Vorläufigkeit überwältigen. Wer sich festlegte, schnitt sich damit andere Möglichkeiten ab und engte sich ein. Wer sich alle Türen offenhalten wollte, verpaßte schließlich das Eingangstor zu einer vertieften Existenz. Der durch das Aufschieben geschaffene Leerraum füllte sich mit nicht Beabsichtigtem. Die Vermeidung der Wahl ist auch eine Wahl und bestimmt in der Folge genauso die Richtung. Sehnsüchtig wünscht sich der Dichter Gottfried Benn die Offenheit der Jugendzeit zurück: «Noch einmal ein Vermuten, wo längst Gewißheit wacht...» (vgl. Kapitel 7.1). Die Sehnsucht, noch einmal die stürmische Dringlichkeit zu erleben, die sich angesichts von nüchtern erkannten Möglichkeiten nicht mehr einstellen will, klingt hier an. Mit dem Älterwerden erfährt man vieles, das man gar nicht wissen will. Von den jugendlichen Luftschlössern bleibt nur die Luft. Das hoffnungsvolle Offenlassen, das die Realität in ein Lichterspiel freudiger Erwartungen hüllte, wird unrealistisch. Irgendwann muß man sich der Einsicht stellen, daß die große Veränderung ausbleiben wird. Solch unfrohe Botschaften mußten auch früher verkraftet werden. Was ihnen im mittleren Alter jedoch besonders spitze Zähne gibt, ist einerseits die Häufung und andererseits ihre zunehmende Unausweichlichkeit. Trotz verpaßter Promotion – oder vielleicht genau deswegen – fehlt der Mut, nochmals eine neue Stelle zu suchen. Der dritte Anlauf zu einer Weiterbildung ist schon vor Kursbeginn an der Kollision mit familiären Ferienterminen gescheitert und der Kampf um eine jugendliche Silhouette definitiv verloren. Die alternde Prinzessin, die sich inkognito unter dem gemeinen Volk bewegt, sieht die Wahrscheinlichkeit einer Krönung rapide schwinden. Ihr Mann bleibt und bleibt ein Frosch. Unzählige Versuche, sich verständlich, sich sichtbar zu machen, zeigten vor allem die unübersetzbare Verschiedenheit von Frau und Mann, und der jugendliche Elan, ein weiteres Mal die Schmerzen einer Annäherung zu riskieren, schwindet. Die große Metamorphose, die den prächtigen Schmetterling aus der unscheinbaren Puppe schält, ist kaum mehr zu erwarten. Wenn der Fluchtweg Zukunft sich langsam schließt, erscheint die Gegenwart eng. Man kann sich immer weniger entkommen. Das Schicksal packt uns am Genick und stößt uns mit der Nase auf das Verdrängte. Das Ausweichen gelingt irgendwann nicht mehr, allein die Auseinandersetzung mit dem mühsam Ignorierten bringt die Wende.

6.4 Der Passionsweg der Veränderung

Der Weg der Wandlung verläuft sehr unterschiedlich. Veranlagung, Lebensgeschichte und äußere Einflüsse konstellieren weit auseinanderliegende Reaktionen auf die Ereignisse der mittleren Jahre. Von einer unmerklichen Integration des Neuen über eine Phase melancholischen Innewerdens von Verlusten bis zu einem ins Körperliche gehenden Zusammenbruch ist alles zu finden. Graduelle Veränderungen und langsame Beziehungs- und Prioritätsverschiebungen erlauben einen fließenden Übergang zu einem nächsten Stadium. Andererseits erleichtern sie Verdrängungen. Unsanfte Erschütterungen lassen keine Wahl. Der Blitz aus heiterem Himmel zeigt ohne Zweifel, daß die Wetterlage falsch eingeschätzt wurde.

Der Passionsweg von einem alten zu einem neuen Selbst umfaßt verschiedene Stadien, die oft, aber gar nicht immer, in einer bestimmten Reihenfolge auftreten. Die Angst vor dem Neuen deckt die Risse im Gemäuer vorerst mit Verleugnungen zu. Langsam verdichten sich die Gefühle der Unzufriedenheit und der Selbstentfremdung. Auch Auslöser von außen, wie etwa der Auszug des letzten Kindes, eine Trennung oder eine Kündigung holen Verdrängtes herauf. Unbewußtes wird bewußt. Das Gebrodel im Topf hebt den Deckel.

Unterdrückte Gefühle brechen hervor. Da Negatives verdrängt wurde, beherrschen nun Verzweiflung und Wut die Szene. Gefühlsstürme erschöpfen und schwächen das Immunsystem. Die Anfälligkeit für Krankheiten steigt. Schuldzuweisungen und Selbstvorwürfe versuchen das Ganze zu erklären, um eine wenn auch negative Ordnung in das Chaos zu bringen. Die Stille nach dem Sturm füllt sich mit Trauer. Verstimmung und Rückzug folgen der Selbstverurteilung. Der Krebs stößt seine zu klein gewordene Schale ab. Ungeschützt und verwundbar zieht er sich unter die Steine zurück, bis die neue Schale nachgewachsen ist. Wenn es gutgeht, taucht in der Ferne ein Hoffnungsfünkchen auf und signalisiert das Ende der dunklen Strecke. Das resignierte Abfinden mit sich selbst wandelt sich zu einem Begreifen und Akzeptieren.

Wir durchlaufen immer neue Veränderungszyklen. Vage Gefühle der Unruhe konkretisieren sich zu einem bewußten Bedürfnis, zu einer Richtung. Damit öffnet sich der Raum für Gedanken und Bilder über Handlungen und Handlungskonsequenzen. Die konkrete Handlung als nächster Transformationsschritt zieht wiederum Konsequenzen nach sich, die die innere und äußere Situation neu definieren. Das wirkt auf das Unbewußte zurück. Dort entsteht eine neue Konstellation, die wiederum das Bewußtsein beeinflußt und so weiter. Mit anderen Worten: Leben ist Veränderung. Der Wechsel von Unruhe und Ruhe gehört dazu wie Ein- und Ausatmen. Größere Transformationsbögen kündigen sich durch größere Unruhe an.

Für eine erfolgreiche Beendigung des Weges besteht keinerlei Garantie. Schmerzliche Erfahrungen, Charakterschwächen, die immer dieselben Mißerfolge konstellieren, und unglückliche Umstände häufen sich im Lauf des Lebens langsam an. Es gilt immer wieder, den Kopf über der schwarzen Brühe zu halten. Manchmal steigt ihr Pegelstand mit dem Älterwerden an, als kumulativer Effekt und weil die Kräfte zu ihrem Abschöpfen schwinden. Der Nahkampf mit den inneren Monstern ermüdet. Dünnhäutiger geworden, beginnen wir uns zu schützen, ziehen uns zurück und verwässern damit unser Leben. Es gibt genügend Hürden, an denen eine Frau im mittleren Alter straucheln kann. Manchmal raubt eine Anhäufung von Verlusten schließlich definitiv die Lebensfreude. Die große Wende, der Neuanfang im mittleren Alter ist keineswegs einfach vorprogrammiert. Nach Carolyn Heilbrun entscheidet sich eine Frau in den Fünfzigern, entweder solange wie möglich zu leben, oder aber sie beginnt, das Leben als Belastung zu empfinden. Mit fünfzig wird eine Frau entweder wiedergeboren oder sie beginnt zu sterben.

«Die Zeit heilt Wunden» steht im Widerspruch zur Zeitlosigkeit des Unbewußten. Auch wenn der Schmerz einer Krise seine Schärfe verloren hat, bleibt doch die Anfälligkeit für eine bestimmte Art von Verletzung. Im Unbewußten sind die Schmerzkapseln eingelagert, die bei passenden Erschütterungen wieder aufplatzen. Nach seinem Seitensprung schaffte ein Paar den schmerzhaften Rückweg über den Glutteppich des Mißtrauens in die erneute Geborgenheit, aber die angeregte Unterhaltung des Mannes mit einer Tischnachbarin bei einer Einladung holt die längst versunkene Verzweiflung herauf, und auf dem Heimweg fliegen die Fetzen. Auch verheilte Wunden hinterlassen Narben, die sich bei Wetterveränderungen bemerkbar machen. Unglücklichsein kann, unabhängig von neuen Verletzungen, zur Gewohnheit werden. Besser im vertrauten Unglück sitzenbleiben, als wieder Hoffnungen und damit neue Verletzungen zu riskieren. Viele mumifizieren sich in der Weigerung, den Passionsweg zur Veränderung unter die Füße zu nehmen. Wer in der Verleugnung steckenbleibt, gelangt nie zum Stadium des Akzeptierens. Andere gehen in der Wüste furchtloser Selbstanklagen verloren oder bleiben in den Dornenhecken bitterer Rechtfertigungskämpfe hängen.

Und doch heilt die Zeit Wunden. Auch das unerträglichste Leid, der brennendste Schmerz wüten nicht in alle Ewigkeit, sondern schwächen sich mit der Zeit ab. Leiden erschöpft, und Erschöpfung stumpft ab. Im Schutz der Ermattung sammeln sich die Kräfte der Veränderung. Aber auch der Druck von außen ist dem Wandel der Zeit unterworfen. Er lagert sich um, und der Druckpunkt verschiebt sich und vermindert sich gelegentlich. Der Freundin des Mannes wird das Versteckspiel zuviel, und sie zieht sich zurück. Die nächtelang verschwundene und tagelang ausschlafende frech wuchernde Tochter wird über Nacht zu einem zivilisierten ansprechbaren Familienmitglied. Ein neuer Mitarbeiter im Team bricht eine belastende Gruppenkonstellation auf. Junge Menschen deckt das Leid ausweglos zu. Es fehlt ihnen die Erfahrung des Lichtes auf der anderen Seite des Tunnels. Lebenserfahrung vermittelt ein Koordinationssystem, in das sich Leid einordnen und damit relativieren läßt. Jugendliche Selbstmorde hängen mit der unerfahrenen Verabsolutierung des Leides zusammen. Im mittleren Alter haben wir gelernt, auch die schlimmsten Perioden als vorübergehend zu betrachten und wissen während des mühsamsten Engpasses, daß es nicht so bleiben wird. Niemand ist im mittleren Alter mit heiler Haut davongekommen, aber vielleicht mit geheilter, und der geübte Umgang mit Verletzungen mindert ihre Gefährlichkeit.

In der Folge sollen nun einzelne Stadien des Passionsweges zur Veränderung zur Sprache kommen: Verdrängung, Krise, Wut, Trauer und Neuintegration.

6.4.1 Die Versteinerung in der Gewohnheit

Die Leistungsnormen für ein erfolgreiches Innenleben verlangen ein heiteres Durchsegeln des Klimakteriums. Tapferer, disziplinierter Optimismus, lächelnde Zufriedenheit als anstrengende Pflichtübung und Schutzfassade inszenieren heile Welt. Häufig erwischten wir bei der Sozialisierung zur Frau eine Überdosis an Forderungen in Richtung weiblicher Opferbereitschaft und Beziehungsverantwortlichkeit. Wir mußten vor uns selbst als gütige, geduldige, zufriedene und optimistische Menschen auftreten, die in heiterer Zuversicht durchs Leben gehen und in unermüdlicher Flexibilität unerwartete und widersprüchliche Anforderungen mit links bewältigen. Das kann alles hintergründig recht anstrengend werden. Auf der Unterseite des schönen Steines im Garten wimmelt es von allerlei Getier. Wer sich als Opfer der Umstände, des Patriarchats oder der Berufswelt versteht, braucht den Stein vielleicht nicht umzudrehen. Diese Version der Dinge hat durchaus ihre Wahrheit und ihren Nutzen. Verdrängung gehört streckenweise zu einer adäquaten Lebensbewältigung. Wer ständig ängstlich in sich hineinhorcht und jedes Gefühlchen beobachtet, beschnuppert und analysiert, verpaßt das Leben. Indessen erfordern Veränderungsphasen irgendwann eine Auseinandersetzung mit den durch sie hervorgerufenen Ängsten und Verlusten. Zu behaupten, in der Menopause verändere sich nichts, ist kein Trost, sondern Anstiftung zu innerem Kontaktverlust *(GG S. 313)*.

Solange es geht, klammern wir uns sicherheitsbedürftig an das, was wir bereits kennen. Wie im Comicfilm, wo die Beine der verfolgten Figur über der Leere des Abgrundes immer noch rennen, verhalten wir uns, als ob nichts geschehen wäre. Eine Frau beschreibt diese Situation folgendermaßen: «Wie ein verwundeter Soldat, der sich nicht hinlegt aus Angst zu sterben, marschierte ich weiter. Weshalb? Einzuhalten hätte bedeutet, die Art und Weise aufzugeben, mit der ich mich ‹wirklich› machte, das heißt für mich, nützlich zu sein für andere in der äußeren Welt – genau wie ich mich als Kind ‹wirklich› gemacht hatte, indem ich mich beschäftigte und mich so gegen die traurige Unwirklichkeit meines Daheims abschottete, in der ich meine depressive Mutter betreute.» Der Kopf im Sand löscht das Bild der Gewitterwolken am Horizont. Eingeschliffene Lebensabläufe bieten Halt und nehmen überhand. Die Küche muß vor dem Schlafengehen aufgeräumt werden, egal wie spät die Gäste sich verabschieden. Das Kofferpacken geschieht genau so und nicht anders, und ohne das mitgenommene Spezialkopfkissen ist an Schlaf nicht zu denken. Amor hat sich strikt an den Stundenplan zu halten, sofern das unberechenbare Bürschchen nicht schon längst entflattert ist. Die Rillen des Gewohnten vertiefen sich und zeichnen den Gang der Dinge vor. Unberechenbares, spontanes Leben stört und verunsichert. Einengende, ausgefeilte Gewohnheiten decken das Anstehende vorerst zu, und eine Zeitlang wird alles noch komplizierter und noch rigider. Pseudoaktivität verunmöglicht die gefürchtete Ruhe, in der halb Vermutetes und Bedrohliches an die Oberfläche kommen könnte. Vorsichtige Höflichkeit und distanziertes Funktionieren vermeiden Belastungsproben oder Klärungen. Hypochondrische Beschäftigung mit Fitneß, Gewicht und Gesundheit bilden Pseudointeressen und lenken ab. Früher bedeutungsvolle Beziehungsrituale entleeren sich und werden zu toten Formen, die neue Entwicklungen behindern. Offizielle Reibungsflächen verschwinden, und man weicht sich aus. Ohne Reibung kein Feuer – und ohne offene Begegnungen keine offenen Veränderungen. In der hohlen Schale des Status quo herrscht gähnende Leere. – Aber da nur noch die Schale der alten Beziehungswahrheiten vor neuen Einsichten schützt, muß sie sorgfältig gepflegt werden. Mit übertriebener Anteilnahme, unerwünschter Einfühlung und zudringlichen Wohltaten wird Zugehörigkeit erzwungen, wo sie gar nicht mehr vorhanden ist, und die damit provozierten Rückweisungen entmutigen und erschweren so die anstehende Bestandsaufnahme. Ein Gläschen zuviel rettet den Abend – und überzieht den nächsten Morgen mit einer bleiernen Schwere, die kein Nachdenken zuläßt.

Sicher, todsicher vor Veränderungen, erstarrt das Leben zur Routine.

Manchmal verhindert körperliche Erschöpfung eine anstehende Veränderung. Viele Frauen sind so stark vom Kampf um das materielle Überleben absorbiert, daß ihre einzige Sorge in den mittleren Jahren darin besteht, durch den Tag zu kommen und sich am Wochenende gerade soweit zu erholen, daß sie die nächste Woche durchstehen können. Berufsanforderungen und Angehörige binden manchmal alle verfügbaren Kräfte. Der Weg des geringsten Widerstandes erweist sich als der einzig gangbare – und das notgedrungen Versäumte wird in den hart erkämpften Ferien als depressiver Einbruch nachgeholt.

Der eigene Schatten folgte auf allen Fluchtwegen. Äußere Veränderungen erwiesen sich als ein Schlag ins Leere, wenn sich die dadurch erhofften inneren Veränderungen nicht einstellten. Das Schlaraffenland ist ein Hohn, wenn die alten Bauchschmerzen keinen Appetit aufkommen lassen, und so schwindet der Antrieb, Veränderungen zu riskieren.

6.4.2 Krise: Es war alles umsonst

Verluste, körperliche Veränderungen und sinkende Vitalität zernagen in den mittleren Jahren die Illusionen, die man sich über die eigene Person gemacht hat. Die bisherige Verankerung in der Sinngebung durch das Engagement in Beziehungen und im Beruf hält den Wogen der Verlustgefühle nicht stand. Irgendwann drückt die darunterliegende Wahrheit durch die dicke Decke der Selbsttäuschungen, mit der wir sie zu ersticken suchten. Ein englisches Sprichwort umreißt die Grenzen dieses Täuschungsversuchs: «You can fool all of the people some of the time, and you can fool some of the people all of the time – but you can't fool all of the people all of the time.»

Entwicklungsanstöße sind oft schmerzhaft. Das Neue fordert das Opfer des Alten. Alte Identitäten, alte Rollen müssen aufgegeben werden, damit eine Veränderung stattfinden kann. Oft verlassen wir die vertrauten Seinsweisen nicht freiwillig, sondern sie werden uns genommen. Wenn der Mythos von einem selbstbestimmten, nach den eigenen Wünschen geformten Leben zusammenbricht, kippen die Dominosteine alter Denk- und Handlungsgewohnheiten reihenweise um. Man überrascht sich mit Verhaltensweisen, die das Selbstbild ins Wanken bringen. Umgewichtungen spülen Unerwartetes und nicht immer Willkommenes an die Oberfläche. Das vertraute Selbstbild fällt in sich zusammen, und man kennt sich selbst nicht mehr. Die heitere Überlegenheit, die liebenswürdige Kontaktfähigkeit, die generöse Einfühlung und Hilfsbereitschaft kippen plötzlich in ihr Gegenteil um, und man begegnet im Spiegel einer Unbekannten. Renate Just beschreibt diese unruhige Zeit: «Denn über lange Phasen erlebt sich das mittlere Alter als eine verwirrte, kribbelige Zeit zwischen allen Stühlen, voller Selbstzweifel und manchmal auch voller resignativer Zerknitterung ... Als nagende, bösartige Monster tauchen die peinlichen, schamvollen Erinnerungen auf, mit herzzerreißender Gewalt springen einen zuweilen die verlorenen wunderbaren Erinnerungen an. Daß sie Legende sind, weiß man, aber das hilft nichts. Mit großer Deutlichkeit geraten einem im Mittelalter gerne die persönlichen Lebenslügen vor Augen, jetzt, wo man sich schwerlich noch aus ihrem Netz befreit.» *(JR S. 23)* In der Folge berichten drei Frauen von ihrer Krise: «Meine Menopause kam relativ früh. Nachdem ich mich von dem ersten Schock erholt hatte, dachte ich: na und? Es bedeutete einfach, daß ich nicht mehr jeden Monat bluten werde, und das freute mich. Wenn das alles ist, dachte ich, macht man wirklich zuviel Aufhebens um die Menopause. Leider war es nicht alles. Meine innere Landschaft begann sich zu verändern. Es war manchmal wie ein Alptraum. Natürlich verändern wir uns ständig, aber die Veränderungen sind graduell. Jetzt war es anders. Ich schaute in vollem Bewußtsein einem inneren Drama zu, über das ich absolut keine Kontrolle hatte.» Eine zweite Frau sagt: «Im mittleren Alter erschütterte eine Krise mein Leben. Ich fühle mich seither viel verwundbarer und nehme an, daß dies so bleiben wird. Wahrscheinlich war ich die ganze Zeit vorher auch verletzbar, aber ich habe es nicht gewußt. Ich lebte meine erste Lebenshälfte, als ob ich auf ewig alle unterstützen und mit allem erfolgreich sein könnte. Nun ist meine Erfolgsorientierung verschwunden – das Ganze ist zusammengebrochen ... es ist wirklich seltsam, nicht jemand anders sein zu müssen, nicht mehr der Welt beweisen zu müssen, daß ich gut genug bin ...» *(IM S. 90)* Eindrücklich ist auch folgendes Zeugnis: «Für mich war es, als ob ich abwechselnd entweder betrunken oder am Ertrinken gewesen wäre. Zum erstenmal in meinem Leben erfaßte ich die Bedeutung des Satzes ‹Das ganze Leben zog an ihren Augen vorbei›. Ich sah mein ganzes Leben wie auf einer großen Leinwand, die mich zur Aufmerksamkeit zwang. Orte und Menschen, die ich vergessen hatte, tauchten mit der ganzen Deutlichkeit, die sie ursprünglich hatten, wieder auf. Vergessene Situationen erschienen plötzlich in einem neuen Licht, mit einer neuen Signifikanz. Mein inneres Leben war so intensiv, daß ich kaum Zeit zum Schlafen fand. Alle alten Wunden öffneten sich gleichzeitig. Mein überwältigendes Gefühl war das der Trauer. Wenn ich Edith Piaf singen hörte: ‹Non, je ne regrette rien›, hätte ich ihr am liebsten einen Schuh an den Kopf geworfen.» *(GJ S. 112)*

Die mit jugendlicher Energie und Hoffnung gestaltete Selbstinzenierung bekommt Risse, durch die die unterdrückten düsteren Charakterseiten ins Bewußtsein quellen. Die Folgen der eigenen Unzulänglichkeiten schießen ins Kraut und drohen die gepflegten Beete des akzeptierten Selbstbildes zu überwuchern. Partner, Kinder und Freunde schlagen einem die auf sie projizierten eigenen Fehler um die Ohren. Schicksalsschläge zertrümmern Abwehrstrukturen, und die schleichende Erosion altgedienter Überzeugungen erzwingt eine kritische Bestandsaufnahme des eigenen Charakters. Eine Überdosis an Enttäuschungen und Mißerfolgen verätzen das Selbst. Das Geschaffte, das Aufgebaute und das Erhoffte liegen in Trümmern. Leer sind die Hände, die eben noch streichelten, eben noch schufen. Verluste verzehren das Reservoir der Hoffnung. Verzweiflung unterhöhlt die Kraft für einen Neuanfang. Lähmende Resignation bindet die Hände. Bitterkeit erstickt jede Freude. Mit fünfzig gibt es kein Entrinnen. Alle Verstecke wurden ausgeräuchert. Das düstere Auge der Selbstdestruktivität durchdringt jede Verkleidung. Es ist nicht gelungen. Es ist zu spät. Es wird nie mehr gelingen. Links und rechts überholen die Starken, die Begabten, die Glücklichen. Der dunkle Blick auf das Selbst zerstört die letzten Hoffnungen und drückt das Gesicht in den Schmutz des Selbsthasses. Das Destruktive als Realität in der Welt, und noch schlimmer, im eigenen Inneren, stellt sich in den Weg, der nur über die Auseinandersetzung mit den eigenen Dämonen weiterführt. Leben enthält Zerstörung. Wo negative Gefühle in einer Beziehung keinen Platz haben dürfen, lebt sie nicht. Das gilt sowohl für die Selbst- als auch für die Außenbeziehungen. Zwei Menschen begegnen sich immer auch in ihrem Ungelösten, Unerlösten und Lebensfeindlichen. Menschen sind sich unübersetzbar fremd. Daraus erfolgen unvermeidlich Verletzungen und Fehlhaltungen. Das Böse läßt sich nicht aus der Welt schaffen.

Wir überhäufen uns mit Selbstvorwürfen und wüten gegen uns selbst. Peinliche Erinnerungen überfallen uns und beweisen die eigene Charakterschwäche. Die unzähligen Sackgassen, die Fehlinvestitionen und Mißerfolge paradieren vor dem inneren Auge und machen uns zu Zwergen. Während der Menopause taucht ein altes verdrängtes Selbst wieder auf und beschuldigt uns, weil wir die Kontrolle über unser Leben anderen überlassen haben, die nun gleichgültig und undankbar sind. Der wütende Vorwurf, die besten Jahre an dies oder jenes verschwendet zu haben, ist in erster Linie ein Selbstvorwurf *(GG S. 313)*.

In unserer Gesellschaft kommt kaum eine reife Frau an subtilen oder groben Demütigungen vorbei. Demütigungen gehören insbesondere auch zum weiblichen Lebensweg. Ehe und Mutterschaft schaffen Abhängigkeitssituationen, die durchaus Demütigendes beinhalten können. Am Arbeitsplatz erfahren Frauen Demütigungen. Je älter sie werden desto mehr. Weibliche Kompetenz bedroht schwache Männer. Als Vorgesetzte suchen diese, das Selbstvertrauen ihrer Mitarbeiterinnen zu schwächen. Ein umkämpfter Stellenmarkt und schwindende Chancen auf Neuanstellung für nicht mehr junge Arbeitnehmerinnen hält Frauen an psychisch schädlichen Arbeitsplätzen. Eine traumatische Demütigung erfährt die Frau, deren Mann sich einer jüngeren Frau zuwendet. Demütigungen greifen den eigenen Wert in aller Öffentlichkeit an. Die Demütigung der Dienstbereiten, der Frau, die ohnehin ihr Leben in den Dienst anderer gestellt hat, führt zu ihrem vollständigen Auslöschen – oder zu ihrem Ausstieg aus einem Wertsystem, das seinen Anhängerinnen zuwenig bietet. Minus mal Minus gibt Plus: die Demütigung der Demütigen ist ein rüder Entwicklungsanstoß. Wer nichts zu verlieren hat, kann nur noch gewinnen.

Gegen den Überfall durch Destruktives ist niemand gefeit. Jugendliche Zukunftshoffnungen, weibliche Anziehungskraft und töchterliche Retterphantasien dünnen im mittleren Alter aus und mit ihnen eine Schutzschicht zwischen der Frau und härteren Seiten der Lebensrealität.

Nicht mehr durch Hoffnungen abgefedert, schlägt die Lebenswirklichkeit hart auf dem Boden der Realität auf. Verzweiflung ersetzt zuerst einmal die Illusion. Solange ein intensives Beziehungs- oder Familienengagement Verzichte als sinnvoll erscheinen ließ, solange die Romanze mit der eigenen Arbeit blühte, ließen sich andere Bedürfnisse mit Leichtigkeit zurückstellen. Nun ändert sich die Optik. Oft lassen der Ausblick auf die Sterblichkeit und der Rückblick auf das bisherige Leben ein Gefühl der Sinnlosigkeit aufkommen. Was soll das Ganze? Das Engagement versickert, und die Irritation über den Aufwand von Beziehungs- und Berufsritualen steigt. Der unverwirklichte Traum, die leere Wiege, der nicht stattgefundene geniale Wurf und die Unverbesserlichkeit der Allernächsten überfallen uns nun. Wegschauen nützt nichts mehr. Unangenehme Wahrheiten bedrohen die alte Ordnung, die man sich über Jahre zurechtgelegt hat. Die unausweichliche Bestandsaufnahme der mittleren Jahre schickt uns auf einen häufig mit Widerstreben unter die Füße genommenen Veränderungsweg.

6.4.3 Wehe, wenn sie losgelassen

Wenn die Grenze des Tolerierbaren überschritten ist, passiert etwas. Nach dem Motto «Bis hierher und nicht weiter» wehrt sich die verletzte Integrität. Wut stellt eine Veränderungsenergie bereit, die nicht durch Verdrängung verlorengehen sollte. Wut erzwingt Aufmerksamkeit, vorerst die eigene. Nun gilt es, sie einzuordnen. Beruhte die Integrität auf falschen Selbstbildern, die nun ein Angriff von außen zum Einsturz gebracht hat? Löst sich ungerechtfertigtes Vertrauen in andere auf, die aus der Nähe zuschlagen und nun zurückgewiesen werden müssen? Kommt der Angriff von außen oder von innen?

Die alten Realitätskonstrukte brechen zusammen. Mit dem disziplinierten Blick auf die gute Seite der Ereignisse hatten wir uns zusätzliche Lasten eingehandelt, da unsere unendliche Tragbereitschaft einen wirkungsvollen Protest verhinderte. Plötzlich nimmt eine andere Sicht der Dinge überhand, und die alten Entschuldigungen greifen ins Leere. Wut über die eigene Dummheit und Wut über erlittenes Unrecht steigen hoch. Verletzungen als Folge von selbstbetrügerischer Verdrängung und Ignoranz pfeffern den Schmerz mit Scham und sind besonders schwer auszuhalten.

Während das Alte Testament noch Auge um Auge, Zahn um Zahn und Seele um Seele forderte, sind Christen und vor allem Christinnen angehalten, nach einem Schlag die andere Wange hinzuhalten. Rache darf nicht sein. Die friedfertige Frau läßt sich vernichten, ohne daß das anmutige Lächeln auch nur eine Sekunde lang von den Lippen weicht. Mit der Rache ging auch ein Ordnungsprinzip verloren. Ursprünglich stellte die Rache eine verletzte Ordnung wieder her. Während Verletzungen, die das Gefühl der Gleichwertigkeit mit dem Angreifer nicht gefährden, integrierbar sind, rufen Verwundungen, die dieses Gleichgewicht verletzen, nach Rache. «Das Erlittene hat nicht nur Schmerz und Leiden, sondern auch ein Gefühl des Ausgeliefertseins, der Schwäche und der Minderwertigkeit aufkommen lassen. Rache üben heißt dann vor allem, die eigene Selbstachtung wiederherzustellen, den Verlust auszugleichen, Stärke, Macht, Energie zurückzugewinnen, das Gefühl wiederzuerlangen, etwas bewirken zu können, nicht ausgeliefert zu sein.» *(RO S. 134)*

Wo die Menschenwürde mit Füßen getreten wird, ist weibliche Zurückhaltung fehl am Platz. Es gilt in unserer Gesellschaft als unweiblich, Wut, Zorn und Rachegefühle offen zu zeigen. Aggression wird nach innen gewendet und in Depression umgesetzt. Oft wird Wut nur nicht ausgedrückt, sondern nicht einmal als solche erkannt. Wut ist die heiße Herdplatte, vor der das tastende Bewußtsein zurückschreckt. Wut, die nicht sein darf, lagert sich als ein Gefühl der Hilflosigkeit, als ein grauer depressiver Schleier der Sinnlosigkeit in der Seele ab, und die durch die Wut bereitgestellte Energie richtet sich diffus gegen die Trägerin. Da die traditionell friedfertige Frau, mehr fertig als fried, das Böse in der Welt und in sich verdrängen muß, bleibt sie schwach. Hinter der Mattscheibe des Nicht-wissen-Dürfens verschwimmen Verletzungen und Reaktionen zu einem traurigen Brei, der sich in seiner amorphen Unfaßbarkeit jeder Veränderung entzieht.

Spürt eine Frau Wut in sich aufkeimen, Wut gegen ihre Eltern, Wut gegen ihren Mann, Wut gegen ihr Kind, so fühlt sie sich sofort schuldig. Es ist dafür gesorgt, daß die Frauen sich selbst bremsen, indem sie einen solchen Energieschub als Zeichen ihrer abgrundtiefen Schlechtigkeit unterdrücken. Die Tabuisierung der weiblichen Wut führt letztlich zu unkontrollierter Destruktivität. Eine Frau erzählt: «Als mein Mann wieder einmal nicht heimkam, ist es passiert: Ich wußte, daß er wieder bei seiner neuen Flamme übernachtete. Morgens um zwei wälzte ich mich schlaflos im Bett. Mit jeder Minute wuchs meine Verzweiflung. Ich mußte meinen unerträglichen Schmerz vernichten. Ich stand wie in Trance auf, lud eine Axt in meinen Fahrradkorb und bin so durch die ganze Stadt gefahren. Die Axt lag unbedeckt und gut sichtbar im Korb, und ihr Stiel ragte weit über seinen Rand hinaus. Mein Haß füllte mich so vollständig aus, daß der Gedanke der Tarnung keinen Platz hatte. Der Anblick seines vor ihrem Haus geparkten Wagens elektrisierte mich. Die Axt sprang in meine Hände, und ich tobte mit Riesenkräften gegen sein Auto. Es krachte und splitterte. Ich bin froh, daß er nicht herausgekommen ist. Vielleicht hätte er nicht überlebt.» Olga Rinne mahnt: «Wir werden weniger gefährdet sein, im Affekt das Leben anderer zu beschädigen oder zu vernichten, wenn wir uns mit dem uns selbst innewohnenden Potential von Aggression, Gewalt und Destruktivität konfrontieren, denn dann müssen wir es nicht auf andere projizieren und dort bekämpfen.» *(RO S. 97)* Die weibliche Sozialisierung sperrt Wut und offene Aggressivität in einen Betonbunker im Unbewußten. Frauen, die ihn aufgesprengt haben, sind gefährliche Gegnerinnen. Ritterlichkeit ist die Tugend des Stärkeren, die im offenen Kampf gelernt wird, eine Erfahrung, die die weibliche Sozialisierung schwer zuläßt. Die Beißhemmung des Wolfes, der die Kehle des Gegners unter den Zähnen hat, muß Menschen antrainiert werden, und den von vornherein als zahnlos definierten Frauen geht diese Erfahrung ab. Sie benehmen sich in Kampfsituationen unberechenbarer als Männer. Frauen müssen lernen, den aggressiven Flügel ihrer Stärke in Besitz zu nehmen und zu verantworten.

Wut gegen sich selbst und gegen andere ist ein großer Transformator. Die Wut jagt die schwarze Seite der Wahrheit ins Tageslicht, und man hört sich Dinge sagen, die erschrekken. Wut ist der Energieschub in Richtung Veränderung. Sie reißt die glatte Oberfläche des Wohlgefallens auf, pflügt sie um und bereitet den Boden für eine neue Saat. Wut hilft, die Angst zu überwinden und die Wände des Kerkers zusammenzuschlagen.

Doch spreche ich keineswegs einem blinden Ausagieren der Wut das Wort. Wut läßt sich beherrschen und als Veränderungsenergie einsetzen. Günstigenfalls bündeln Krisen psychische Kräfte. Wut kommt, wenn wir einen inneren Bulldozer benötigen – und sollte entlassen werden, wenn die neuen Fundamente ausgehoben sind. Das Steckenbleiben in der Wut versperrt den Blick auf die eigene Mittäterschaft beim Zustandekommen der Katastrophe. Das unschuldige Opfer jagt den schuldigen Sündenbock in die Wüste ihrer Verachtung, und die Einsicht in die Tektonik des psychischen Grundgesteins, die die durch die Erschütterung hervorgerufenen Risse gewähren, wird verpaßt. Wer seine Geschichte nicht erkennt, ist dazu verdammt, sie zu wiederholen.

Die Krise gab der morschen alten Ordnung den Gnadenstoß. Wut erzwang Konfrontationen und Auseinandersetzungen, die Unerledigtes zur Sprache brachten. Mit Glück entsteht ein anderes Bild der Situation, das besser mit den inneren Realitäten übereinstimmt. Man sieht sich neu, das gegenseitige Verständnis wächst und mit ihm die harmonischen Zeiten. Versöhnlichkeit stützt das neue Gleichgewicht. Versöhnlichkeit, dieses ungerechte, psycho-unlogische Geschenk, liegt mir besonders am Herzen. Deshalb widme ich ihr das Schlußkapitel dieses Buches.

6.4.4 Es wird nie mehr so werden, wie es war

Die durch die Explosion der Verzweiflung hochgewirbelten Lebensbruchstücke sinken langsam zu einem neuen Bedeutungsmuster zu Boden. Die innere Landschaft hat sich bis zur Unkenntlichkeit verändert. Der Rückweg zu früher ist abgeschnitten. Vieles wird so nie mehr erlebbar sein. Das letzte Mal hat stattgefunden, ohne daß wir damals wußten, daß es das letzte Mal sein würde. Die Trauer um das verlorene Paradies senkt sich auf die Seele, selbst wenn das Paradies nur ein innerer Ort der Hoffnung gewesen war. Kein Abschied ist ohne Trauer. Eine Frau bemerkt: «Die Jahre meines Jung- und Lieblichseins, meines Gebraucht- und Akzeptiertwerdens sind vorüber. Ich muß sie betrauern. Sich verabschieden und zu wissen, daß dieses Leben hinter einem liegt, ist hart und bitter. Ebenfalls die Angst vor dem Unbekannten. Was wird kommen?» Reue schnürt das Herz zu. Der Schmerz über nicht oder falsch gelebte Möglichkeiten flammt vor ihrem definitiven Erlöschen lichterloh auf und wirft auf die Charakterfehler, die ihre Realisierung verhindert hatten, ein grelles Schlaglicht. Eine Frau sagt: «Mein eingefleischtes Bild von weiblichem Verhalten verbot mir ein aktives Verfolgen meiner Ziele. Ich blockierte mich mit Diplomatie und Selbstverleugnung, und ein guter Teil meiner Lebensenergie versikkerte in einer unreflektierten Anpassung an einen Lebensentwurf, der gar nicht zu mir paßte. Erst jetzt wird mir klar, daß Anpassung nur zu mehr Anpassung führt. Ich habe meine spontanen Reaktionen solange der Anpassung untergeordnet, daß ich kaum noch weiß, was ich eigentlich will, und nun bin ich mühsam dabei, eine eigene Richtung zu finden. Ich bereue die verpaßten Gelegenheiten zu direktem, spontanem Leben – mit meinem Mann und mit anderen, und das Zurückstellen eigener Projekte zugunsten einer konstruierten Harmonie- und Geborgenheitsillusion.»

Die Erschütterung brachte unerwartete Aspekte des eigenen Wesens und der eigenen Lebensgeschichte an die Oberfläche. Die alten Wegweiser zeigen ins Leere, für neue fehlen die Informationen. Nach dem wilden Um-sich-Schlagen der Verzweiflungsphase braucht es ungestörte Erholungsräume. Es gilt, sich die Bescherung anzuschauen und vor allem den Mut aufzubringen, für eine Weile ohne Wegweiser zu leben. Die alte Gewißheit wird sich nie wieder einstellen. Und doch: Irgendwann, nach all dem Leiden und der Verzweiflung, erweist sich der alte Kampf als gegenstandslos. Sachte ertastet der innere Blick eine neue Ordnung, die erlaubt, das Gegebene sein zu lassen. Nach dem Abklingen des Schmerzes steht die Entscheidung an, sich dem Leben wieder zuzuwenden. In zäher Entschlossenheit muß diese Entscheidung gegen Verzweiflungseinbrüche verteidigt werden. Die Organisation heilender Umstände verlangt Phantasie und Disziplin in der Durchführung. Die Macht eines Phänomens über einen Menschen hängt auch von der Aufmerksamkeit ab, die er ihm schenkt. Wer sich in vergangene Verletzungen hineinwühlt, füllt seine Welt mit Leid. Die emotionale Beschäftigung mit vergangenen Horrorszenarien füllt die Zeit, und vor der faszinierenden Farbigkeit des Durchlittenen verblaßt die Gegenwart. Es ist anstrengend, sich umzustellen, sich wieder zu öffnen und dem Neuen Gelegenheit zu verschaffen. Gleich einer Gefangenen im dunklen Kerker, die jahrelang versuchte, aus dem zu hoch gelegenen Fensterchen einen Blick ins Freie zu erhaschen, merken wir vor lauter Anstrengung nicht, daß die Tür hinter uns längst nicht mehr verschlossen ist und wir nur umkehren müßten, um mühelos hinauszugehen.

6.5 Inannas Abstieg in die Unterwelt

Das Wissen um den notwendigen Abstieg ins Dunkel, um die schrecklichen Geschehnisse auf diesem Weg und ihre unauslöschbaren Folgen, kommt uns aus den Tiefen der Geschichte entgegen. Der sumerische Mythos von Inanna greift als ältester bekannter Mythos das Motiv des Abstiegs in die Unterwelt auf *(BS)*. Er stammt aus dem dritten Jahrtausend vor Christus und zeugt von dem, was Frauen auch beim Älterwerden erleben. Der Mythos schildert eine brutale Transformation von einem Aggregatzustand in den anderen. Er handelt von der Begegnung einer Göttin mit der Unterwelt oder, tiefenpsychologisch gesehen, vom Zusammenbruch der Abwehrstrukturen, von der Überschwemmung durch Verdrängtes und von der Auflösung und Neuwerdung einer Person. Dieser Mythos ist deshalb so wichtig, weil Abstieg und Auflösung nicht als individuelles Versagen, sondern vielmehr als notwendiger Weg, als mögliches Schicksal dargestellt werden. Leiden erscheint hier nicht als Folge eines Fehlverhaltens, sondern als streckenweise unausweichliche Gegebenheit.

Der Mythos von Inanna besteht aus vier Gesängen. Einer davon sei hier erzählt:

Inannas Weg durch die Unterwelt

Inanna, die sumerische Königin von Himmel und Erde, entschließt sich, in die Unterwelt zu gehen, «denn ihr Herz verlangt aus himmlischer Höhe nach der Erde tiefstem Grund». Bevor sie in die Unterwelt hinabsteigt, bittet sie vorsichtshalber ihre Freundin, die Götter der Oberwelt um Hilfe zu ersuchen, sollte sie – Inanna – nicht binnen dreier Tage zurückkehren.

Am ersten Tor zur Unterwelt wird Inanna vom Torhüter aufgehalten, um ihre Absicht zu erklären. Dieser benachrichtigt die alte Königin der Unterwelt von der Bitte um Einlaß. Die Königin der Unterwelt besteht darauf, daß Inanna entsprechend der Riten und Gesetze behandelt werde, die für jeden gelten, der ihr Königreich betritt.

Inanna durchschreitet sieben Tore. An jedem Tor nimmt ihr der Torhüter ein weiteres ihrer königlichen Attribute ab. Das letzte Tor durchkriecht Inanna nackt, auf allen vieren, jeglicher Würde entblößt. Nackt und kauernd wird Inanna von sieben Richtern gerichtet und zum Tode verurteilt. Die Königin der Unterwelt tötet sie. Ihr Leichnam, auf einen Pfahl gespießt, verrottet zu einem grünen Stück faulen Fleisches.

Inannas Freundin, vergeblich auf ihre Rückkehr wartend, sucht wie abgemacht Hilfe für sie. Die mächtigen Götter des Himmels und der Erde, insbesondere Inannas Gemahl, verweigern jedoch ihre Hilfe, weil sie sich vor der Einmischung in die Regeln der Unterwelt fürchten. Schließlich hört der Gott des Wassers und der Weisheit die Klagen der Freundin Inannas. Er rettet Inanna, indem er zwei kleine Figuren aus dem Schmutz unter seinen Nägeln erschafft. Diese schlüpfen unbemerkt durch die Ritzen im Torpfosten an den Torhütern vorbei in die Unterwelt. Sie erreichen Inannas Befreiung, indem sie der Königin der Unterwelt bei ihren Klagen um die Toten beistehen. Diese ist für das Mitgefühl so dankbar, daß sie Inannas Leiche herausgibt, mit der Bedingung, daß Inanna einen Ersatz für sich stellt, der ihren Platz auf dem Pfahl einnehmen muß. Inanna geht, von Dämonen begleitet, durch die sieben Tore zurück, an jedem Tor die abgegebenen Zeichen ihrer Macht zurückfordernd. Auf der Erde sucht Inanna nun nach dem von der Unterweltkönigin verlangten Ersatz für sich. Sie will niemanden ausliefern, der um sie geweint hatte. Schließlich trifft sie auf ihren Gemahl, der sich's auf seinem Thron gutgehen läßt. Inanna blickt ihn nun mit den gleichen Augen des Todes an, die die Königin der Unterwelt auf sie gerichtet hatte. Der Gatte versucht zu flüchten. Schließlich kann er sich ihrer Verfolgung nicht mehr entziehen. Inanna übergibt ihn der Königin der Unterwelt *(BS)*.

Den gesamten Reichtum dieser mächtigen Geschichte in seinen religions- und kulturgeschichtlichen sowie tiefenpsychologischen Dimensionen auszuloten, sprengt den Rahmen dieses Buches. Deshalb begnüge ich mich mit einigen Andeutungen. Wie jeder Mythos kann auch dieser als innerseelisches Drama gelesen werden, in dem die Handelnden einzelne Aspekte einer Person verkörpern (vgl. dazu Abschnitt 1.3).

In der Geschichte von Inannas Unterweltbesuch scheint die dunkle Farbskala der weiblichen Veränderungspalette auf. Der Mythos beschreibt, was während des Leidensweges hilft und was nicht. Das Herz Inannas verlangt nach dem Abstieg in die Schattenseite der inneren Welt, weil sich das Unerledigte unausweichlich in den Weg gestellt hat. Die Begegnung mit dem Dunkeln wird fällig. Der Türhüter meldet, daß der Abstieg nach den Gesetzen der Unterwelt zu erfolgen hat. Das bisher Erworbene, das Gelernte und Erfahrene helfen hier nicht weiter. Alle die Regeln, Sicherheiten und Privilegien, die vor dem Abstieg galten, werden durch diesen außer Kraft gesetzt. Wer sich daran klammert, verlängert die Qual des Passionsweges.

Das alte Selbstbild wird von der Schattenseite verschlungen. Demütigungen leiten eine Wandlung ein. Die heitere freundliche Sicherheit schwindet, weil die Eigenschaften und Attribute, die ihre Basis bildeten, sich plötzlich auflösen. Der Boden wankt. Mit knapper Not bewältigt die Frau das Unumgängliche. Ruhe oder gar Zufriedenheit liegen weit zurück, und die Zukunft sieht aus wie ein sinnloses Trümmerfeld. Das

Auge versucht sich vor dem Blick ins Dunkel der eigenen Seele zu verschließen, denn dieser Anblick bringt die Wende: Eine unausweichliche und absolute Selbstverurteilung zieht Tod und Auflösung alles Gewesenen nach sich. Die neu entdeckten Abgründe zerreißen das alte Selbstbild.

Davor gibt es keine Rettung. Die angerufenen Götter auf der Erde wollen nichts mit den dunklen Machenschaften der Unterwelt zu tun haben. Das Bewußtsein wehrt aus dem Unbewußten Andrängendes ab und fürchtet sich davor. Der Prinzgemahl erweist sich als Usurpator der weltlichen Macht Inannas. Er veranschaulicht die Persona mit ihrem Streben nach äußerer Geltung. Er rührt keinen Finger für Inanna, hält am alten Glanz fest und behindert jegliche Transformation. Je unsicherer wir werden, desto verbissener kämpfen wir um unsere alten Positionen und betrügen uns damit um den Neuanfang, um den Frühling nach dem schrecklichen Winter. Als Animusfigur gelesen, repräsentiert der Prinzgemahl auch den Aspekt männlicher Logik und Domination im Unbewußten Inannas. Die Verweigerung des Prinzgemahls weist auch auf die Hilflosigkeit des Tagesbewußtseins angesichts der Veränderungskatastrophe hin.

Inannas Freundin stellt das Realitätsprinzip dar. Sie bleibt auf der Tagesseite der Vernunft und repräsentiert neben dem Überlebenswillen den Teil einer Frau, der ungeachtet des größten inneren Tumultes die alltäglichen Pflichten erfüllt. Während schmerzhafter Wandlungen geben genau diese Aufgaben einen sehr notwendigen Halt. Als Verankerung in der Wirklichkeit sichern sie den Abstieg ins Unbewußte.

Die Freundin steht aber auch für jene Kräfte, die sich nach dem Abstieg irgendwann der Tendenz zur Selbstauflösung entgegenstellen. Als weiteres Hilfsprinzip läßt sich schließlich der Gott des Wassers und der Weisheit dazu bewegen, Inanna zu helfen. Er ist ein spielerischer, beweglicher und intuitiver Gott. Fluidität und Vertrauen in die Veränderung zeichnen sein Wesen aus. Mitleid und Einfühlung seiner Geschöpfe mit der schwarzen Unterweltkönigin weichen die Situation auf. Er umgeht die Konfrontation mit der Macht des Gesetzes, arbeitet mit dem Nächstliegenden und findet so zu einer Lösung. In einer kreativen Auseinandersetzung mit dem Zerstörerischen bei gleichzeitiger Vermeidung der Ansteckung – dadurch leitet sich die Neuwerdung ein.

Die Erfahrungen dieser Leidenswege hinterlassen ihre Spuren. Die Qual verschmolz mit dem Selbst. Die Augen der Auferstandenen drohen mit dem Wissen um die Nachtseite. Rache stellt die verletzte Ordnung wieder her. Mit Rache endet allerdings nur der Gesang des Abstiegs der Inanna. In einem weiteren Lied führt der Mythos Inanna über die Rache hinaus ...

Der Zeitgeist läßt aus dem unerschöpflichen Fundus der Mythen diejenigen aufscheinen, die die Lösung epochaler Aufgaben unterstützen. So dürfte die Ausstrahlung des ödipalen Mythos, parallel zu den Wandlungen der Bedeutung der Geschlechtsrollen und der Sexualität langsam verblassen. Das gegenwärtig sich vertiefende Verständnis für den weiblichen Lebensweg weckt andere Mythen. Der Inanna-Mythos entstammt vermutlich einer matriarchalen oder egalitären Kultur. Er enthält eine Mahnung gegen weibliche Machtfülle, die nur vor diesem Hintergrund verständlich ist. In diesem Punkt unterstützt der Mythos die gegenwärtig notwendige weibliche Entwicklungsrichtung der Selbstermächtigung nicht.

7 Renaissance

7.1 Die kostbare Zeit

Das spezifische Gewicht der Zeit vermindert sich mit dem Älterwerden. Ein Jahr enthält weniger Zeit als früher. Kaum ist der letzte Geburtstag vorbei, kommt schon der nächste. Während bei einem zweijährigen Kind ein Jahr die Hälfte seiner Lebenszeit ausmacht, sind es bei einer Fünfzigjährigen negligeable zwei Prozent. Die dünner gewordene, flüssigere Zeit zerrinnt zwischen den Fingern. Aber nicht nur ihre Qualitätsveränderung verlangt einen neuen Umgang mit ihr, sondern noch mehr die andrängende Einsicht ihrer begrenzten Quantität. Während sich in der Jugend die Lebenszeit als unendliches Meer vor dem unternehmungslustigen Blick ausdehnte, ahnt man im mittleren Alter ihre Grenze.

Sachte neigt sich der Sommer des Lebens dem Herbst zu. In seinem Asterngedicht malt Gottfried Benn die durch das Auslaufen der Zeit verdichtete Lebenssehnsucht.

Astern

Astern – schwälende Tage,
alte Beschwörung, Bann,
die Götter halten die Waage
eine zögernde Stunde an.

Noch einmal die goldenen Herden
der Himmel, das Licht, der Flor,
was brütet das alte Werden
unter den sterbenden Flügeln vor?

Noch einmal das Ersehnte,
den Rausch, der Rosen Du –
der Sommer stand und lehnte
und sah den Schwalben zu,

Noch einmal ein Vermuten
wo längst Gewißheit wacht:
die Schwalben streifen die Fluten
und trinken Fahrt und Nacht.

Mit dem wachsenden Bewußtsein der Endlichkeit des Lebens beginnt die Zeit des Noch. Noch ist alles offen. Was brütet das alte Werden unter den sterbenden Flügeln hervor? Das alte Werden, die alten Gedanken, Absichten und Ziele brüten noch, tragen noch, motivieren noch... aber nicht mehr lange. Noch sind sie in der alten Form möglich, das Engagement, die Liebe, das Sehnen selbst, aber der innere Blick ist bereits auf die Zugvögel in das andere Land ausgerichtet. Es ist nicht mehr ganz so selbstverständlich, daß alles so weitergehen wird wie bisher, und wir müssen uns sputen, das Heu in die Scheune zu bringen, bevor der Regen fällt. Bald ist es soweit, wie Rilke schreibt: «Wer jetzt kein Haus hat, baut sich keines mehr, wer jetzt allein ist, wird es lange bleiben...» noch läßt sich das Haus bauen und die verwandte Seele finden. Aber nicht mehr unendlich lange. Die Zeit drängt. Sie trägt uns unausweichlich dorthin, wo sich das Noch-einmal in ein Nie-mehr verwandelt, und wir wissen das mit wachsender Deutlichkeit.

Der Lebenstag überschreitet den Mittag. Die Schatten werden länger. Noch im Sommer, beginnen die Tage kürzer und dunkler zu werden. Der veränderte Zeithorizont bündelt die Kräfte. Für das Zaudern und Hinausschieben fehlt die Zeit. Die Tage der eigenen Vitalität und Schaffenslust sind gezählt. Wenn ich jetzt mein Projekt nicht anpacke, wenn ich mich jetzt nicht für diese Umschulung entscheide, wenn ich jetzt diese Beziehung nicht eingehe, reichen mir Zeit oder Energie dafür vielleicht nicht mehr. Die Zeit beginnt auszulaufen, und die Vertröstung auf morgen gibt sich als Täuschung zu erkennen, die sie immer gewesen ist. Das Jetzt oder Nie bäumt sich auf vor dem Nie-mehr und ermöglicht Risiken, die früher nie gewagt worden wären.

Eine Schriftstellerin erzählt: «Mit dem Älterwerden hat sich bei mir die Gewichtung von Zeit und Geld umgekehrt. Zu Beginn meines Berufslebens bedeutete mir Geld Bestätigung meines Wertes als Berufsfrau, Sicherheit und Basis für die Erweiterung meines Aktionsradius. Deshalb floß viel meiner Zeit in den Gelderwerb. Unterdessen hat sich für mich die Bedeutung des Geldes verringert. Meine Existenz- und Alterssicherung ist einigermaßen gewährleistet. Die Zeit ist endlich geworden und damit ein wertvolles, begrenztes Gut. Die innere Ernte, die jetzt an den Bäumen hängt, braucht Erntezeit zu ihrer Verwertung. Erfahrungen verdichten sich nur im Medium der Zeit zu Einsichten.»

Nach fünfzig Jahren Unsterblichkeit rückt langsam das Ende unseres irdischen Weges in den Blick. Vor dem dunklen Hintergrund der Endlichkeit leuchtet die kostbare Gegenwart um so heller. Von dem jugendlichen Aufschieben des Lebens in die Zukunft befreit, verpassen wir den Moment nicht mehr in drängender, ungeduldiger Erwartung des Eigentlichen. Längst ist die Zukunft Gegenwart geworden. Keine verschenkte Sekunde läßt sich nachholen, und es gilt, jeden Moment voll auszuschöpfen, solange es möglich ist. Theodor Fontane beschreibt in seinem Gedicht «O trübe diese Tage nicht» eine neue Qualität, die die Lebenszeit nach der Lebensmitte auszeichnen kann.

O trübe diese Tage nicht,
Sie sind der letzte Sonnenschein;
Wie lange, und es lischt das Licht,
Und unser Winter bricht herein.

Dies ist die Zeit, wo jeder Tag
Viel Tage gilt in seinem Wert,
Weil man's nicht mehr erhoffen mag,
Daß so die Stunde wiederkehrt.

Die Flut des Lebens ist dahin,
Es ebbt in seinem Stolz und Reiz,
Und sieh, es schleicht in unseren Sinn
Ein banger, nie gekannter Geiz;

Ein süßer Geiz, der Stunden zählt
Und jede prüft auf ihren Glanz –
O sorge, daß uns keine fehlt,
Und gönn uns jede Stunde ganz.

7.2 Innehalten

Das mittlere Alter liegt als Hochplateau zwischen den Steilhängen der Herausforderungen des frühen Erwachsenenlebens und der allmählichen Heimkehr ins Tal. An dem Punkt des Gleichgewichts, wo die Kräfte sich aufheben zwischen dem Aufschwung und der Schwerkraft, steht die Kugel still. Jetzt ist die Zeit der Gegenwart, des Seins zwischen Werden und Vergehen. Es ist die Zeit des Innehaltens, der Atempause und der Stille.

Als klares Signal markiert die Menopause das Ende einer Lebensphase. Sie erschwert die Verdrängung des Älterwerdens und unterstützt damit die notwendigen Umstellungsprozesse. Die Auflösung alter Gewißheiten zeigt sich auf unterschiedliche Arten an: Eine Frau sieht sich in vager, lustloser Ziellosigkeit herumdriften, eine andere klammert sich bis zur Starrheit an die eingeschliffenen Lebensabläufe, während eine dritte mit hektischer Aktivität das Unbehagen zu überspielen sucht. Ratlosigkeit und Desorientierung fordern Zeit und Ruhe. Nur wer sich mit ihnen an den Tisch setzt, erfährt, was sie wollen. Der Wechsel von jung zu alt, die Wechseljahre, das Verlassen eines Lebensabschnittes, und das Überschreiten der Schwelle zum Älterwerden brauchen Zeit. «Die Götter halten die Waage eine zögernde Stunde an» – damit sich die Wandlung in Ruhe vollziehen kann. Die Sinnstrukturen wandeln sich im Laufe eines Lebens. Die Prioritäten verschieben sich. Die Ablösung von einem Steuerungssystem durch ein anderes bringt zuerst Orientierungslosigkeit. Damit sich neue Muster bilden, damit ein neues Gefälle spürbar und neue Ziele sichtbar werden können, braucht es unbesetzte Räume. Vielleicht sind unsere Müdigkeit und unser Überdruß nicht einfach zu bekämpfende Schwächen, sondern Signale, die gehört werden wollen. Der Ritt auf dem bunten Karussell des Lebens macht schwindlig. Die sich wiederholenden Runden alltäglicher Verpflichtungen, die unausweichlichen Abläufe der Jahresrhythmen mit ihren immer wiederkehrenden Anforderungen und die ewig volle Agenda mit den periodisch auftretenden hektikerfüllten Engpässen ermüden. Häufiger steht frau neben sich und schaut sich einigermaßen kopfschüttelnd zu. Das Bedürfnis nach Ruhe, nach ungestörtem Innewerden drängt sich durch das Alltagsgetümmel ins Bewußtsein. Folgende Geschichte illustriert die Notwendigkeit des Innehaltens: Nach seiner ersten Zugfahrt legt sich der Indianer auf den Boden und läßt sich nicht zum Aufstehen bewegen. Er müsse warten, bis seine Seele nachgekommen sei, erklärt er.

Eine neue These schützt den dunklen, nachdenklichen Raum zwischen Verlorenem und Werdendem vor der Pathologisierung als Depression. Melancholie, dem Weiblichen zugeordnet, läßt als weiche Brutstätte der Veränderung in der Dämmerung wehmütiger Erinnerungen und ungeformter Erwartungen Neues entstehen. «Frauen müssen im Laufe ihres Lebens mehr als einmal Abschied nehmen. Nicht nur von Menschen und Dingen – das müssen Jungen und Männer ebenso –, sondern von Eigenschaften, die ihre Person definiert haben, identitätsbildende Eigenschaften, aus denen sie ihr Selbstverständnis bezogen und worauf sie es begründet hatten. Angesichts solcher den Frauen immer wieder aufgegebener Abschiede drängt sich eine melancholische Grundstimmung geradezu auf.» *(BD S. 13)*

Alleinsein gewinnt eine neue Qualität. Sich rein äußerlich dem Erwartungs- und Forderungsbereich der Angehörigen zu entziehen wird zur inneren Notwendigkeit. Ein klar angemeldetes und konsequent durchgesetztes Bedürfnis nach Alleinsein erleichtert den Allernächsten, sich daran zu gewöhnen und zu begreifen, daß es nicht gegen sie gerichtet ist. Diese Veränderung öffnet für alle neue Türen. Der Mut, eigenen Plänen Rechnung zu tragen, erneuert die Feriengestaltung. Der einsame Spaziergang durch den Wald wird unverzichtbar. Die Stille am Morgen, wenn niemand daheim ist, füllt sich mit erleichterter Dankbarkeit. Eine Ferienwohnung bietet Zuflucht vor dem Schraubstock des Alltags. Daß häufiger niemand mehr mitkommt, weckt nicht mehr Bedauern, sondern vielmehr Erleichterung. «Glücklicherweise kann ich meine Zeit selber einteilen, und so schaffe ich mir täglich einige Stunden Alleinsein im Haus. Ich darbe, wenn sie wegfallen», sagt eine Frau. Alleinsein wandelt sich von einer zu vermeidenden Bedrohung zu einem willkommenen Aufenthaltsort.

Lebenserfahrung gab Einblick in die Grenzen von Möglichkeit und Wünschbarkeit des Zusammenseins. Der Kreis verkleinert sich, und das Potential für offene, vertraute Gespräche ist bei Einladungen ausschlaggebend. Qualität kommt vor Quantität. Die Bemühung um Ansehen tritt hinter die nach Integrität zurück. Der Würgegriff der Konventionen schwächt sich ab. Das Bei-sich-selbst-Sein läuft dem Dabeisein den Rang ab. Gemeinsame Mahlzeiten kommen nur noch durch die aktive Beteiligung aller zustande. Das Ringen um Verständnis, die Bemühungen, den Farbenblinden den Regenbogen zu erklären, liegen hinter uns. Der Partner kann in seiner Andersartigkeit gelassen werden. Das Missionieren fand ein Ende und auch die falschen Anpassungen. Die Forderung nach Freiraum löst das Werben um Verständnis ab. Anpassungsbereitschaft und Bedürfnis nach sozialem Applaus vermindern sich langsam. Die Abhängigkeit von äußerem Erfolg nimmt ab, und der Freiraum zu einer neuen Lebensgestaltung kann sich öffnen. Gute Freunde werden nun wichtiger als oberflächliches Dazugehören. Soziale Rituale werden gegen die eigene Zeit abgewogen – und oft für zu leicht befunden.

7.3 Das durchlässige Selbst

Das Selbst unter den Schichten von Erwartungen anderer, Verpflichtungen und Notwendigkeiten zu finden, braucht eine Zentrierung, ein Nach-innen-Hören, das mehr mit einem Erscheinenlassen und weniger mit drängender Suche zu tun hat. Ein Weg der Selbsterkenntnis klingt wie ein egoistisches Unternehmen, aber er ist in Wirklichkeit die Richtung von der egoistischen Selbstbeschäftigung zum Selbstsein *(RD S. 293)*. Die Zuwendung zum Selbst im mittleren Alter geht paradoxerweise mit seiner Relativierung einher. Das Selbst, langsam aus Erwartungen und Zwängen herausgeschält, schiebt sich aus dem Fokus des Interesses. Nicht mehr Selbstzweck, wird es zur Orientierungshilfe in einer sich öffnenden Welt. Die Suche führt jetzt durch das Selbst hindurch in größere Räume. Das Selbst als Resonanzraum, als Kanal, als Öffnung zur Welt braucht nur insofern Aufmerksamkeit, als Verletzungen und Störungen seine Durchlässigkeit behindern.

Die jugendliche Selbstbezogenheit erlebte die Welt als erweitertes Selbst. Sie verschlang die Aufmerksamkeit, so daß für die Wahrnehmung der äußeren Realität oft wenig übrigblieb. Das Trompetenkonzert im eigenen Kopf übertönte den Gesang der Vögel. Zwischen bewältigungssüchtiger Selbstbezogenheit und weiblicher Selbstlosigkeit hin- und herpendelnd, fehlte uns früher die Ruhe für eine ersprießliche Selbstzuwendung, die uns heute eher gelingt. Wir sind nicht mehr von uns selbst besessen, aber unabhängiger geworden, weniger bereit, uns selbst, unsere Einsichten, Meinungen und Interessen zurückzustellen, damit andere sich ausdrücken können.

Die neue Unsichtbarkeit befreit nicht nur von der Verpflichtung zum Auftritt: sie leitet auch eine größere Unabhängigkeit ein. Die eigene Wirkung verblaßt in ihrer äußeren Dimension nicht nur in den Augen der anderen, sondern, wenn wir Glück haben, in ihrer Wichtigkeit auch in den eigenen. Weniger mit ihrem Eindruck auf andere beschäftigt, öffnet sich die Frau auf eine neue Art der Welt. Erkennendes Loslassen schafft Platz für Kommendes. Wer losläßt, hat die Hände frei. Der Nährkreislauf durch die Resonanz von außen schwächt sich ab und bindet irgendwann weniger Energien. Leistungs- und Erfolgsmotivation treten in den Hintergrund und schaffen Raum für eine neue Offenheit. Die Wirklichkeit ist nicht mehr eine zu erkletternde Felswand, Menschen sind nicht mehr zu aktivierende Resonanzräume. Weniger Faktor in meinem Planspiel, kann die Wirklichkeit unbefangen aufgenommen werden. Eine andere Art von Hinhören, von Dahinterhören entsteht. Die Botschaften des Gesichtes, der Landschaft, des Bildes und der Melodie werden unmittelbar aufgenommen. Die Melodie, die wir jetzt hören, handelt nicht mehr von uns, sondern von sich selbst, und die Stimmung, der wir begegnen, meint nicht mehr uns, sondern sich. Die Wahrnehmung reinigt sich von der Selbstbezogenheit und befreit sich zur vollen Aufnahme des Begegnenden. Die Welt spricht neu zu uns. Die Eigengesetzlichkeit der Dinge erschließt sich zunehmend und bereichert uns in unerwarteten Dimensionen. Die Landschaft ist nicht mehr Kulisse für unser inneres Drama, sondern ihre eigene dichte Welt mit unendlichen Überraschungen. Sie nimmt uns in sich auf und offenbart sich uns mit dem Schleiertanz der Sonne und den hundert Farbnuancen des Schnees, mit dem aufgeregten Warnschrei des Birkhuhns, mit dem betörenden Harzduft als Vorbote in der wintergeruchversiegelten Weiße und mit der ersten Wärme auf der eben noch von dem scharfen Pfeifen des Windes bedrängten Haut. Die Tore jugendlicher Selbstbezogenheit öffnen sich und entlassen die Frau in die Weite. Eine neue Durchlässigkeit für das Wesentliche im Leben macht die Frau auf eine andere Art wieder zugehörig. Das Ego steht weniger zwischen uns und der Welt, und der Blick sinkt durch die Schichten ins Eigentliche.

Der Wechsel von der Selbstbezogenheit zur Selbstdurchlässigkeit kann in jeder Altersphase stattfinden und pendelt immer wieder hin und zurück. Im großen Bogen gesehen gehören jedoch die frühen Jahre eher der Selbstbezogenheit, während die Ereignisse der mittleren Jahre unter glücklichen Umständen die Durchlässigkeit fördern. Dann kann sich eine Frau an einem langen, goldenen Herbst freuen, der fruchtbarsten aller Jahreszeiten. Schauen wir uns dazu Hebbels «Herbstbild» an:

Dies ist ein Herbsttag, wie ich keinen sah!
Die Luft ist still, als atmete man kaum,
Und dennoch fallen raschelnd, fern und nah,
Die schönsten Früchte ab von jedem Baum.

O stört sie nicht, die Feier der Natur!
Dies ist die Lese, die sie selber hält:
Denn heute löst sich von den Zweigen nur,
Was vor dem milden Strahl der Sonne fällt.

7.4 Frei von – frei für

7.4.1 Frei von

Die unbescheidene philosophische Grundfrage nach der Freiheit des Menschen schiebt sich angesichts der sich öffnenden Entscheidungsräume mittleren Alters einmal mehr ins Blickfeld. Sie ist auch deshalb nicht zu umgehen, weil die Tiefenpsychologie mit ihren in die Frühkindheit reichenden Kausalketten sie implizit beantwortet, ohne sie ausdrücklich zu stellen. Als Psychotherapeutin arbeite ich tagtäglich mit den Auswirkungen unbewußter, verdrängter Bedürfnisse, welche die Wahlfreiheit des Menschen, milde gesagt, einschränken. Doch scheint das nicht die ganze Wahrheit zu sein. Wir sind nicht einfach Gefangene dieser unbewußten Konstellationen. Das Unbewußte ist nur ein Instrument im ganzen Orchester. Menschen treffen prägungsübersteigende eigene Wahlen. Sie verlassen die Schiene der Kausalität und schlagen selbstgewählte Richtungen ein. Diese Persönlichkeitskomponente ermöglicht Entscheidungen, die das Unbewußte auf der individuellen wie auch auf der kollektiven Ebene beeinflussen können. Das Unbewußte prägt das Bewußte, aber das gilt auch umgekehrt. Bewußte, realisierte Entscheidungen wirken auf das Unbewußte zurück. Günstige oder ungünstige Lebensumstände, glückliche oder unglückliche Realisierungen löschen alte unbewußte Prägungen zwar nicht aus, aber sie verändern ihr Gewicht. Es gibt verschiedene Möglichkeiten, Behinderungen durch Vergangenes zu vermindern. Eine davon ist der Versuch einer Aufarbeitung mit psychologischer Hilfe. Eine professionelle Begleitung ist aber keineswegs die einzige Möglichkeit für tiefgreifende Veränderungen. Begabung, Disziplin, Erfolg, gute zwischenmenschliche Beziehungen und günstige Gelegenheiten können in einer Frau die Entscheidung fördern, sich auf ein neues Selbstbild einzulassen. Die Lebensgeschichten vieler Frauen zeugen davon, daß es möglich ist, die Dämonen der Vergangenheit verhungern zu lassen und ihre Energien der Realisierung eines positiven Selbstbildes zuzuführen. Entwicklungen werden sowohl durch Einsichten als auch durch Handlungen vorangetrieben. Mit der Handlung zu warten, bis ihre mögliche psychische und beziehungsmäßige Konsequenz in jeder Facette ausgeleuchtet ist, verhindert jegliche Aktivität. Eine Frau, die mit 49 Jahren den Sprung ins Unbekannte gewagt hatte, erzählt: «Während der Kinderphase arbeitete ich teilzeitlich als Logopädin. Wir brauchten meinen Verdienst, und mein Stück Berufsautonomie war mir wichtig. Doch mit der Zeit war mir das ewige Verstehen- und Einfühlenmüssen über, besonders da ich sowohl als Mutter wie auch als Berufsfrau in gleicher Weise gefordert war. Eigentlich hätte ich immer gern Rechtswissenschaften studiert, aber ich traute mir das lange nicht zu. Nun stehe ich kurz vor dem Abschluß und habe – ein

Wunder in der heutigen Wirtschaftslage – bereits ein gutes Stellenangebot. Erstaunlicherweise ist mir das Studium leichtgefallen. Mein Mann hat, wie immer, mitgezogen. Bald werde ich ihn finanziell entlasten können, so daß er endlich zu seinem Buch kommt. Mir geht es besser denn je.»

Eine ganz andere Dimension der Freiheit, nämlich der Gewinn an innerem Freiraum, unterstützt im mittleren Alter freie Entscheidungen. In jugendlicher Selbstbezogenheit fühlten wir uns als Nabel der Welt. Sie aus den Angeln zu heben schien damals ein realistisches Unterfangen. Jugend lebt vom Mythos der Veränderbarkeit des Gegebenen. Auch der Glaube daran bewirkt Veränderungen, die dann als Auswirkungen eigener Bemühungen eingeordnet werden. Unterdessen haben wir vergeblich gegen verdeckte Gegenströmungen angepaddelt, bauten auf Sand und schnitzten in Wasser. Aber unsere langjährige Übung im Umgang mit Verlusten und eine umfassendere Perspektive kommt uns jetzt zu Hilfe. Beim Karate lernen die Schüler zuerst einmal, richtig zu fallen. Ein gekonnter Fall entmachtet die Stöße des Lebens. Es kann uns nicht mehr soviel passieren, weil wir neben der Sache stehen und sie nicht mehr so persönlich nehmen. Das Schicksal hat nicht in giftiger Boshaftigkeit genau uns im Visier, sondern erwischte uns wieder einmal zufällig im Vorbeigehen. Die harten Lektionen über unsere Ersetzbarkeit, über unsere Fehler, über die blinde Ungerechtigkeit des Schicksals, all die verlorene Liebesmüh klopfen uns weich, vertiefen das Verständnis für unsere Mitstolperer und entlassen uns letztlich aus dem Zwang, es gut zu machen und erfolgreich zu sein. Wir haben gelernt, auf den unablässig eintreffenden Anforderungswellen zu surfen. Die Omnipotenzphantasien der lebensungeprüften Jugend zerschellen mit Getöse am Urgestein der Grundkonstellationen oder zerreiben sich im täglichen Nahkampf mit der unendlichen Widerborstigkeit des Seins. Im mittleren Alter verliert die Verzweiflung über die eigene Machtlosigkeit ihre Spitze und wandelt sich allmählich in ein Stück Freiheit. Die Verpflichtung zur Handlung umfaßt nur Beeinflußbares. Niemand muß tauben Ohren predigen. Lebenserfahrung schenkt diese Freiheit: Weil wir nicht allmächtig sind, dürfen wir uns aus der Allverantwortlichkeit entlassen.

Auch das Wissen um ihre Vergänglichkeit vergrößert die innere Distanz zu den Ereignissen. Unter den Abgründen der Verzweiflung liegen Vergessen und Heilen, und der lichten Schönheit der guten Begegnung folgt das banale Alltagsgeplätscher. Lebenserfahrung öffnet den Schraubstock des proportionslosen Überwältigtseins durch die Ereignisse um zwei Drehungen. Freiheit wandelt sich von der Wahlmöglichkeit gegen außen zu einer Druckabnahme im Innern. Das Drängen läßt nach.

Süß waren sie, die Siege des jungen Erwachsenenalters, die Befriedigung durch die berufliche Kompetenz, die sich erstaunlicherweise einstellte, die junge Liebe und das Strahlen auf dem Gesicht des Kleinen, der die Begeisterung über die neuerworbene Fähigkeit mit der Mutter teilen wollte. Gräßlich war der Streß dieser Lebensphase. Der Druck, den richtigen beruflichen Einstieg zu finden, das Schlafmanko wegen der Kinder, die Beziehungskomplikationen und Enttäuschungen, die Verantwortung und das Gefühl, vorhandene, erreichbare Lösungen nicht zu finden. Die Welt stand offen, und die Angst, sie sich mit Festlegungen zu verschließen, war groß. Wir rieben uns an der Einengung durch getroffene Wahlen wund. Schwierigkeiten waren dazu da, gelöst zu werden, und wer keine spannungsfreien Beziehungen und keinen guten Arbeitsplatz fand, fühlte sich als Versagerin. Der Glaube an die Machbarkeit von Entwicklungen und damit der Anspruch, das Leben im Griff zu haben, war ungebrochen und setzte uns in jener Zeit gewaltig unter Druck. Bei unbeschränkten Möglichkeiten müssen Mißerfolge als persönliches Versagen gewertet werden. Sich bewähren, sich messen, etwas erreichen standen im Vordergrund. Es galt, sich einen guten Platz auf der Welt zu erobern, sich als erfolgreiche Frau zu definieren. Leistungs- und Erfolgsorientierung belasteten die Beziehungen. Wir waren im Rennen, im Rennen um den Mann, im Rennen um gute Arbeit, im

Rennen um erfolgreiche Kinder – anstrengend! Oftmals lichtet sich im mittleren Alter das Gestrüpp der Erwartungen, und hektisches Getriebensein wird seltener. Altern heilt von der Besessenheit durch Anforderungen.

7.4.2 Die Abrundung zum Ganzen

Nach der Menopause öffnet sich das Feld für viele Frauen noch einmal, und Wahlen werden wieder möglich. Es geht nun um die Ergänzung und Abrundung des Lebensweges. Die Selbstbesinnung der Frau in den mittleren Jahren könnte die Basis einer ihr gemäßen neuen Richtung ihrer Verbindung mit der Welt schaffen. Vielleicht führt sie zur dankbaren Einsicht, daß sie auf dem eingeschlagenen Weg weitergehen darf. Vielleicht sind Sinnbezüge verlorengegangen und müssen entlassen und ersetzt werden. Vielleicht taucht erstmals eine Sinnfrage auf. Vielleicht geschieht nichts von alledem. Familienfrauen, die beruflich zu sehr zurückstecken mußten, drängt es in den mittleren Jahren nach außen. Das jugendliche Bedürfnis, akzeptiert zu werden, führte zu Überanpassungen, die im mittleren Alter korrigiert sein wollen. Umgekehrt verlangt die extrovertierte Profilierungshektik der frühen Berufsjahre mit der Zeit nach einer ruhigeren Gangart, nach kontemplativem Innewerden. Einige wagen einen neuen Anfang, sei es, daß sie Ausbildung und Berufstätigkeit intensivieren, sei es, daß sie sich öffentlich für eine Idee engagieren oder schöpferisch tätig werden. Aber auch in einem äußerlich gleichbleibenden Rahmen finden Entwicklungen statt, und der Blick auf die Welt verändert sich. Die nicht mehr unbegrenzt fließenden Kräfte wollen sorgfältig eingesetzt sein. Was ist wirklich nötig? Was wesentlich? Wofür gebe ich meine verfügbare Energie?

Das Wachstum kann im mittleren Alter nicht mehr in der alten Kraft in der Horizontalen nach vorn drängen – aber vielleicht gewinnt die Vertikale, die Tiefe als Entwicklungsrichtung an Boden. C. G. Jung setzte sich mit der Entwicklung reiferer Menschen auseinander. Er legte auf die Entwicklungsmöglichkeiten nach der Lebensmitte größtes Gewicht. Im Zentrum seiner Lehre steht die Idee der Individuation. Es geht dabei um die Annäherung des Menschen an sein innerstes Wesen, an den Sinn seiner Existenz, um die Erkenntnis seiner eigentlichen Bestimmung. Individuation ist ein spontaner Entfaltungsprozeß der Psyche, der durch die bewußte Entscheidung zur Selbstbegegnung vertieft werden kann. Die Aufgabe dieser inneren Arbeit stellt sich nach Jung vor allem in der zweiten Lebenshälfte. Der Übergang von der reproduktiven zur reflexiven Phase geschieht in den mittleren Jahren. Während im ersten Teil des Erwachsenenlebens die Bewältigung der Wirklichkeit die Kräfte bindet, können diese in der zweiten Lebenshälfte der Initiation in die innere Wirklichkeit dienen. Noch sind Ergänzungen, Korrekturen und Veränderungen möglich. In jüngeren Jahren Verkümmertes, Vernachlässigtes und Verdrängtes verlangt nun nach einem angemessenen Ausdruck.

7.4.3 Ich bin die, die ich bin

Nach der Phase des Verlustes und der Trauer erlaubt ein verändertes Bewußtsein ein neues Lebensgefühl, das durch größere Unabhängigkeit von den Erwartungen anderer und Konzentration auf Essentielles gekennzeichnet sein kann. Wenn der erste Schock der Begegnung mit Alter und Tod überwunden ist, bilden sie einen neuen Hintergrund, vor dem das Leben kontrastreicher und intensiver erscheint. Noch lebe ich, noch sind viele Möglichkeiten offen. Die Lebensphase der Menopause ist eine Hürde, deren Herannahen Spannungen bringt. Einmal überwunden, entläßt sie Frauen in eine produktive und gute Zeit. Eine Längsschnittuntersuchung zeigt Frauen mit 47 am unglücklichsten, mit 53 am glücklichsten. Ausschlaggebend für einen positiven Ausgang der Passage durch die Menopause ist die Ausbildung *(SGc S. 189)*. Wer hat, dem wird gegeben: Frauen, die die Instrumente zur Umsetzung ihrer Lebenserfahrung und zur finanziellen Unabhängigkeit in der Hand haben, fahren am besten. Die These eines Vitalitätsschubs nach der Menopause hat in der weltbekannten Ethnologin Margret Mead eine vehemente Vertreterin. Sie prägte den Begriff des «postmenopausal zest». «Zest» läßt sich mit Schwung, Lebenslust und Vitalität übersetzen. Als leuchtendes Beispiel für einen Produktivitätsschub in den Fünfzigern ermutigt sie zu Aktivität.

Einige Frauen verlassen mit fünfzig erstmals die schützende Hülle der Konventionen. Männer sind eher in ihrer Jugend rebellisch und werden im Alter konservativ. Bei Frauen kann die Entwicklung durchaus umgekehrt verlaufen. Dornröschen erwacht aus dem Dämmerschlaf der Fremdbezogenheit. Nicht der Kuß des Prinzen weckt sie, sondern die Einsicht, wie sehr sie vor den gängigen Normen kapituliert und wie wenig sie im eigenen Interesse gehandelt hat *(GG)*. In einem inspirierenden Buch zeichnet Joanne Vickers Lebensgeschichten von Frauen auf, welche ihr Leben in ihren mittleren Jahren auf den Kopf stellten: «Diese Frauen erwachen zu einem neuen Leben. Das neue Leben kreist um persönliche Befriedigungen und Leistungen, um individuelle Identität und Selbstrespekt als wichtige Bausteine. Viele Frauen gehen zu den Träumen ihrer Jugend zurück. Wir waren erstaunt, bei wie vielen interviewten Frauen Jugendträume die kreativen Wahlen im mittleren Alter beeinflußten.» *(VT S. 3)* Carolyn Heilbrun richtet sich besonders an privilegierte Frauen, wenn sie schreibt: «Als Frauen in gesicherten Lebensumständen laufen wir Gefahr, dort zu bleiben, wo wir sind, die tägliche Routine zu absolvieren und unseren Arterien bei der Verhärtung zuzuhören. Der Tod sollte uns nicht in unseren gesicherten Positionen vorfinden. Wir müssen unseren Status dazu benutzen, Lärm zu machen, Risiken einzugehen, mutiger und weniger nett zu werden.» *(HCb 130)* Im Stück «Der Mund ist aufgegangen» der Geschwister Birkenmeier feiert die alte Vagabundin Rose, die mitten in der Welt auf dem Bahnhof lebt, ihre bissige Unabhängigkeit:

Lied der Rose

Ich bin die, die ich bin.
Ich bin mein Prinz und meine Königin.
Ich warte nicht mehr, was das Leben schickt;
Meine Zähne werden jetzt geflickt:
Ich werd mir eine Krone machen lassen!
Ich bin die, die ich bin.
Dem Zahnarzt wird es in den Kram nicht passen.
Ach, es gibt Krankenkassen, ja, ja...

Ich bin die, die ich bin.
Und werde alles das, was in mir ist.
Wenn jede Taube auf dem Bahnhof frißt,
Warum soll die Rose nichts zu essen kriegen?
Der Mantel hält, das Fell ist gut zum Liegen...

Ich bin die, die ich bin.
Und werd mir eine Krone machen lassen!
Ja, das Schloß ist aufgeschlossen,
Das Dorngestrüpp ist weg, ich seh durch Eure Gassen
In die Welt. Ach, eine Freudenträne,
Jetzt gibt's Zähne...
Wieder Zähne,
eigne Zähne, meine Zähne,
eine Krone, eine Große!...

Ich bin... Ich bin... Ich bin...
Die Rose ist die Rose ist die Rose...

Eine lange Überlebensgeschichte gibt Mut zur Veränderung. Viele Frauen beginnen jetzt, ihr Leben selbst in die Hand zu nehmen, anstatt die bereits begonnene Richtung fortzusetzen. Die Außenbestimmung ihres Lebens hat abgenommen.

7.4.4 Frei für

Nährkreisläufe halten uns am Leben. Das gilt auch für den psychischen Bereich. Ich nähre und werde durch das Genährte wiederum mit Nahrung versorgt. Ich liebe und werde erwärmt. Ich gebe Aufmerksamkeit und bekomme Einsicht. Ich schaffe Raum und werde durchlässig. Nährkreisläufe verändern sich entlang der Altersachse. Im mittleren Alter laufen einige Nährkreisläufe aus. Für manche Frauen ist es Hegen und Gebrauchtwerden. Für andere berufliche Hochleistungen, die lange Phasen intensiver Konzentration oder körperlicher Belastbarkeit fordern und mit Anerkennung belohnt werden. Wir lernen mit wachsender Lebenserfahrung, was unsere Seele nährt und was nicht, und erkennen gute Nährkreisläufe besser. Disharmonische Beziehungen werden nicht mehr auf Teufel komm raus (und er kommt dann tatsächlich) geklärt, sondern reduziert. Ich muß nicht mehr lernen, mich an Drehscheiben-Anlässen richtig zu verkaufen, sondern kann sie vermeiden. Die Früherkennung fruchtloser Diskussionen spart viel Energie. Wenn mir ein Bild nichts sagt, lasse ich es sein. Neue Nährkreisläufe ersetzen die alten. Die immer kostbarer werdende Zeit drängt uns, gute Erfahrungen bewußt und aktiv zu suchen. Eine Frau legte sich eine Liste von Büchern an, die sie auf jeden Fall noch lesen oder wiederlesen wollte, und bemerkte lächelnd, sie müsse mindestens hundert Jahre alt werden, um das zu bewältigen. Eine andere hat eine ganze Jugoslawenfamilie adoptiert, hilft den Kindern bei den Schulaufgaben und ersetzt der Mutter wenigstens im kleinen die bitter vermißte Frauensippe. Die Frische des neuen Morgens im Wald zu trinken, formt eine Basis der Dankbarkeit für den ganzen Tag, und diesem Rendezvous mit sich selbst werden Pflichtferien gerne geopfert. Für das Zusammensein mit stimmigen Menschen steht Zeit zur Verfügung (vgl. Abschnitt 1.3).

Freiheit als Selbstzweck kippt bald ins Leere. Freiheit von etwas muß in Freiheit für etwas übergehen, um sinnvoll zu sein. Nur Hingabe macht das Leben lebenswert. Abraham

Maslow, ein Pionier der Erforschung psychischer Gesundheit, entdeckte, daß psychisch gesunde und ausstrahlungsstarke Menschen immer auch engagierte Menschen sind, die sich aus dem Kern ihres Wesen heraus für Menschen, für eine Idee oder für ein Projekt zu Verfügung stellen. Natur, Kunst, Wissen, Gerechtigkeit und Religion sind alles Dimensionen, die Engagement anziehen und brauchen. Jetzt ist der Moment, sich zu besinnen und sich für wichtig Erkanntes einzusetzen.

Ein Wertwandel bahnt sich an. Die Energie, weniger von Anerkennung und Status angezogen, bekommt neue Flügel.

Es ist nicht mehr die Erwartung der großen Veränderung, der Lösung, die ein für allemal die Dinge ins Lot stellt, die motiviert, sondern das Wissen um den ewigen Kampf zwischen Licht und Dunkel, innen wie außen. Vom Hin- und Herwogen dieser Kräfte tausendfach umhergewirbelt, erkennen wir Mißerfolge und Rückschläge als unvermeidliche, wiederkehrende Phasen unseres Lebens, die aber ebenso zuverlässig wieder verschwinden. Es geht darum, im großen Balancespiel der Kräfte die Grenze der Lichtseite um den kleinen, alltäglichen Millimeter zu erweitern, weil sonst das Dunkel zunimmt. Dieser Millimeter liegt an so vielen unterschiedlichen Grenzen, wie es Individuen gibt und bei jedem Menschen auf jedem Schritt seines Entwicklungsweges anderswo. Die zauberhafte Entfaltung der lichtgelben Nachtkerze in der Dämmerung mit ihrem betörenden Duftgeschenk hereinzulassen ist ebenso ein Millimeter wie die Märchenstunde mit dem Enkelkind oder das politische Engagement. «Auch wenn morgen die Welt untergeht, pflanze ich heute mein Apfelbäumchen», sagte Martin Luther.

Noch nie hat es so viele Frauen mittleren Alters gegeben. Viele von ihnen sind mit beträchtlichen Ressourcen an Lebenserfahrung, Vitalität, Ausbildung und Zeit ausgestattet. Welch ein Potential!

7.5 Leiden ist keine Tugend

Margareth Morganroth Gullette weist in einer bahnbrechenden Untersuchung über amerikanische Gegenwartsliteratur auf ein neues Genre hin: die Erfolgsgeschichte für Romanfiguren mittleren Alters. Positive Veränderungen von Zufall zu Sinngebung, von Konflikt zu Lösung, von Schmerz zu Heiterkeit, von Stagnation zu Aktivität, von Defekt zu Erfüllung, von Getriebensein zu Freiheit, von Verlust zu Erholung realisieren sich im Spiegel der Literatur neuerdings in einer Altersklasse, die vormals vor allem durch ihre Verluste charakterisiert wurde. Sie schreibt: «Das Leben könnte auch als der Prozeß konstruiert werden, der uns hilft, unsere falschen Ängste und überpessimistischen Erwartungen zu verlieren. Reife Einsicht würde dann nicht mehr mit klarsichtigem Schmerz identifiziert, sondern auch mit hartverdienter Entlastung.» *(GM S. 135)*

Wer ernst genommen werden will, zelebriert sein Wissen um die Schrecken dieser Welt, die sich weiß Gott nicht allzu diskret benehmen. Pessimismus ist respektabel. In seiner binären Vision beansprucht er alles für sich, und für Optimismus bleibt nichts übrig: falsch versus wahr, Schein versus Realität, Illusion versus Wahrheit und Oberflächlichkeit versus Tiefe. Weisheit wird mit Desillusionierung gleichgesetzt, und Desillusionierung führt zu Pessimismus. Was als authentische wertvolle Literatur angesehen wird, klagt an und entlarvt. Liebe und Schönheit sind Illusionen, die sich die Lebensschwächlinge vorgaukeln müssen, denen der Mut zum Blick in den Abgrund fehlt. Die Psychoanalyse zeigt Schicht für Schicht individueller und familiärer Triebegoismen auf, und der heldenhafte Analysand wird mit horrorgestähltem Blick ins Leben entlassen, das ihm von da an nicht mehr so viel anhaben kann. Lebenserfahrung kann zu Pessimismus führen – und Pessimismus färbt Lebenserfahrungen dunkel ein. Aus dieser Sicht ist Altern eine verdiente Strafe dafür, daß frau emotionales Wachstum verpaßt, ihre Chancen nicht genutzt und überhaupt eine mediokre, risikotiefe Existenz geführt hat. Die Weisheit des Alters durchschaut den Flitter der Lebensgarnituren und stößt zum schmerzvollen Kern vor. Sie läßt sich nichts mehr vormachen. Pessimismus erlaubt, im Elend sitzenzubleiben und den Anstrengungen der Veränderung aus dem Weg zu gehen.

Jugend schwelgt im Drama des Lebens. Enttäuschungen und Mißerfolge werden mit frontaler Wucht angegangen. Der Weltschmerz adelt die Existenz, Probleme werden gewälzt und die hohlen Fassaden falscher Sinnstrukturen mit Wonne zusammengerissen. Die Sehnsucht nach der lichten Seite des Lebens steigt mit dem Alter – und manchmal auch das Talent dazu. Während die Jugend mit Selbstverständlichkeit am reichgedeckten Tisch des Lebens tafelt und kritisch das Menü diskutiert, läßt manchmal im mittleren Alter die Verdauung zu wünschen übrig. Zudem fliegen die gebratenen Tauben nicht mehr einfach in den Mund, und wenn, beißt man sich vielleicht daran die Zähne aus. Sind wir imstande, die uns jetzt bekömmlichen Speisen zu finden? Schleichen wir uns vom Tisch, weil wir die veränderte Situation nicht aushalten? Wie im mittleren Alter der körperliche Energieüberschuß langsam zur Neige geht, sieht auch das Budget der Lebenshoffnungen anders aus. Wir begreifen, daß Leiden keine Tugend ist, kein Hinweis auf Seelentiefe oder Zeichen besonderer Einsichten, sondern ein möglichst zu verhindernder Zustand. Dorothy Rowe schreibt dezidiert: «Leiden hat nur die Bedeutung, daß es aufhören soll. Es ist eine Zeitverschwendung, sich mit Lamentieren aufzuhalten. Die einzig sinnvolle Frage ist, wie das Leiden beendet werden kann.» *(RD S. 385)* Es braucht innere Disziplin, die Lebensenttäuschungen nicht überhand nehmen zu lassen. Jede Frau hat im mittleren Alter Grund zur Bitterkeit. Die Entscheidung, den Blick dem Licht zuzuwenden, muß immer wieder getroffen und durchgehalten werden. Dazu auch ein Gedanke von Germaine Greer: «Mit dcm Älterwerden verstehen wir langsam, daß Leiden nicht an sich tugendhaft ist. Wir können das Heldentum wahrer Freude anstreben. Der Freude die Türe zu öffnen, ist eine anstrengende Sache, und man muß sachte vorgehen. Es ist nicht eine Freude, die aus der Verweigerung wächst, den Schmerz der Welt wahrzunehmen. Sie kommt vielmehr aus der Erkenntnis der Wichtigkeit des Überlebens.» *(GG S. 428)*.

Die Kontraktbrüche des Lebens abzufedern braucht eine Elastizität, die sich mit dem Alter vermindert. Jugendliche Schaffenskraft gründet auch in der Erwartung einer fairen Belohnung. Später wird einem die Hoffnung auf sinnvolle Verläufe nicht mehr geschenkt. Sie ist eine Leistung, welche angesichts der Enttäuschungen immer wieder aktiv erbracht werden will. «Wähntest du etwa, ich sollte das Leben hassen, in Wüsten fliehen, weil nicht alle Blütenträume reiften?» fragt Goethes Prometheus die Götter herausfordernd. Wer steht nach Schicksalsschlägen wieder auf nach dem Motto: Was mich nicht umbringt, macht mich stärker? Wer geht unter? Gibt es ein Reservoir an Hoffnung, das irgendwann einmal aufgebraucht ist? Das grundlegende Durchhaltevermögen hängt von Anlage und Sozialisierung ab, die sehr ungleich verteilt sind – auch hier herrscht keine Gerechtigkeit. Das Leben ist immer wieder unfair, im Guten wie im Schlechten. Das dürfte zumindest den Selbstvorwürfen den Stachel nehmen.

Die Anstrengung, den Mut zur Hoffnung aufzubringen, wächst proportional zur Summe der Lebensenttäuschungen. Indessen stärkt die Übung den Muskel. Die Entscheidung zur Freude kann antrainiert werden. Auch leicht übertriebene Äußerungen von Freude bei der Beschreibung von Erlebnissen oder bei Begegnungen verlieren das Irritierende, wenn der dahinterliegende Kampf um Hoffnung begriffen wird. Es gilt dann, den Versuch, sich dem Hoffnungsvollen zu öffnen, zu unterstützen. Lebenslust und Freude gewinnen im mittleren Alter eine neue Tiefe durch das Wissen um ihre Kostbarkeit und die mutige, disziplinierte Entscheidung, für sie Raum zu schaffen.

Optimismus riecht nach seichter Oberflächlichkeit. Das Wort ist bis zur Unbrauchbarkeit entwertet. Hoffnungssuche wäre eine bessere Bezeichnung für eine Haltung, die nichts mit Ignoranz zu tun hat. Nur der Blick in den Schrecken, das Wissen um das Leiden und um die Unberechenbarkeit des Schicksals formen den dunklen Hintergrund, vor dem die Schönheiten der lichten Seite zur vollen Geltung kommen. Jugendliche Vertrauensseligkeit weicht im mittleren Alter vorsichtigem Abwägen. Enttäuschungen wandelten Hoffnungen in Leid, so daß Hoffnungen jetzt auch Befürchtungen auslösen. Die Vitalität der jungen Jahre verleiht Gefühlen und Trieben eine unwiderstehliche Dringlichkeit. Die Erinnerung an die weichen Knie, das Herzklopfen und die trokkene Kehle, an das Gefühl der absoluten, weltbewegenden Wichtigkeit einer Begegnung füllt uns mit wehmütiger Heiterkeit – und einer leichten Klaustrophobie. So ausgeliefert werden wir nie mehr sein – aber auch nie mehr so irrsinnig selig. Das Gegenteil von Liebe ist nicht Haß, sondern Gleichgültigkeit. Die Verletzungen lassen vorsichtig werden. Mit jeder Verletzung steigt die Vorsicht. Keine Liebe zu spüren ist für die Seele zwar sicher – aber schlußendlich auch tödlich. Wer sich der Hoffnung öffnet, macht sich verwundbar. Hoffnungssuchende überwinden ihre Verlustängste und lassen sich ergreifen. In vollem Wissen um die Risiken besiegen sie die Entmutigung und geben sich einmal mehr dem Leben hin. Sie haben den sicheren Bunker der Skepsis verlassen und pflücken ungeschützt auf freiem Feld die Blumen.

7.6 Versöhnlichkeit

7.6.1 Versöhnlichkeit und Gerechtigkeit

Junge Menschen mit ihrer Vitalität und ihrer Neigung zu eindeutigen Antworten kämpfen für die Gerechtigkeit. Gerechtigkeit wird erwartet und eingefordert. Die Lebenserfahrung schwächt diese Ansprüche unweigerlich. Verblüffend, streckenweise unkontrollierbar und unbegreiflich nimmt das Leben seinen Lauf und kümmert sich keinen Deut um die Gerechtigkeit. Es beschenkt uns mit unverdienten Freuden und spielt uns üble Streiche. Das Leben geht nicht auf. Im Gegensatz zu anderen verfestigt sich diese Gewißheit mit zunehmendem Alter. Und dennoch, trotz aller Ungerechtigkeiten entstehen aus dem ungereimten Chaos auch Zeiten des Friedens, der Geborgenheit und der dankbaren Teilhabe am Leben. Älter geworden bleiben wir der Gerechtigkeit verpflichtet, aber wir lassen das Rechnen und Fordern mit der Zeit sein. Es kommt, wie es muß. Es ist an uns, uns immer wieder zur Durchlässigkeit für die Gaben des Momentes zu befreien, indem wir die Gerechtigkeitsansprüche beiseite legen und uns mit den Gegebenheiten versöhnen. Gerechtigkeit ist die Tugend der Jugend, während sich die Versöhnlichkeit eher den Älteren zugesellt.

Versöhnung kommt von Sühne, von Wiedergutmachung. Sie ist ursprünglich der Akt, der die durch eine unrechte Tat verletzte Ordnung wiederherstellt. Der zwischenmenschliche Grundkontrakt basiert letztlich auf einem zwar in der Interpretation individuellen, aber im Prinzip gemeinsamen Wissen um Gut und Böse. Gerechtigkeit sorgt dafür, daß Kontraktbrüche geahndet und wiedergutgemacht werden. Oft räumen Wut, Rache- und Sühnehandlungen mit den Schlacken auf, die eine Verletzung hinterlassen hat, und befreien zur Versöhnungsbereitschaft. Nachdem die mißachtete Gerechtigkeit zu ihrem Recht gekommen ist, ist der Weg geebnet, und Versöhnung wird möglich. Wut, Kampf und Trauer ebnen den Weg zur Versöhnung (vgl. 6.4.3). Wo sie nicht sein dürfen, hat die Versöhnung wenig Chancen. Die Etymologie der Versöhnung weist auf die Gesetzmäßigkeit ihres Zustandekommens hin. Als Schlußpunkt eines psycho-logischen Beziehungsprozesses, in dem sich die Betroffenen mit ihrem Fehlverhalten auseinandersetzen und miteinander neue Umgangsregeln erarbeiten, zeigt Versöhnung ihre vernünftige Seite. Das ordentliche psychologische Aufarbeiten von Verletzungen hat seinen Nutzen – und seine Begrenzungen. Zuerst aufräumen und dann versöhnen empfiehlt sich. Indessen bedürfen genau die überwältigenden Situationen, die keine Klärung und keine Bearbeitung zulassen, der Versöhnlichkeit. Aus den Tiefen der Konfusion, aus der hilflosen Verzweiflung über nicht wiedergutzumachende Fehlentwicklungen wächst ein ganz anderer Hunger nach dem Frieden der Versöhnlichkeit. Das Unheil ist geschehen, nimmt seinen Lauf, und keine Strafe, keine Sühne und keine Gerechtigkeit können den Schaden beheben. Dort, wo kein Licht der Vernunft mehr hinreicht, wo Unfaßbares die Regeln außer Kraft gesetzt hat, kann nur noch Versöhnlichkeit heilen. Versöhnlichkeit entspricht dem Irrationalen, Unfairen und Wunderbaren des Lebens. Die Bedeutung des Wortes hat ihre Etymologie hinter sich gelassen. Versöhnlichkeit greift weiter als Schuld und Sühne. Jenseits von psychischen Kausalketten, unvernünftig in seiner Ungerechtigkeit erstrahlt das Licht der Versöhnlichkeit unerwartet und unverdient. Versöhnlichkeit erlöst aus der Enge der Gerechtigkeit. Das Geschenk der Teilhabe am Prinzip Versöhnlichkeit steht als Heilbad bereit. Der Raum der Versöhnlichkeit, des Friedens wartet in uns. Im Labyrinth der Gefühle stolpert man nur zu oft an seinem Eingang vorbei. Die Teilhabe am Prinzip Versöhnlichkeit kann durch keine Anstrengung erzwungen werden, aber die Sehnsucht lädt sie ein. Hoffnungsvoll tastet sich das Bewußtsein an die Idee der Versöhnlichkeit als Prinzip heran und an die Vorstellung der Versöhnung mit sich selbst, mit dem eigenen Lebensweg und mit den Fremdgewordenen.

Gerechtigkeit und Versöhnlichkeit als paradoxe Prinzipien gehören unterschiedlichen, unvereinbaren Schichten der Gedankenwelt an. Versöhnlichkeit bedeutet nicht die Aufhebung der Unterscheidung zwischen Gut und Böse, und auch die Legitimierung des Kampfes gegen das Unrecht besteht neben der Versöhnlichkeit. Über der Versöhnlichkeit als krönendem Abschluß einer gerechten Bereinigung zeigt sich eine ganz andere Dimension der Versöhnlichkeit, der Versöhnlichkeit als Durchlässigkeit für Gutes.

7.6.2 Selbsterweiternde und selbstgefährliche Versöhnlichkeit

Doch regen sich auch Bedenken gegen das Prinzip der Versöhnlichkeit. Ist sie nicht einfach moralischer Schwachsinn, die Unfähigkeit, zu den eigenen Werten zu stehen und die Spannung des Kampfes um Gerechtigkeit auszuhalten? Kostet sie Integrität? Wo beginnt der Ausverkauf eigener Überzeugungen? Die Idee der Versöhnlichkeit ist gegenwärtig auch mißverständlich und gefährlich. Selbsterweiternde und selbstgefährliche Versöhnlichkeit unterscheiden sich in ihrer Bedeutung für den Entwicklungsweg einer Frau wie Tag und Nacht, lassen sich aber in ihren Erscheinungsformen schwer auseinanderhalten. Die abhängige Frau versöhnt sich auf Kosten ihrer selbst, während die Versöhnlichkeit der autonomen Frau ihre Weisheit stärkt.

Es ist in der Geschichte der Geschlechterbeziehung früh, das Thema der Versöhnlichkeit überhaupt aufzubringen. Nachdem sie über Generationen hinweg die weibliche Unterwerfung mit einem moralischen Glitzerfähnchen kaschierte, ist sie suspekt. Sie löst auch den Energieschub der Empörung auf, und wir brauchen ihn doch, um uns aus unseren äußeren und inneren Gefängnissen zu befreien. Vom feministischen Standpunkt aus muß weibliche Verständnisbereitschaft mit Vorsicht genossen werden. Die friedfertige Frau, die sich mit allem arrangiert, zementiert einen Status quo der Ungleichheit und unnötiger, persönlichkeitseinengender Geschlechtsrollenspezialisierung. Wie eh und je fühlt sie sich für das emotionale Klima zuständig und fängt mit ihrer verständnisbereiten Einfühlung alle harmoniegefährdenden Störungen ab. Sie läßt sich alles gefallen, weil ihr Selbstbild von ihr unter allen Umständen besänftigende Zurückhaltung verlangt. Das Patriarchat legt der Frau aus naheliegenden Gründen Versöhnlichkeit ans Herz. Die traditionelle weibliche Identität enthält Versöhnlichkeit als integrierenden Bestandteil. Eine hohe Dosis davon erstickt eigenes Leben. Bei weniger infizierten Frauen löst sie sich manchmal im Laufe des Erwachsenenlebens auf, häufig im mittleren Alter. Die falsche Versöhnlichkeit braucht zu ihrer endgültigen Austreibung manchmal stille Umdefinitionen oder Verweigerungen, manchmal aber auch offen rebellische Handlungen. Versöhnung darf kein billiger Weg sein. Versöhnung aus Angst vor der Auseinandersetzung verdient diesen Namen nicht. Zwischen einem Sichducken und Verzeihen liegen Welten. Während echte Versöhnlichkeit die Integrität stärkt, bedeutet eine Versöhnung aus Schwäche Substanzverlust.

Die Machtgefälle zwischen Menschen erschwert eine Versöhnung. Das Versöhnungsangebot des Stärkeren ist nicht so großzügig wie es aussieht, da der Abhängige es sich nicht leisten kann, dieses abzulehnen. Je mehr die Gleichstellung der Geschlechter fortschreitet, desto besser wird der Nährboden für Versöhnlichkeit. Versöhnlichkeit setzt Autonomie voraus. Echte Versöhnlichkeit basiert auf Stärke. So zeigt eine Entschuldigung, mit der die Verantwortung für eine verletzende Handlung übernommen wird, Kraft. Es braucht Mut, eigene Fehler einzugestehen, und Integrität, auch dann fair zu sein, wenn es die Überwindung der eigenen Scham kostet. Nicht umsonst erziehen wir unsere Kinder früh dazu, sich für Verletzungen, die sie anderen zufügen, zu entschuldigen. Entschuldigungen stellen das Gleichgewicht zwischen Menschen wieder her, und eine rechtzeitige Entschuldigung verhütet Steppenbrände von schlechten Gefühlen.

Der Clinch zwischen Toleranz und Gerechtigkeit ist manchmal unvermeidlich, ebenso wie der Aufenthalt im Ungelösten. Männer und Frauen stehen sich im mittleren Alter verdutzt vor soviel Fremdheit und Vertrautheit gegenüber. Sie möchten das Spannungsfeld zwischen Integrität und Harmonie verlassen und die verbleibende Lebenszeit in gelassener Akzeptanz des Gegebenen verbringen – und genau das geht nicht, einmal, weil tolerierte Ungerechtigkeit Sinn zerstört, und weil sich die Geschlechter unweigerlich aneinander aufladen, positiv und negativ.

7.6.3 Versöhnlichkeit ist gesund

Versöhnlichkeit federt die Stöße des Lebens ab. Die psychohygienische Funktion der Wiedergutmachung – als Forderung und als Leistung – ist unbestritten und ebenso diejenige der Versöhnlichkeit. Es ist sinnvoll, sich gegen Ordnungsverletzungen zur Wehr zu setzen – und ebenso sinnvoll, einen Strich unter die Rechnung zu ziehen. Ohne Versöhnlichkeit ersticken wir in den Giftdämpfen des Lebens. Unversöhnlichkeit verätzt ihr Gefäß. Die ursprüngliche Verletzung wirkt jedesmal aufs neue, wenn sie ins Bewußtsein kommt. Der Haß und die Forderung nach Rache erhalten sie am Leben. Eine haßgedüngte Verletzung breitet sich aus und überwuchert Vernunft und Gelassenheit. Wie die Zunge den kranken Zahn sucht und den Schmerz befragen muß, so kehrt die Erinnerung immer wieder zur verletzenden Szene zurück. Der Aufenthalt in dieser Szene wird zur schlechten Gewohnheit. Ihre Stimmung verdüstert die Seelenfenster. Eine nicht verarbeitete Verletzung bindet Energien. Die Heilung kann nicht erfolgen, wenn die Wunden immer wieder aufgerissen werden. Paare trennen sich, weil sie die Abfallberge, die ihren Lebensraum füllen, nicht mehr wegschaffen können. Menschen verlieren ihre Durchlässigkeit dem Nährenden gegenüber, weil ihre Poren durch Unaufgeräumtes verstopft sind. Erfahrenes Unrecht und, noch schlimmer, getanes Unrecht drücken die Seele zu Boden. Im Konzert wandern die Gedanken zur Ex-Freundin des Mannes, die vielleicht auch anwesend ist, und die Musik findet keinen Einlaß mehr. Zwischen sommerlichen Ährenfeldern auf der sonnigen Kuppe drängt sich das Rechtfertigungsgespräch mit dem Arbeitskollegen in den Vordergrund und überschattet die Wanderung. Offene Rechnungen besetzen das Bewußtsein und stehlen gute Zeit. Unerledigtes hält uns gefangen und mahnt zur Bereinigung. Der Konflikt will beigelegt, das Unrecht gutgemacht und die Lösung herbeigeführt werden. Richtig. Nur geht es nicht immer so schön auf. – Wie bringt eine Mutter sich ins Gleichgewicht, deren Tochter nach dem Abschießen einer wüsten Beschuldigungssalve ausgezogen ist und sich nicht mehr blicken läßt? Wie lebt eine Frau mit der zu spät erwachten Einsicht, daß das Verhalten, mit dem sie ihren Mann ändern wollte, letztlich seine Liebe tötete? Wie verkraftet eine Angestellte die Kündigung, die durch Inkompetenz und falsche Schuldzuschreibungen ihres Vorgesetzten zustande gekommen ist? Verletzungen setzen leider nicht die Präsenz ihrer Verursacher voraus, um wirksam zu bleiben. Erwachsene Kinder, verstorbene Eltern und nicht mehr erreichbare Partner hinterlassen manchmal offene Wunden, die sich nicht schließen wollen. Bewußtmachen, konfrontieren, diskutieren und wiedergutmachen liegen nicht mehr im Bereich des Möglichen. Hier heilt nur noch Versöhnlichkeit.

Selbsterfahrung zieht Versöhnlichkeit nach sich. Bei näherem Hinschauen kommt man nicht umhin, bei sich selbst den Mechanismus der Verdrängung unerwünschter Eigenschaften und deren Projektionen auf andere zu beobachten. Um den Balken im eigenen Auge ignorieren zu können, stürzen wir uns auf den Splitter im Auge des anderen. Der Nahkampf mit den eigenen dunklen Seiten nimmt der Selbstgerechtigkeit den Wind aus den Segeln. Wer ohne Sünde ist, werfe den ersten Stein. Angesichts des grenzenlosen Unfugs, den wir selbst angerichtet haben, fällt die Verurteilung anderer schwer. Wachsende Lebenserfahrung verbietet die Pose des unschuldigen Opfers. Oft braucht es nur den Spiegel, um die eigentliche Täterin auszumachen. Der harte Weg zur Selbstversöhnung führt über Selbstkonfrontation und Integration abgelehnter Eigenschaften. Es ist nicht möglich, sich selbst Verdrängtes oder Wegrationalisiertes zu verzeihen. Selbstversöhnung braucht auch die Entscheidung, den Selbsthaß aufzugeben, den Lebensgroll, in dem es sich paradoxerweise so komfortabel leben läßt. Ohne Selbstversöhnung ist die Versöhnung mit andern nicht denkbar. Selbstverurteilung schwächt und verzerrt die Wahrnehmung. Damit fehlen der Versöhnung gegen außen die Voraussetzungen. Nach der psychischen Schwerarbeit der Selbstversöhnung ist die Versöhnlichkeit den anderen gegenüber ein Kinderspiel.

Die Gefangenschaft durch altes Unrecht zerstört die Gegenwart. Wir bleiben an die unfaire Episode gekettet. Die vergeblichen Bemühungen um Gerechtigkeit halten uns gefangen. Der Schlüssel zur Kerkertür heißt Versöhnlichkeit. Unversöhnlichkeit hält auch Erinnerungen an die schönen Zeiten vor dem Fall unter Verschluß – oft ein überlebenswichtiger Schutz während einer Trennung. Zur Milderung des Trennungsschmerzes blenden wir die lichten Seiten der vergangenen Beziehung aus und rücken die üblen in den Vordergrund. Erst die größere Distanz erlaubt eine angemessene Beurteilung. In einer nicht mehr verzweiflungsverzerrten Gesamtschau auf Vergangenes zeigt sich das Ausmaß des Verlustes und weckt noch einmal Trauer. Die Tränen lösen den Schmutz nachfolgender Widrigkeiten von den Juwelen der Vergangenheit, die dann endlich als solche ihren angemessenen Platz finden. Versöhnlichkeit ebnet der Dankbarkeit den Weg. Sie verwandelt die halbleere Flasche in eine halbvolle und rückt die Lebensbilanz aus den roten in die schwarzen Zahlen. Paare entwickeln einen eigenen Entsorgungsstil. Unaufmerksamkeiten, Enttäuschungen und Verletzungen müssen verdaut werden. Eine gemeinsame Versöhnungsarbeit erschließt neues Terrain in der Beziehungslandschaft. Mit der Zeit kennen beide den Ablauf, der die Harmonie wiederherstellt, und das Vertrauen, den Weg zueinander wiederzufinden, steigt mit der Zahl der guten Erfahrungen. Vogel friß oder stirb: entweder erreichen wir die Ebene der wachsamen Versöhnlichkeit, oder wir versinken in den Sümpfen der Ressentiments.

7.6.4 Die Gabe der Versöhnlichkeit

In Sternstunden durchdringt der Blick die Mauern der alltäglichen Anliegen und befreit sich für die Geschenke der Gegenwart. Unerwartet fallen die Sterntaler vom Himmel. Versöhnlichkeit erwärmt die Seele. Gottfried Benn schreibt:

Anemone

Erschütterer –: Anemone,
die Erde ist kalt, ist nichts,
da murmelt deine Krone
ein Wort des Glaubens, des Lichts.

Der Erde ohne Güte,
der nur die Macht gerät,
ward deine leise Blüte
so schweigend hingesät.

Erschütterer –: Anemone,
du trägst den Glauben, das Licht,
den einst der Sommer als Krone
aus großen Blüten flicht.

Das Leben ist auch auf Versöhnlichkeit angelegt. Sie kommt uns aus der Natur, aus Kunstwerken und aus Gesichtern entgegen und bringt unsere eigene Versöhnlichkeit zum Klingen. Nach dem verheerenden Waldbrand stechen die Gespenster verkohlter Baumstümpfe grimmig in die Luft – und zu ihren Füßen breitet sich ein Farbteppich von Blumen aus. Der Blitz spaltete den Stamm bis zur Erde – und aus einem Seitenarm sproßt nach einem Jahr kräftiges Grün. Der Weg biegt um die Kurve und öffnet die Aussicht über das ganze Tal. Der Sturm schüttete die aufgewühlten Fluten in eiskalten Brechern über den Bug herein – doch dann glätten sich die Wogen, und Luna streut ihr Silber über das friedvolle Wasser. Eine neue Aufgabe läßt Ressourcen sprudeln, die man sich nie zugetraut hätte. Mitten im größten Streit löst sich aus dem Grundquell der Gemeinsamkeit ein Lachen über die Absurdität der Situation. Die klare Lebensfreude im Gesicht eines Kleinkindes versöhnt eine ganze Familie mit den Verletzungen ihrer Vergangenheit.

Die Sehnsucht nach dem Ganzwerden, nach dem verlorenen Paradies, führt die Geschlechter zusammen. Das gegenseitige körperliche Zuhause gewährt Ruhe und Frieden. Der Schlaf in der gemeinsamen Höhle der Geborgenheit, die Beruhigung durch die leisen Atemgeräusche des anderen, das vertraute Wissen um körperliche Eigenheiten und Bedürfnisse schenken das Gefühl von Heimat. Erotik als seelisches Reinigungsbad beseitigt die Spuren der Kämpfe zwischen den Geschlechtern und wird zu einem Versöhnungsfest. Lassen wir Eichendorffs «Mondnacht» noch einmal klingen:

Es war, als hätt der Himmel
Die Erde still geküßt,
Daß sie im Blütenschimmer
Von ihm nun träumen müßt.

Die Luft ging durch die Felder,
Die Ähren wogten sacht,
Es rauschten leis die Wälder,
So sternklar war die Nacht.

Und meine Seele spannte
Weit ihre Flügel aus,
Flog durch die stillen Lande,
Als flöge sie nach Haus.

Die Einsicht, daß es nicht darum gehen kann, den richtigen Menschen zu finden, sondern der richtige Mensch zu werden, stellt sich oft erst um die Lebensmitte langsam ein. Sie mildert die Erwartungen. Kein Mensch schuldet dem anderen ein sinnvolles Leben. Der Verzicht auf Forderungen öffnet die Seele zur Dankbarkeit für das Gegebene, das bereitstehende Geschenk, das stille Klingen der Sphärenmusik, das im Schlachtgetöse der jungen Jahre untergegangen war.

Literatur

BL *Banner, Lois W.:* In full Flower, New York 1992
BG *Benn, Gottfried:* Ausgewählte Gedichte, Wiesbaden 1960
BD *Binkert, Dörthe:* Die Melancholie ist eine Frau, Hamburg 1995
BS *Brinton Perera, Sylvia:* Der Weg zur Göttin in der Tiefe
CK *Camenzind, Elisabeth und Knuesel, Kathrin:* Frauen wollen's anders. Weibliche Sexualität und Autonomie, Zürich 1994
DH *Deutsch, Helene:* Psychologie der Frau, Zweite Auflage Bern 1959
DC *Dowling, Colette:* Red hot Mamas, London 1996
EJ *Eichendorff, Joseph v.:* Historisch-kritische Ausgabe der gesammelten Werke. Herausgegeben von W. Kosch. Regensburg 1908
ER *Eisler, Riane:* Der Kelch und das Schwert, München 1993
EC *Ernst, Cécile:* Sind Frauen psychisch auffälliger? Neue Zürcher Zeitung 29./30. Mai 1993
FL *Frauenlexikon, Freiburg 1988*
FT *Fontane, Theodor:* Gedichte, Sämtliche Werke, 6. Band. Herausgegeben von Walter Keitel, München 1964
FBa *Friedan, Betty:* Der Weiblichkeitswahn, Reinbek 1966
FBb *Friedan, Betty:* The Fountain of Youth, New York 1993
FE *Fromm, Erich:* Haben oder Sein?, Stuttgart 1976
GJ *Goldsworthy, Joanna:* Reflecting on the Menopause, London 1993
GG *Greer, Germaine:* The Change, London 1991
GA *Guggenbühl-Craig, Adolf:* Die Ehe ist tot, lang lebe die Ehe, Zürich 1980
GM *Gulette, Margareth Morganroth:* Safe at Last in the Middle Years
HCa *Heilbrun, Carolyn:* Reinventing Womanhood, New York 1979
HCb *Heilbrun, Carolyn:* Writing a Woman's Life, New York 1988
HCc *Heilbrun, Carolyn:* Hamlet's Mother and other Woman, New York 1990
HF *Hebbel, Friedrich:* Werke, 3. Band. Herausgegeben von Gerhard Fricke, Werner Keller und Karl Förnbacher, München 1965
HS *Hunter, Ski and Sundel, Martin«* Midlife Myths, New York 1989
IM *Ireland, Mardy S.:* Reconceiving Women, New York 1993

JJ *Jacobi, Jolande:* Die Psychologie von C. G. Jung, Olten 1971
JE *Jong, Erica:* Fear of Fifty, New York 1994
JR *Just, Renate:* When I'm forty-four, München 1993
KG *Keller, Gottfried:* Gedichte, Gottfried Kellers Werke, 8. Band Herausgegeben von Gustav Steiner. Birkhäuser Klassiker, Basel
KS *Kopp, Sheldon:* An End to Innocence, New York 1978
LE *Le Shan, Eda:* The Wonderful Crisis of Middle Age, New York 1973
LB *Levack, Brian:* Hexenjagd, München 1995
MA *Maslow, Abraham H.:* Motivation und Persönlichkeit, Olten 1978
MN *Mayer, Nancy:* The Male Mid-Life Crisis, New York 1978
MM *Mead, Margret:* Der Konflikt der Generationen, Olten 1971
MC *Mulack, Christa:* Und wieder fühle ich mich schuldig, Stuttgart 1993
MS *Murphy, Sheila M.:* Midlife Wanderer, Boston 1983
RO *Rinne, Olga:* Medea, Stuttgart 1988
RD *Rowe, Dorothy:* Time on our Side, London 1994
RL *Rubin, Lilian B.:*Women of a Certain Age, New York 1979
SE *Schumacher, E. F.:* Rat für die Ratlosen, Hamburg 1979
SGa *Sheehy, Gail:* Pathfinders, New York 1981
SGb *Sheehy, Gail:* The Silent Passage, New York 1991
SGc *Sheehy, Gail:* New Passages, New York 1995
SL *Smedes, Lewis B.:* Forgive and Forget, New York 1984
SGa *Steinem, Gloria:* Revolution from within, Boston 1992
SGb *Steinem, Gloria:* Moving beyond Words, London 1994
SH *Stierlin, Helm:* Das Tun des Einen ist das Tun des Andern, Frankfurt a. M. 1976
SK *Sydow, Kirsten von:* Lebenslust, Bern 1993
TS *Troemel-Ploetz, Senta:* Frauensprache, Sprache der Veränderung, Frankfurt a. M. 1982
VT *Vickers, Joanna and Thomas, Barbara:* No more Frogs and no more Princes, Freedom 1993
WBa *Walker, Barbara G.:* The Crone, New York 1985
WBb *Walker, Barbara G.:* Das geheime Wissen der Frauen, Frankfurt a. M. 1993
WJ *Willi, Jürg:* Was hält Paare zusammen? Reinbeck 1991
WR *Welter-Enderlin, Rosemarie:* Paare – Leidenschaft und Langeweile, München/Zürich 1992

Quellennachweis

Benn, Gottfried: *Astern/Anemone* aus: Statische Gedichte, © 1948, 1983 by Verlags AG Die Arche, Zürich

Just, Renate: Textauszug aus: When I'm forty-four. Kursbuch Älterwerden, © Verlag Antje Kunstmann, München